LA RÉVOLUTION FRANÇAISE ET LA PSYCHOLOGIE DES RÉVOLUTIONS

GUSTAVE LE BON

ALICIA ÉDITIONS

LA RÉVOLUTION FRANÇAISE ET LA PSYCHOLOGIE DES RÉVOLUTIONS

Explicables seulement par la psychologie moderne, beaucoup d'événements historiques sont restés aussi incompris de leurs auteurs que de leurs historiens.

TABLE DES MATIÈRES

PREFACE   I
Les idées actuelles sur la révolution française
INTRODUCTION   6
Les révisions de l'histoire

PARTIE UN
LES ÉLÉMENTS PSYCHOLOGIQUES DES MOUVEMENTS RÉVOLUTIONNAIRES

LIVRE I. CARACTÈRES GÉNÉRAUX DES RÉVOLUTIONS

CHAPITRE I. LES RÉVOLUTIONS SCIENTIFIQUES ET LES RÉVOLUTIONS POLITIQUES   17
§ 1. — Classification des révolutions.   17
§ 2. — Les révolutions scientifiques.   18
§ 3. — Les révolutions politiques.   19
§ 4. — Les résultats des révolutions politiques.   22

CHAPITRE II. LES RÉVOLUTIONS RELIGIEUSES   24
§ 1. — Importance de l'étude d'une révolution religieuse pour la compréhension des grandes révolutions politiques.   24
§ 2. — Les débuts de la Réforme et ses premiers adeptes.   25
§ 3. — Valeur rationnelle des doctrines de la Réforme.   26
§ 4. — Propagation de la Réforme.   27
§ 5. — Conflit entre croyances religieuses différentes. Impossibilité de la tolérance.   28
§ 6. — Résultats des révolutions religieuses.   31

CHAPITRE III. LE RÔLE DES GOUVERNEMENTS DANS LES RÉVOLUTIONS   34
§ 1. — Faible résistance des gouvernements dans les révolutions.   34
§ 2. — Comment la résistance des gouvernements peut triompher des révolutions.   36

§ 3. — Les révolutions faites par les gouvernements.
Exemples divers : Chine, Turquie, etc. 38
§ 4. — Éléments sociaux survivant aux changements de
gouvernement après les révolutions. 40

CHAPITRE IV. LE RÔLE DU PEUPLE DANS LES
RÉVOLUTIONS 42
§ 1. — La stabilité et la malléabilité de l'âme nationale. 42
§ 2 — Comment le peuple comprend les révolutions. 44
§ 3. — Rôle supposé du peuple pendant les révolutions 46
§ 4. — L'entité peuple et ses éléments constitutifs. 48

LIVRE II. LES FORMES DE MENTALITÉ PRÉDOMINANTES PENDANT LES RÉVOLUTIONS

CHAPITRE I. LES VARIATIONS INDIVIDUELLES DU
CARACTÈRE PENDANT LES RÉVOLUTIONS 55
§ 1. — Les transformations de la personnalité. 55
§ 2. — Éléments du caractère prédominant aux époques de
révolutions. 56

CHAPITRE II. LA MENTALITÉ MYSTIQUE ET LA
MENTALITÉ JACOBINE 62
§ 1.— Classification des mentalités prédominantes en
temps de révolution. 62
§ 2. — La mentalité mystique. 63
§ 3. — La mentalité jacobine. 66

CHAPITRE III. LA MENTALITÉ RÉVOLUTIONNAIRE
ET LA MENTALITÉ CRIMINELLE 69
§ 1. — La Mentalité révolutionnaire. 69
§ 2. — La mentalité criminelle. 70

CHAPITRE IV. PSYCHOLOGIE DES FOULES
RÉVOLUTIONNAIRES 72
§ 1. — Caractères généraux des foules. 72
§ 2. — Comment la stabilité de l'âme de la race limite les
oscillations de l'âme des foules. 74
§ 3. — Le rôle des meneurs dans les mouvements
révolutionnaires. 77

CHAPITRE V. PSYCHOLOGIE DES ASSEMBLÉES RÉVOLUTIONNAIRES — 79
§ 1. — Caractères psychologiques des grandes assemblées révolutionnaires. — 79
§ 2. — Psychologie des clubs révolutionnaires. — 81
§ 3. — Essai d'interprétation de l'exagération progressive des sentiments dans les assemblées. — 83

PARTIE DEUX
LA RÉVOLUTION FRANÇAISE

LIVRE I. LES ORIGINES DE LA RÉVOLUTION FRANÇAISE

CHAPITRE I. LES OPINIONS DES HISTORIENS SUR LA RÉVOLUTION FRANÇAISE — 89
§ 1. — Les historiens de la Révolution. — 89
§ 2. — La théorie du fatalisme dans la révolution. — 91
§ 3. — Les incertitudes des historiens récents de la Révolution. — 94
§ 4. — L'Impartialité en histoire. — 96

CHAPITRE II. LES FONDEMENTS PSYCHOLOGIQUES DE L'ANCIEN RÉGIME — 99
§ 1. — La monarchie absolue et les bases de l'ancien régime. — 99
§ 2. — Les inconvénients de l'ancien régime. — 100
§ 3. — La vie sous l'ancien régime. — 102
§ 4. — L'évolution des sentiments monarchiques pendant la Révolution. — 104

CHAPITRE III. L'ANARCHIE MENTALE AU MOMENT DE LA RÉVOLUTION ET LE RÔLE ATTRIBUÉ AUX PHILOSOPHES — 106
§ 1. — Origines et propagation des idées révolutionnaires. — 106
§ 2. — Rôle supposé des philosophes du XVIIIe siècle dans la genèse de la Révolution. Leur antipathie pour la démocratie. — 110
§ 3. — Les idées philosophiques de la bourgeoisie au moment de la Révolution. — 112

CHAPITRE IV. LES ILLUSIONS PSYCHOLOGIQUES DE LA RÉVOLUTION FRANÇAISE — 114

§ 1. — Les illusions sur l'homme primitif, sur le retour à l'état de nature et sur la psychologie populaire. — 114

§ 2. — Les illusions sur la possibilité de séparer l'homme de son passé et sur la puissance transformatrice attribuée aux lois. — 116

§ 3. — Les illusions sur la valeur théorique des grands principes révolutionnaires. — 117

LIVRE II. LES INFLUENCES RATIONNELLES, AFFECTIVES, MYSTIQUES ET COLLECTIVES PENDANT LA RÉVOLUTION

CHAPITRE I. PSYCHOLOGIE DE L'ASSEMBLÉE CONSTITUANTE — 123

§ 1. — Influences psychologiques intervenues dans la Révolution française. — 123

§ 2. — Dissolution de l'ancien régime. — Réunion des États Généraux. — 125

§ 3. — L'Assemblée Constituante. — 126

CHAPITRE II. PSYCHOLOGIE DE L'ASSEMBLÉE LÉGISLATIVE — 134

§ 1. — Les événements politiques pendant la durée de l'Assemblée législative. — 134

§ 2. — Caractéristiques mentales de l'Assemblée législative. — 136

CHAPITRE III. PSYCHOLOGIE DE LA CONVENTION — 139

§ 1. — La légende de la Convention. — 139

§ 2. — Influence du triomphe de la religion jacobine. — 141

§ 3. — Les caractéristiques mentales de la Convention. — 144

CHAPITRE IV. LE GOUVERNEMENT DE LA CONVENTION — 147

§ 1. — Rôle des clubs et de la Commune pendant la Convention. — 147

§ 2. — Le gouvernement de la France pendant la Convention. La Terreur. — 149

§ 3. — Fin de la Convention. — Origines du Directoire. — 152

CHAPITRE V. LES VIOLENCES RÉVOLUTIONNAIRES 154
§ 1. — Raisons psychologiques des violences révolutionnaires. 154
§ 2. — Les tribunaux révolutionnaires. 156
§ 3. — La Terreur en province. 158

CHAPITRE VI. LES ARMÉES DE LA RÉVOLUTION 161
§ 1. — Les assemblées révolutionnaires et les armées. 161
§ 2. — La lutte de l'Europe contre la Révolution. 162
§ 3. — Facteurs psychologiques et militaires ayant déterminé le succès des armées révolutionnaires. 164

CHAPITRE VII. PSYCHOLOGIE DES CHEFS DE LA RÉVOLUTION 168
§ 1. — Mentalité des hommes de la Révolution. Rôle des caractères violents et des caractères faibles. 168
§ 2. — Psychologie des représentants en mission. 169
§ 3. — Danton et Robespierre. 172
§ 4. — Fouquier-Tinville, Marat, Billaud-Varenne, etc. 177
§ 5. — Destinée des Conventionnels qui survécurent à la Révolution. 180

LIVRE III. LA LUTTE ENTRE LES INFLUENCES ANCESTRALES ET LES PRINCIPES RÉVOLUTIONNAIRES

CHAPITRE I. LES DERNIÈRES CONVULSIONS DE L'ANARCHIE. LE DIRECTOIRE. 185
§ 1. — Psychologie du Directoire. 185
§ 2. — Gouvernement despotique du Directoire. Renaissance de la Terreur. 187
§ 3. — L'avènement de Bonaparte. 190
§ 4. — Causes de la durée de la Révolution. 191

CHAPITRE II. LE RÉTABLISSEMENT DE L'ORDRE. LA RÉPUBLIQUE CONSULAIRE. 194
§ 1. — Comment l'œuvre de la Révolution fut consolidée par le Consulat. 194
§ 2. — La nouvelle organisation de la France par le Consulat. 195
§ 3. — Éléments psychologiques qui déterminèrent le succès de l'œuvre du Consulat. 197

CHAPITRE III. CONSÉQUENCES POLITIQUES DU CONFLIT ENTRE LES TRADITIONS ET LES PRINCIPES RÉVOLUTIONNAIRES PENDANT UN SIÈCLE   201

§ 1. — Les causes psychologiques des mouvements révolutionnaires qui se sont continués en France.   201

§ 2. — Résumé des mouvements révolutionnaires en France pendant un siècle.   204

PARTIE TROIS
L'ÉVOLUTION MODERNE DES PRINCIPES RÉVOLUTIONNAIRES

CHAPITRE I. LES PROGRÈS DES CROYANCES DÉMOCRATIQUES DEPUIS LA RÉVOLUTION   211

§ 1. — Lente propagation des idées démocratiques après la Révolution.   211

§ 2. — Destinée inégale des trois principes fondamentaux de la Révolution.   213

§ 3. — La démocratie des intellectuels et la démocratie populaire.   214

§ 4. — Les inégalités naturelles et l'égalisation démocratique.   216

CHAPITRE II. LES CONSÉQUENCES DE L'ÉVOLUTION DÉMOCRATIQUE   219

§ 1. — Influence exercée sur l'Évolution sociale par des théories dépourvues de valeur rationnelle.   219

§ 2. — L'esprit jacobin et la mentalité créée par les croyances démocratiques.   220

§ 3. — Le suffrage universel et ses élus.   224

§ 4. — Le besoin de réformes.   226

§ 5. — Les distinctions sociales dans les démocraties et les idées démocratiques dans divers pays.   227

CHAPITRE III. LES FORMES NOUVELLES DES CROYANCES DÉMOCRATIQUES   230

§ 1. — Les luttes entre le capital et le travail.   230

§ 2. — L'évolution de la classe ouvrière et le mouvement syndicaliste.   232

§ 3. — Pourquoi certains gouvernements démocratiques modernes se transforment progressivement en gouvernements de castes administratives.   234

CONCLUSIONS   237

PREFACE
LES IDÉES ACTUELLES SUR LA RÉVOLUTION FRANÇAISE

L'ouvrage dont je présente une nouvelle édition n'a pas été écrit pour blâmer ou louer la Révolution, mais seulement pour tâcher de l'interpréter au moyen des méthodes psychologiques exposées dans un autre de mes livres : *Les Opinions et les Croyances*.

Le but poursuivi me dispensait de tenir compte des opinions antérieurement formulées. Il était cependant intéressant de les connaître, c'est pourquoi j'ai consacré un chapitre à énumérer les idées, d'ailleurs contradictoires, des historiens sur le grand drame révolutionnaire.

Les livres ne traduisent guère que des opinions anciennes. Ils peuvent préparer les idées de l'avenir mais expriment rarement celles du présent. Seuls les revues et les journaux traduisent fidèlement les sentiments de l'heure actuelle. Leurs critiques sont donc fort utiles.

Des divers articles consacrés à l'analyse de cet ouvrage, on peut dégager trois conceptions, représentant nettement les idées ayant cours aujourd'hui sur la Révolution Française.

La première considère la Révolution comme une sorte de croyance qu'il faut accepter ou rejeter en bloc ; la seconde comme un phénomène mystérieux resté inexplicable ; la troisième, comme un événement ne pouvant être jugé avant la publication d'un nombre immense de pièces officielles encore inédites.

Il ne sera pas sans intérêt d'examiner brièvement la valeur de ces trois conceptions.

Interprétée avec les yeux de la croyance, la Révolution apparaît à la majorité des Français comme un événement heureux les ayant sortis de la barbarie et libérés de l'oppression de la noblesse. Plus d'un personnage politique croit que sans la Révolution, il serait réduit à la domesticité chez de grands seigneurs.

Cet état d'esprit est bien traduit dans une étude importante, consacrée par un célèbre homme d'État, M. Émile Ollivier, à combattre les idées de mon livre.

Après avoir rappelé la théorie qui considère la Révolution comme un événement inutile, l'éminent académicien ajoute :

" ...Gustave Le Bon vient d'accorder son autorité à cette thèse. Dans un ouvrage récent sur la psychologie de la Révolution, où l'on retrouve sa puissance de synthèse et de style, il dit : " Le gain récolté au prix de tant de ruines eût été obtenu plus tard sans effort par la simple marche de la civilisation. "

M. Émile Ollivier n'admet pas cette opinion. La Révolution lui paraît avoir été nécessaire, et il conclut en disant :

" Regrette qui voudra de n'être plus un vilain allant battre des étangs pour empêcher les grenouilles de troubler le sommeil du seigneur ; se lamente qui voudra de n'avoir plus la satisfaction de voir son champ dévasté par la meute d'un jeune insolent ; se désole qui voudra de n'être plus exposé à se réveiller à la Bastille parce que quelque Lauzun convoite sa femme, ou à cause d'un mot prononcé contre un puissant, ou mieux encore, pour un motif ignoré ; se désespère qui voudra de n'être pas tyrannisé par quelques ministres, par quelques commis, par quelques intendants, de n'être plus taillé à merci, pillé plus qu'imposé ; de n'être plus foulé et conspué par de prétendus conquérants. Pour moi plébéien, je suis reconnaissant à ceux dont le rude labeur m'a délivré de ces jougs qui, sans eux, pèseraient encore sur ma tête, et malgré leurs fautes, je les bénis. "

La croyance synthétisée par les lignes précédentes contribua fortement, avec l'épopée napoléonienne, à rendre populaire en France le souvenir de la Révolution. Elle dérive surtout de cette illusion si répandue, même chez des hommes d'État, que les institutions déterminant les formes d'existence d'un peuple, alors que ces dernières sont presque exclusivement conditionnées par les progrès scientifiques et économiques. La locomotive fut une niveleuse autrement efficace que la guillotine, et même sans la Révolution, nous serions sûrement arrivés depuis longtemps à la phase d'égalité et de liberté atteinte aujourd'hui et que d'ailleurs plusieurs peuples avaient déjà conquise avant l'époque révolutionnaire.

La seconde des conceptions énumérées plus haut — jugeant la Révolution un événement mystérieux et inexplicable — contribue également à maintenir son prestige.

Dans un article consacré à l'examen de mon ouvrage, le directeur politique d'un des plus importants journaux de Paris, M. Drumont, s'exprime comme il suit :

" Cet événement formidable, qui secoua le vieux monde sur sa base, reste toujours une énigme... Les méthodes de la psychologie moderne ne font pas comprendre davantage ce qu'il y eut d'étrange et de mystérieux dans cette crise qui restera toujours un des étonnements de l'histoire. "

Cette théorie paraît assez répandue chez nos hommes politiques. Je l'ai retrouvée sous une forme peu différente dans un article publié par un ancien ministre, M. Edouard Lockroy :

"...Les historiens n'ont pas compris la Révolution... La Convention a vécu dans le chaos au centre d'une émeute permanente... La dictature de Robespierre est une fable... L'histoire de la Révolution, c'est l'histoire d'une foule où personne n'est responsable et où tout le monde agit... Qui est responsable ? La foule, tout le monde, personne, des gens obscurs qui entraînent des gens inconnus. "

Envisagée sous un tel angle, la Révolution apparaîtrait comme une série d'événements chaotiques dominés par un hasard mystérieux.

Ces courtes citations montrent quelles incertitudes obscurcissent encore l'étude de la Révolution et semblent justifier la prudence des érudits se bornant à publier des textes [1].

Un esprit impartial soucieux de se former une idée juste sur la Révolution se trouve donc aujourd'hui en présence, soit de croyances aveugles, soit d'assertions déclarant ce grand événement inexplicable, au moins avec les documents actuels.

Cette impuissance d'interprétation m'avait frappé quand je commençai l'étude de la Révolution pour y chercher une application de mes méthodes psychologiques. Il m'apparut très vite que les incertitudes des historiens sur cette grande crise résultaient simplement de l'habitude d'avoir recours aux interprétations rationnelles pour expliquer les événements dictés par des influences mystiques, affectives et collectives étrangères à la raison.

L'histoire de la Révolution en fournit à chaque page la preuve. La logique collective seule et non la logique rationnelle pouvait révéler pourquoi les assemblées révolutionnaires votaient sans cesse des mesures contraires aux opinions de chacun de leurs membres. La raison ne saurait expliquer davantage pourquoi, dans une nuit célèbre, les représentants de la noblesse renoncèrent à des privilèges auxquels ils étaient si attachés et dont l'abandon en temps utile eût peut-être évité la Révolution. Comment, sans connaître les transformations de personnalités dans diverses circonstances, comprendre que les bourgeois intelligents et pacifiques qui, dans certains comités, décidaient la création du système métrique et l'ouverture de grandes écoles, votaient ailleurs des mesures aussi barbares que la mort de Lavoisier, celle du poète Chénier ou encore la destruction des magnifiques tombeaux de Saint-Denis ? Comment comprendre enfin la propagation des mouvements révolutionnaires en général sans la connaissance des lois réelles de la persuasion, si différentes de celles qu'enseignent les livres ?

Nous sommes trop rationalisés en France pour admettre facilement que l'histoire puisse se dérouler en dehors de la raison et souvent même contre toute raison. Il faudra bien cependant nous résigner à changer entièrement nos méthodes d'interprétations historiques si nous voulons arriver à comprendre une foule d'événements que la raison demeure impuissante à expliquer.

Je crois que les idées exposées dans cet ouvrage se répandront rapidement. De nombreux articles prouvent qu'elles ont déjà frappé beaucoup d'observateurs. Il suffira de citer parmi eux quelques extraits du plus important des journaux anglais, le Times.

" Tous les hommes d'État devraient étudier le livre de Gustave Le Bon. L'auteur n'a aucun respect pour les théories classiques concernant la Révolution, et ses interprétations psychologiques le conduisent à des conclusions très neuves. C'est ainsi qu'il expose avec un frappant relief le faible rôle joué par la masse du peuple dans les mouvements révolutionnaires, l'absolue contradiction entre les volontés individuelles et les volontés collectives des membres des assemblées, l'élément mystique qui conduisit les héros de la Révolution et à quel point ces héros furent peu influencés par la raison. Sans la Révolution il eût été très difficile de prouver que la raison ne saurait transformer les hommes, et que par conséquent une société ne se reconstruit pas à la volonté des législateurs, si complet que soit leur pouvoir. "

L'histoire de la Révolution se compose en réalité d'une série d'histoires parallèles, et souvent indépendantes : histoire d'un régime usé qui périt faute de défenseurs ; histoire des assemblées révolutionnaires ; histoire des mouvements populaires et de leurs meneurs ; histoire des armées ; histoire des institutions nouvelles, etc. Toutes ces histoires représentant le plus souvent des conflits de forces psychologiques, doivent être étudiées avec des méthodes empruntées à la psychologie.

On pourra discuter la valeur de nos interprétations. Je crois cependant qu'il sera désormais difficile d'écrire une histoire de la Révolution sans en tenir compte.

Paris, Janvier 1913.

---

1. Cette besogne du reste fort utile, bien que devant peu changer, je crois les idées actuelles, sera fort longue. On en jugera par les lignes suivantes d'un récent critique. " La Révolution sera connue seulement lorsque sera écrite histoire de ces innombrables comités de province — vingt mille, dit-on — tous invariablement composés de politiciens d'aventure, terroristes de villages, rétablissant insolamment à leur profit une basse et cruelle féodalité et s'efforçant, pourrait-on croire, à décourager et à déshonorer par leur cynisme l'effort inouï du pays tout entier vers des utopies sublimes et des rêves de fraternité. "

INTRODUCTION
LES RÉVISIONS DE L'HISTOIRE

L'âge moderne n'est pas seulement une époque de découvertes, mais aussi de révision des divers éléments de la connaissance. Après avoir reconnu qu'il n'existait aucun phénomène dont la raison première fût maintenant accessible, la science a repris l'examen de ses anciennes certitudes et constaté leur fragilité. Elle voit aujourd'hui ses vieux principes s'évanouir tour à tour. La mécanique perd ses axiomes, la matière, jadis substratum éternel des mondes, devient un simple agrégat de forces éphémères transitoirement condensées.

Malgré son côté conjectural qui la soustrait un peu aux critiques trop sévères, l'histoire n'a pas échappé à cette révision universelle. Il n'est plus une seule de ses phases dont on puisse dire qu'elle soit sûrement connue. Ce qui paraissait définitivement acquis est remis en question.

Parmi les événements, dont l'étude semblait achevée, figure la Révolution française. Analysée par plusieurs générations d'écrivains, on pouvait la croire parfaitement élucidée. Que dire de nouveau sur elle, sinon modifier quelques détails ?

Et voici cependant que ses défenseurs les plus convaincus commencent à devenir fort hésitants dans leurs jugements. D'anciennes évidences apparaissent très discutables. La foi en des dogmes tenus pour sacrés est ébranlée. Les derniers écrits sur la Révolution trahissent ces incertitudes. Après avoir raconté, on renonce de plus en plus à conclure.

Non seulement les héros de ce grand drame sont discutés sans indulgence, mais on se demande si le droit nouveau, succédant à l'ancien régime, ne se serait pas établi naturellement sans violence, par suite des progrès de la civilisation. Les résultats obtenus ne paraissent plus en rapport ni avec la rançon qu'ils ont immédiatement coûtée, ni avec les conséquences lointaines que la Révolution fit sortir des possibilités de l'histoire.

Plusieurs causes ont amené la révision de cette tragique période. Le temps a calmé les passions, de nombreux documents sont lentement sortis des archives et on apprend à les interpréter avec indépendance.

Mais c'est la psychologie moderne peut-être qui agira le plus sur nos idées en permettant de mieux pénétrer les hommes et les mobiles de leur conduite.

Parmi ses découvertes, applicables dès maintenant à l'histoire, il faut mentionner surtout la connaissance approfondie des actions ancestrales, les lois qui régissent les foules, les expériences relatives à la désagrégation des personnalités, la contagion mentale, la formation inconsciente des croyances, la distinction des diverses formes de logique.

À vrai dire, ces applications de la science, utilisées dans cet ouvrage, ne l'avaient pas été encore. Les historiens en sont restés généralement à l'étude des documents. Elle suffisait d'ailleurs à susciter les doutes dont je parlais à l'instant.

Les grands événements qui transforment la destinée des peuples révolutions, éclosions de croyances, par exemple, sont si difficilement explicables parfois, qu'il faut se borner à les constater.

Dès mes premières recherches historiques, j'avais été frappé par cet aspect impénétrable de certains phénomènes essentiels, ceux relatifs à la genèse des croyances surtout. Je sentais bien que pour les interpréter, quelque chose de fondamental manquait. La raison ayant dit tout ce qu'elle pouvait dire, il ne fallait plus rien en attendre et l'on devait chercher d'autres moyens de comprendre ce qu'elle n'éclairait pas.

Ces grandes questions restèrent longtemps obscures pour moi. De lointains voyages consacrés à l'étude des débris de civilisations disparues ne les avaient pas beaucoup éclaircies.

En y réfléchissant souvent, il fallut reconnaître que le problème se composait d'une série d'autres problèmes devant être étudiés séparément.

C'est ce que je fis pendant vingt ans, consignant le résultat de mes recherches dans une succession d'ouvrages.

Un des premiers fut consacré à l'étude des lois psychologiques de l'évolution des peuples. Après avoir montré que les races historiques, c'est-à-dire formées suivant les hasards de l'histoire, finissent par acquérir des caractères psychologiques aussi stables que leurs caractères anatomiques, j'essayai d'expliquer comment les peuples transforment leurs institutions, leurs langues et leurs arts. Je fis voir, dans le même ouvrage, pourquoi, sous l'influence de variations brusques de milieu, les personnalités individuelles peuvent se désagréger entièrement.

Mais en dehors des collectivités fixes constituées par les peuples, existent des collectivités mobiles et transitoires, appelées foules. Or, ces foules, avec le concours desquelles s'accomplissent les grands mouvements historiques, ont des caractères absolument différents de ceux des individus qui les composent. Quels sont ces caractères, comment évoluent-ils ? Ce nouveau problème fut examiné dans *la Psychologie des foules*.

Après ces études seulement je commençai à entrevoir certaines influences qui m'avaient échappé.

Mais ce n'était pas tout encore. Parmi les plus importants facteurs de l'histoire, s'en trouvait un prépondérant, les croyances. Comment naissent ces croyances, sont-elles vraiment rationnelles et volontaires, ainsi qu'on l'enseigna longtemps ? Ne seraient-elles pas, au contraire, inconscientes, et indépendantes de toute raison ? Question difficile étudiée dans mon dernier livre *Les Opinions et les Croyances*.

Tant que la psychologie considéra les croyances commue volontaires et rationnelles, elles demeurèrent inexplicables. Après avoir prouvé qu'elles sont irrationnelles le plus souvent et involontaires toujours, j'ai pu donner la solution de cet important problème : comment des croyances qu'aucune raison ne saurait justifier furent-elles admises sans difficulté par les esprits les plus éclairés de tous les âges ?

La solution des difficultés historiques poursuivie depuis tant d'années, se montra dès lors nettement. J'étais arrivé à cette conclusion qu'à côté de la logique rationnelle qui enchaîne les pensées et fut jadis considérée comme notre seul guide, existent des formes de logique très différentes logique affective, logique collective et logique mystique, qui dominent le plus souvent la raison, et engendrent les impulsions génératrices de notre conduite.

Cette constatation bien établie, il me parut évident que si beaucoup d'événements historiques restent souvent incompris, c'est qu'on veut les

INTRODUCTION

interpréter aux lumières d'une logique très peu influente en réalité dans leur genèse.

Toutes ces recherches, résumées ici en quelques lignes, demandèrent de longues années. Désespérant de les terminer, je les abandonnai plus d'une fois pour retourner à ces travaux de laboratoire où l'on est toujours sûr de côtoyer la vérité et d'acquérir des fragments de certitude.

Mais s'il est fort intéressant d'explorer le monde des phénomènes matériels, il l'est plus encore de déchiffrer les hommes, et c'est pourquoi j'ai toujours été ramené à la psychologie.

Certains principes déduits de mes recherches, me paraissant féconds, je résolus de les appliquer à l'étude de cas concrets et fus ainsi conduit à aborder la psychologie des révolutions, notamment celle de la Révolution française.

En avançant dans l'analyse de notre grande Révolution, s'évanouirent successivement la plupart des opinions déterminées par la lecture des livres et que je considérais comme inébranlables.

Pour expliquer cette période, il ne faut pas la considérer comme un bloc, ainsi que l'ont fait plusieurs historiens. Elle se compose de phénomènes simultanés, mais indépendants les uns des autres.

À chacune de ses phases se déroulent des événements engendrés par des lois psychologiques fonctionnant avec l'aveugle régularité d'un engrenage. Les acteurs de ce grand drame semblent se mouvoir comme le feraient les personnages de scènes tracées d'avance. Chacun dit ce qu'il doit dire, et agit comme il doit agir.

Sans doute les acteurs révolutionnaires diffèrent de ceux d'un drame écrit en ce qu'ils n'avaient pas étudié leurs rôles, mais d'invisibles forces le leur dictaient comme s'ils l'eussent appris.

C'est justement parce qu'ils subissaient le déroulement fatal de logiques incompréhensibles pour eux, qu'on les voit aussi étonnés des événements dont ils étaient les héros, que nous le sommes nous-mêmes. Jamais ils ne soupçonnèrent les puissances invisibles qui les faisaient agir. De leurs fureurs, ils n'étaient pas maîtres, ni maîtres non plus de leurs faiblesses. Ils parlent au nom de la raison, prétendent être guidée par elle, et ce n'est nullement en réalité la raison qui les guide.

" Les décisions que l'on nous reproche tant, écrivait Billaud-Varenne, nous ne les voulions pas, le plus souvent deux jours, un jour auparavant la crise seule les suscitait. "

Ce n'est pas qu'il faille considérer les événements révolutionnaires comme étant dominés par d'impérieuses fatalités. Les lecteurs de nos ouvrages savent que nous reconnaissons à l'homme d'action supérieur le rôle de désagréger les fatalités. Mais il ne peut en dissocier qu'un petit nombre encore et est bien souvent impuissant sur le déroulement d'événements qu'on ne domine guère qu'à leur origine. Le savant sait détruire le microbe avant qu'il agisse, mais se reconnaît impuissant sur l'évolution de la maladie.

———

Lorsqu'une question soulève des opinions violemment contradictoires, on peut assurer qu'elle appartient au cycle de la croyance et non à celui de la connaissance.

Nous avons montré dans un précédent ouvrage que la croyance, d'origine inconsciente et indépendante de toute raison, n'était jamais influençable par des raisonnements.

La Révolution, oeuvre de croyants, ne fut guère jugée que par des croyants. Maudite par les uns, admirée par les autres, elle est restée un de ces dogmes acceptés ou rejetés en bloc sans qu'aucune logique rationnelle intervienne dans un tel choix.

Si, à ses débuts, une révolution religieuse ou politique peut bien avoir des éléments rationnels pour soutien, elle ne se développe qu'en s'appuyant sur des éléments mystiques et affectifs absolument étrangers à la raison.

Les historiens qui ont jugé les événements de la Révolution française au nom de la logique rationnelle ne pouvaient les comprendre, puisque cette forme de logique ne les a pas dictés. Les acteurs de ces événements les ayant eux-mêmes mal pénétrés, on ne s'éloignerait pas trop de la vérité en disant que notre Révolution fut un phénomène également incompris de ceux qui la firent et de ceux qui la racontèrent. À aucune époque de l'histoire on n'a aussi peu saisi le présent, ignoré davantage le passé et moins deviné l'avenir.

———

La puissance de la Révolution ne résida pas dans les principes, d'ailleurs bien anciens, qu'elle voulut répandre, ni dans les institutions qu'elle prétendit fonder. Les peuples se soucient très peu des institutions et moins encore des doctrines. Si la Révolution fut très forte, si elle fit accepter à la France les violences, les meurtres, les ruines et les horreurs d'une épouvantable guerre civile, si enfin elle se défendit victorieusement contre l'Europe en armes, c'est qu'elle avait fondé, non pas un régime nouveau, mais une religion nouvelle. Or, l'histoire nous montre combien est irrésistible une forte croyance. L'invincible Rome elle-même avait dû plier jadis devant des armées de bergers nomades illuminés par la foi de Mahomet. Les rois de l'Europe ne résistèrent pas, pour la même raison, aux soldats déguenillés de la Convention. Comme tous les apôtres, ils étaient prêts à s'immoler dans le seul but de propager des croyances devant, suivant leur rêve, renouveler le monde.

La religion ainsi fondée eut la force de ses aînées, mais non leur durée. Elle ne périt pas cependant sans laisser des traces profondes et son influence continue toujours.

———

Nous ne considérerons pas la Révolution comme une coupure dans l'histoire, ainsi que le crurent ses apôtres. On sait que pour montrer leur intention de bâtir un monde distinct de l'ancien, ils créèrent une ère nouvelle et prétendirent rompre entièrement avec tous les vestiges du passé.

Mais le passé ne meurt jamais. Il est plus encore en nous-mêmes, que hors de nous-mêmes. Les réformateurs de la Révolution restèrent donc saturés à leur insu de passé, et ne firent que continuer, sous des noms différents, les traditions monarchiques, exagérant même l'autocratie et la centralisation de l'ancien régime. Tocqueville n'eut pas de peine à montrer la Révolution ne faisant guère que renverser ce qui allait tomber.

Si en réalité la Révolution détruisit peu de choses, elle favorisa cependant l'éclosion de certaines idées qui continuèrent ensuite à grandir. La fraternité et la liberté qu'elle proclamait ne séduisirent jamais beaucoup les peuples, mais l'égalité devint leur évangile, le pivot du socialisme et de toute l'évolution des idées démocratiques actuelles. On peut donc dire que la Révolution ne se termina pas avec l'avènement de l'Empire, ni avec les restaurations successives qui l'ont suivie. Sourdement ou au grand jour, elle s'est déroulée lentement dans le temps, et continue, à peser encore sur les esprits.

———

L'étude de la Révolution française, à laquelle est consacrée une grande partie de cet ouvrage, ôtera peut-être plus d'une illusion au lecteur, en lui montrant que les livres qui la racontent contiennent un agrégat de légendes fort lointaines des réalités.

Ces légendes resteront sans doute plus vivantes que l'histoire. Ne le regrettons pas trop. Il peut être intéressant pour quelques philosophes de connaître la vérité, mais pour les peuples les chimères sembleront toujours préférables. Synthétisant leur idéal elles constituent de puissants mobiles d'action. On perdrait courage si l'on n'était soutenu par des idées fausses, disait Fontenelle. Jeanne d'Arc, les Géants de la Convention, l'Épopée impériale, tous ces flamboiements du passé, resteront toujours des générateurs d'espérance, aux heures sombres qui suivent les défaites. Ils font partie de ce patrimoine d'illusions léguées par nos pères et dont la puissance est parfois supérieure à celle des réalités. Le rêve, l'idéal, la légende, en un mot l'irréel, voilà ce qui mène l'histoire.

PARTIE UN
LES ÉLÉMENTS PSYCHOLOGIQUES DES MOUVEMENTS RÉVOLUTIONNAIRES

LIVRE I. CARACTÈRES GÉNÉRAUX DES RÉVOLUTIONS

CHAPITRE I. LES RÉVOLUTIONS SCIENTIFIQUES ET LES RÉVOLUTIONS POLITIQUES

§ 1. — CLASSIFICATION DES RÉVOLUTIONS.

On applique généralement le terme de révolution aux brusques changements politiques, mais cette expression doit être attribuée à toutes les transformations subites, ou paraissant telles, de croyances, d'idées et de doctrines.

Nous avons étudié, ailleurs, le rôle des éléments rationnels affectifs et mystiques dans la genèse des opinions et des croyances qui déterminent la conduite. Il serait donc inutile d'y revenir.

Une révolution peut finir par une croyance, mais elle débute souvent sous l'action de mobiles parfaitement rationnels suppression d'abus criants, d'un régime despotique détesté, d'un souverain impopulaire, etc.

Si l'origine d'une révolution est parfois rationnelle, il ne faut pas oublier que les raisons invoquées pour la préparer n'agissent sur les foules qu'après s'être transformées en sentiments. Avec la logique rationnelle, on peut montrer les abus à détruire, mais pour mouvoir les multitudes, il faut faire naître en elles des espérances. On n'y arrive que par la mise enjeu d'éléments affectifs et mystiques, donnant à l'homme la puissance d'agir. À l'époque de la Révolution française, par exemple, la logique rationnelle, maniée par les philosophes, fit apparaître les inconvénients de l'ancien régime et suscita le désir d'en changer. La logique mystique inspira la croyance dans les vertus d'une société créée de toutes pièces d'après certains principes. La logique affective déchaîna les passions contenues par des freins séculaires et conduisit aux pires excès. La logique collective domina les clubs et les assemblées et poussa leurs membres à des actes que ni la logique rationnelle, ni la logique affective, ni la logique mystique ne leur aurait fait commettre.

Quelle que soit son origine, une révolution ne produit de conséquences qu'après être descendue dans l'âme des multitudes. Les événements acquièrent alors les formes spéciales résultant de la psychologie particulière des foules. Les mouvements populaires ont pour cette raison des caractéristiques tellement accentuées que la description de l'un d'eux suffit à faire connaître les autres. La multitude est donc l'aboutissant d'une révolution, mais n'en constitue pas le point de départ. La foule représente un être amorphe, qui ne peut rien et ne veut rien sans une tête pour la conduire. Elle dépasse bien vite ensuite l'impulsion reçue, mais ne la crée jamais.

Les brusques révolutions politiques, qui frappent le plus les historiens, sont parfois les moins importantes. Les grandes révolutions sont celles des mœurs et des pensées. Ce n'est pas en changeant le nom d'un gouvernement que l'on transforme la mentalité d'un peuple. Bouleverser les institutions d'une nation, n'est pas renouveler son âme.

Les véritables révolutions, celles qui transformèrent la destinée des peuples, se sont accomplies le plus souvent d'une façon si lente que les historiens ont peine à en marquer les débuts. Le terme d'évolution leur est beaucoup mieux applicable que celui de révolution.

Les divers éléments que nous avons énumérés, entrant dans la genèse de la plupart des révolutions, ne sauraient servir à les classer. Considérant uniquement le but qu'elles se proposent, nous les diviserons en révolutions scientifiques, révolutions politiques, révolutions religieuses.

§ 2. — LES RÉVOLUTIONS SCIENTIFIQUES.

Les révolutions scientifiques Sont de beaucoup les plus importantes. Bien qu'attirant peu l'attention, elles sont souvent chargées de conséquences lointaines que n'engendrent pas les révolutions politiques. Nous les plaçons donc en tête de notre énumération bien que ne pouvant les étudier ici.

Si par exemple nos conceptions de l'univers ont profondément changé depuis l'époque de la Renaissance, c'est parce que les découvertes astronomiques et l'application des méthodes expérimentales, les ont révolution-

CHAPITRE I. LES RÉVOLUTIONS SCIENTIFIQUES ET LES RÉVOL...

nées en montrant que les phénomènes, au lieu d'être conditionnés par les caprices des dieux, étaient régis par d'invariables lois.

À de pareilles révolutions convient, en raison de leur lenteur, le nom d'évolutions. Mais il en est d'autres qui, bien que du même ordre, méritent, par leur rapidité, le nom de révolutions. Telles les théories de Darwin bouleversant en quelques années toute la biologie ; telles les découvertes de Pasteur qui, du vivant de son auteur, transformèrent la médecine. Telle encore la théorie de la dissociation de la matière prouvant que l'atome jadis supposé éternel n'échappe pas aux lois qui condamnent tous les éléments de l'univers à décliner et périr.

Ces révolutions scientifiques s'opérant dans les idées sont purement intellectuelles. Nos sentiments, nos croyances n'ont aucune prise sur elles. On les subit, sans les discuter. Leurs résultats étant contrôlables par l'expérience, elles échappent à toute critique.

§ 3. — LES RÉVOLUTIONS POLITIQUES.

Au-dessous et très loin de ces révolutions scientifiques, génératrices du progrès des civilisations, figurent les révolutions religieuses et politiques sans parenté avec elles. Alors que les révolutions scientifiques dérivent uniquement d'éléments rationnels, les croyances politiques et religieuses ont presque exclusivement pour soutiens des facteurs affectifs et mystiques. La raison ne joue qu'un faible rôle dans leur genèse.

J'ai longuement insisté dans mon livre, *les Opinions et les Croyances*, sur l'origine affective et mystique des croyances, et montré qu'une croyance politique ou religieuse constitue un acte de foi élaboré dans l'inconscient et sur lequel, malgré toutes les apparences, la raison est sans prise. J'ai fait voir également que la croyance arrive parfois à un degré d'intensité tel que rien ne peut lui être opposé. L'homme hypnotisé par sa foi devient alors un apôtre, prêt à sacrifier ses intérêts, son bonheur, sa vie même pour le triomphe de cette foi. Peu importe l'absurdité de sa croyance, elle est pour lui une vérité éclatante. Les certitudes d'origine mystique possèdent ce merveilleux pouvoir de dominer entièrement les pensées et de n'être influencées que par le temps.

Par le fait seul qu'elle est considérée comme vérité absolue, la croyance devient nécessairement intolérante. Ainsi s'expliquent les violences, les haines, les persécutions, cortège habituel des grandes révolutions politiques et religieuses, la Réforme et la Révolution française notamment.

Certaines périodes de notre histoire restent incompréhensibles si on oublie l'origine affective et mystique des croyances, leur intolérance nécessaire, l'impossibilité de les concilier quand elles se trouvent en présence, et enfin la puissance conférée par les croyances mystiques aux sentiments qui se mettent à leur service.

Les conceptions précédentes sont trop neuves encore pour avoir pu modifier la mentalité des historiens. Ils persisteront longtemps à vouloir expliquer par la logique rationnelle une foule de phénomènes qui lui sont étrangers.

Des événements, tels que la Réforme qui bouleversa la France pendant cinquante ans, ne furent nullement déterminés par des influences rationnelles. Ce sont pourtant toujours elles qu'on invoque, même dans les livres les plus récents. C'est ainsi, par exemple, que dans l'Histoire générale de MM. Lavisse et Rambaud, on lit l'explication suivante de la Réforme :

> " C'est un mouvement spontané, né çà et là dans le peuple, de la lecture de l'Évangile et des libres réflexions individuelles que suggèrent à des gens simples une conscience très pieuse et une raison très hardie. "

Contrairement aux assertions de ces historiens, on peut dire avec certitude, d'abord, que de tels mouvements ne sont jamais spontanés et ensuite que la raison ne prend aucune part à leur élaboration.

La force des croyances politiques et religieuses qui ont soulevé le monde, réside précisément en ce fait, qu'étant issues d'éléments affectifs et mystiques, la raison ne les crée, ni ne les transforme.

Politiques ou religieuses, les croyances ont une origine commune et obéissent aux mêmes lois. Ce n'est pas avec la raison, mais le plus souvent contre toute raison qu'elles se sont formées. Bouddhisme, Islamisme, Réforme, Jacobinisme, Socialisme. etc., semblent des formes de pensée bien distinctes.

Elles ont cependant des bases affectives et mystiques identiques et obéissent à des logiques sans parenté avec la logique rationnelle.

Les révolutions politiques peuvent résulter de croyances établies dans les âmes, mais beaucoup d'autres causes les produisent. Le terme de mécontentement en représente la synthèse. Dès que ce mécontentement est généralisé, un parti se forme qui devient souvent assez fort pour lutter contre le gouvernement.

Le mécontentement doit généralement être accumulé longtemps pour produire ses effets, et c'est pourquoi une révolution ne représente pas toujours un phénomène qui finit, suivi d'un autre qui commence, mais un phénomène continu, ayant un peu précipité son évolution. Toutes les révolutions modernes ont été cependant des mouvements brusques, entraînant le renversement instantané des gouvernements. Telles, par exemple, les révolutions brésiliennes, portugaises, turques, chinoises, etc.

Contrairement à ce qu'on pourrait croire, les peuples très conservateurs sont voués aux révolutions les plus violentes. Étant conservateurs, ils n'ont pas su évoluer lentement pour s'adapter aux variations de milieux et quand l'écart est devenu trop grand, ils sont obligés de s'y adapter brusquement. Cette évolution subite constitue une révolution.

Les peuples à adaptation progressive n'échappent pas toujours eux-mêmes aux révolutions. Ce fut seulement par une révolution que les Anglais réussirent, en 1688, à terminer la lutte prolongée depuis un siècle entre la royauté qui voulait être absolue et la nation qui prétendait se gouverner par l'intermédiaire de ses délégués.

Les grandes révolutions commencent généralement par en haut et non par en bas, mais quand le peuple a été déchaîné, c'est à lui qu'elles doivent leur force.

Il est évident que toutes les révolutions n'ont pu se faire, et ne pourront d'ailleurs jamais se faire qu'avec le concours d'une fraction importante de l'armée. La royauté ne disparut pas en France le jour où fut guillotiné Louis XVI, mais à l'heure précise où ses troupes indisciplinées refusèrent de le défendre.

C'est surtout par contagion mentale que se désaffectionnent les armées, assez indifférentes, au fond, à l'ordre de choses établi. Dès que la coalition de quelques officiers eut réussi à renverser le gouvernement turc, les officiers grecs songèrent à les imiter et à changer de gouvernement, bien qu'aucune analogie n'existât entre les deux régimes.

Un mouvement militaire peut renverser un gouvernement — et dans les républiques espagnoles ils ne se renversent guère autrement — mais pour que la révolution ainsi obtenue produise de grands effets, elle doit avoir toujours à sa base un mécontentement général et des espérances.

À moins qu'il ne devienne universel et excessif, le mécontentement ne suffit pas à faire les révolutions. On entraîne facilement une poignée d'hommes à piller, démolir ou massacrer, mais pour soulever tout un peuple, ou du moins une grande partie de ce peuple, l'action répétée des meneurs est nécessaire. Ils exagèrent le mécontentement, persuadent aux mécontents que le gouvernement est l'unique cause de tous les événements fâcheux qui se produisent, les disettes notamment, et assurent que le nouveau régime proposé par eux engendrera une ère de félicités. Ces idées germent, se propagent par suggestion et contagion et le moment arrive où la révolution est mûre.

De cette façon se préparèrent la révolution chrétienne et la Révolution française. Si la dernière se fit en peu d'années, et la première en nécessita un grand nombre, c'est que notre Révolution eut vite la force armée pour elle, alors que le Christianisme n'obtint que très tard le pouvoir matériel. Aux débuts, ses seuls adeptes furent les petits, les humbles, les esclaves, enthousiasmés par la promesse de voir leur vie misérable transformée en une éternité de délices. Par un phénomène de contagion de bas en haut dont l'histoire fournit plus d'un exemple, la doctrine finit par envahir les couches supérieures de la nation, mais il fallut fort longtemps avant qu'un empereur crût la foi nouvelle assez répandue pour l'adopter comme religion officielle.

§ 4. — LES RÉSULTATS DES RÉVOLUTIONS POLITIQUES.

Lorsqu'un parti triomphe, il tâche naturellement d'organiser la société suivant ses intérêts. L'organisation se trouvera donc différente, suivant que la révolution aura été faite par des militaires, des radicaux, des conservateurs, etc. Les lois et les institutions nouvelles dépendront des intérêts du parti triomphant et des classes qui l'auront aidé, le clergé par exemple.

Si le triomphe a lieu à la suite de luttes violentes, comme au moment de la Révolution, les vainqueurs rejetteront en bloc tout l'arsenal de l'ancien droit. Les partisans du régime déchu seront persécutés, expulsés ou exterminés.

Le maximum de violence dans les persécutions est atteint lorsque le parti triomphant défend, en plus de ses intérêts matériels, une croyance. Le vaincu ne peut alors espérer aucune pitié. Ainsi, s'expliquent les expulsions des Maures par les Espagnols, les autodafés de l'inquisition, les exécutions de la Convention et les lois récentes contre les congrégations religieuses.

Cette puissance absolue que s'attribue le vainqueur le conduit parfois à des mesures extrêmes, décréter par exemple, comme au temps de la Convention, que l'or sera remplacé par du papier, que les marchandises seront vendues au prix fixé par lui, etc. Il se heurte bientôt alors à un mur de nécessités inéluctables qui tournent l'opinion contre sa tyrannie et finissent par le laisser désarmé devant les attaques, comme cela eut lieu à la fin de notre Révolution. C'est ce qui arriva récemment aussi à un ministère socialiste australien composé presque exclusivement d'ouvriers. Il édicta des lois si absurdes, accorda de tels privilèges aux syndiqués que l'opinion se dressa d'une façon unanime contre lui, et qu'en trois mois il fut renversé.

Mais les cas que nous venons de relater sont exceptionnels. La plupart des révolutions ont été accomplies pour amener au pouvoir un souverain nouveau. Or, ce souverain sait fort bien que la première condition de sa durée consiste à ne pas favoriser trop exclusivement une classe unique, mais de tâcher de se les concilier toutes. Pour y parvenir, il établira une sorte d'équilibre entre elles, de manière à n'être dominé par aucune. Permettre à une classe de devenir prépondérante est se condamner à l'avoir bientôt pour maître. Cette loi est une des plus sûres de la psychologie politique. Les rois de France la comprenaient fort bien quand ils luttaient énergiquement contre les empiétements de la noblesse d'abord et du clergé ensuite. S'ils ne l'avaient pas fait, leur sort eût été celui de ces empereurs allemands du Moyen Âge qui, excommuniés par les papes, en étaient réduits, comme Henri IV à Canossa, à faire un pèlerinage pour aller leur demander humblement pardon.

Cette même loi s'est toujours vérifiée au cours de l'histoire. Lorsqu'à la fin de l'Empire romain la caste militaire devint prépondérante, les empereurs dépendirent entièrement de leurs soldats qui les nommaient et les dépossédaient à leur gré.

Ce fut donc un grand avantage pour la France d'avoir été pendant longtemps gouvernée par un monarque à peu près absolu, supposé tenir son pouvoir de la divinité et entouré par conséquent d'un prestige considérable. Sans une telle autorité, il n'aurait pu contenir ni la noblesse féodale, ni le clergé, ni les Parlements. Si la Pologne, vers la fin du XVIe siècle, était arrivée elle aussi à posséder une monarchie absolue respectée, elle n'aurait pas descendu cette pente de la décadence qui amena sa disparition de la carte de l'Europe.

Nous avons constaté dans ce chapitre que les révolutions politiques peuvent s'accompagner de transformations sociales importantes. Nous verrons bientôt combien sont faibles ces transformations auprès de celles que les révolutions religieuses produisent.

CHAPITRE II. LES RÉVOLUTIONS RELIGIEUSES

§ 1. — IMPORTANCE DE L'ÉTUDE D'UNE RÉVOLUTION RELIGIEUSE POUR LA COMPRÉHENSION DES GRANDES RÉVOLUTIONS POLITIQUES.

Une partie de cet ouvrage sera consacrée à la Révolution française. Elle est pleine de violences qui ont naturellement leurs causes psychologiques.

Ces événements exceptionnels remplissent toujours d'étonnement et semblent même inexplicables. Ils deviennent compréhensibles cependant si l'on considère que la Révolution française, constituant une religion nouvelle, devait obéir aux lois de la propagation de toutes les croyances. Ses fureurs et ses hécatombes deviennent alors très intelligibles.

En étudiant l'histoire d'une grande révolution religieuse, celle de la Réforme, nous verrons que nombre d'éléments psychologiques qui y figurèrent agirent également pendant la Révolution française. Dans l'une et dans l'autre, on constate le peu d'influence de la valeur rationnelle d'une croyance sur sa propagation, l'inefficacité des persécutions, l'impossibilité de la tolérance entre croyances contraires, les violences et les luttes désespérées résultant du conflit de fois diverses. On y observe encore l'exploitation d'une croyance, par des intérêts très indépendants de cette croyance. On y voit enfin qu'il est impossible de modifier les convictions des hommes sans modifier aussi leur existence.

Ces phénomènes constatés, il apparaîtra clairement pourquoi l'évan-

CHAPITRE II. LES RÉVOLUTIONS RELIGIEUSES

gile de la Révolution se propagea par les mêmes méthodes que tous les évangiles religieux, celui de Calvin, notamment. Il n'aurait pu d'ailleurs se propager autrement.

Mais s'il existe des analogies étroites entre la genèse d'une révolution religieuse, telle que la Réforme et celle d'une grande révolution politique comme la nôtre, leurs suites lointaines sont bien différentes, et ainsi s'explique l'inégalité de leur durée. Dans les révolutions religieuses, aucune expérience ne peut révéler aux fidèles qu'ils se sont trompés, puisqu'il leur faudrait aller au ciel pour le savoir. Dans les révolutions politiques l'expérience montre vite l'erreur des doctrines, et oblige à les abandonner.

C'est ainsi qu'à la fin du Directoire, l'application des croyances jacobines avait conduit la France à un tel degré de ruine, de misère et de désespoir que les plus farouches jacobins eux-mêmes durent renoncer à leur système. Survécurent seulement de leurs théories quelques principes non vérifiables par l'expérience, tel le bonheur universel, que l'égalité devait faire régner parmi les hommes.

§ 2. — LES DÉBUTS DE LA RÉFORME ET SES PREMIERS ADEPTES.

La Réforme devait finir par exercer une influence profonde sur les sentiments et les idées morales de beaucoup d'hommes. Plus modeste à ses débuts, elle fut d'abord une simple lutte contre les abus du clergé, et, au point de vue pratique, un retour aux prescriptions de l'Évangile. Elle ne constitua jamais, en tout cas, comme on l'a prétendu, une aspiration vers la liberté de pensée. Calvin était aussi intolérant que Robespierre et tous les théoriciens de l'époque considéraient que la religion des sujets devait être celle du prince qui les gouvernait. Dans tous les pays où s'établit, en effet, la Réforme, le souverain remplaça le pape romain avec les mêmes droits et la même puissance.

Faute de publicité et de moyens de communications, la nouvelle foi se propagea d'abord assez lentement en France. C'est vers 1520 que Luther recruta quelques adeptes et seulement vers 1535 que la croyance se répandit assez pour qu'on jugeât nécessaire de brûler ses disciples.

Conformément à une loi psychologique bien connue, les exécutions ne firent que favoriser la propagation de la Réforme. Ses premiers fidèles comptaient des prêtres et des magistrats, mais principalement d'obscurs artisans. Leur conversion s'opéra presque exclusivement par contagion mentale et suggestion.

Dès qu'une croyance nouvelle se répand, on voit se grouper autour d'elle beaucoup d'hommes indifférents à cette croyance, mais y trouvant des prétextes pour assouvir leurs passions et leurs convoitises. Ce phénomène s'observa au moment de la Réforme dans plusieurs pays, en Allemagne et en Angleterre notamment. Luther ayant enseigné que le clergé n'a pas besoin de richesses, les seigneurs allemands trouvèrent excellente une religion qui leur permettait de s'emparer des biens de l'Église. Henri VIII s'enrichit par une opération analogue. Les souverains souvent molestés par les papes ne pouvaient voir, en général, que d'un œil favorable une doctrine ajoutant à leur pouvoir politique le pouvoir religieux et faisant de chacun d'eux un pape. Loin de diminuer l'absolutisme des chefs, la Réforme ne fit donc que l'exagérer.

§ 3. — VALEUR RATIONNELLE DES DOCTRINES DE LA RÉFORME.

La Réforme bouleversa l'Europe, et faillit ruiner la France, qu'elle transforma, pendant cinquante ans, en champ de bataille. Jamais cause aussi insignifiante au point de vue rationnel ne produisit d'aussi grands effets.

Elle est une des innombrables preuves démontrant que les croyances se propagent en dehors de toute raison. Les doctrines théologiques qui soulevèrent alors si violemment les âmes, et notamment celles de Calvin, sont, à l'égard de la logique rationnelle, indignes d'examen.

Très préoccupé de son salut, ayant du diable une peur excessive, que son confesseur ne réussissait pas à calmer, Luther cherchait les moyens les plus sûrs de plaire à Dieu pour éviter l'enfer. Après avoir commencé par refuser au pape le droit de vendre des indulgences, il nia entièrement son autorité et celle de l'Église, condamna les cérémonies religieuses, la confession, le culte des saints, et déclara que les chrétiens ne devaient avoir d'autres règles de conduite que la Bible. Il considérait, d'ailleurs, qu'on ne pouvait être sauvé sans la grâce de Dieu.

Cette dernière théorie, dite de la prédestination, un peu incertaine chez Luther, fut précisée par Calvin, qui en fit le fond même d'une doctrine à laquelle la plupart des protestants obéissent encore. Suivant lui " De toute éternité, Dieu a prédestiné certains hommes à être brûlés, d'autres à être sauvés. " Pourquoi cette monstrueuse iniquité ? simplement parce que " c'est la volonté de Dieu ".

Ainsi, d'après Calvin, qui ne fit d'ailleurs que développer certaines assertions de saint Augustin, un Dieu tout-puissant se serait amusé à fabriquer des créatures simplement pour les envoyer brûler pendant toute l'éternité, sans tenir compte de leurs actions et de leurs mérites ! Il est merveilleux qu'une aussi révoltante insanité ait pu subjuguer les âmes pendant si longtemps et en subjugue beaucoup encore [1].

La psychologie de Calvin n'est pas sans rapport avec celle de Robespierre. Possesseur, comme ce dernier, de la vérité pure, il envoyait à la mort ceux qui ne partageaient pas ses doctrines. Dieu, assurait-il, veut : " qu'on mette en oubli toute humanité, quand il est question de combattre pour sa gloire. "

Le cas de Calvin et de ses disciples montre que les choses rationnellement les plus contradictoires se concilient parfaitement dans les cervelles hypnotisées par une croyance. Aux yeux de la logique rationnelle, il semble impossible d'asseoir une morale sur la théorie de la prédestination puisque les hommes, quoi qu'ils fassent, sont sûrs d'être sauvés ou damnés. Cependant, Calvin n'eut pas de difficulté à créer une morale très sévère sur une base totalement illogique. Se considérant comme des élus de Dieu, ses sectateurs étaient tellement gonflés d'orgueil par la conscience de leur dignité qu'ils se croyaient tenus, dans leur conduite, à servir de modèles.

§ 4. — PROPAGATION DE LA RÉFORME.

La foi nouvelle se propagea, non par des discours, moins encore par des raisonnements, mais par le mécanisme décrit dans notre précédent ouvrage, c'est-à-dire sous l'influence de l'affirmation, de la répétition, de la contagion mentale et du prestige. Les idées révolutionnaires se répandirent plus tard en France de la même façon.

Les persécutions, nous le disions plus haut, ne firent que favoriser cette extension. Chaque exécution amenait des conversions nouvelles, comme cela s'observa aux premiers âges du christianisme. Anne Dubourg, conseiller au Parlement, condamné à être brûlé vif, marcha vers le bûcher en exhortant la foule à se convertir. " Sa constance, au dire d'un témoin, fit parmi les jeunes gens des écoles plus de protestants que les livres de Calvin. "

Pour empêcher les condamnés de parler au peuple, on leur coupait la langue avant de les brûler. L'horreur du supplice était accrue un attachant les victimes à une chaîne de fer qui permettait de les plonger dans le bûcher et de les en retirer à plusieurs reprises.

Rien cependant n'amenait les protestants à se rétracter, alors même qu'on offrait de les amnistier après leur avoir fait sentir le feu.

En 1535, François Ier, revenu de sa tolérance première, ordonna d'allumer à la fois six bûchers dans Paris. La Convention se borna, comme on sait, à une seule guillotine dans la même ville. Il est probable d'ailleurs que les supplices ne devaient pas être très douloureux. On avait déjà remarqué l'insensibilité des martyrs chrétiens. Les croyants sont hypnotisés par leur foi et nous savons aujourd'hui que certaines formes d'hypnotisme engendrent l'insensibilité complète.

La foi nouvelle progressa rapidement. En 1560, il y avait 2.000 églises réformées en France et beaucoup de grands seigneurs, d'abord assez indifférents, adhéraient à la doctrine.

§ 5. — CONFLIT ENTRE CROYANCES RELIGIEUSES DIFFÉRENTES. IMPOSSIBILITÉ DE LA TOLÉRANCE.

J'ai déjà répété que l'intolérance accompagne toujours les fortes croyances. Les révolutions religieuses et politiques en fournissent de nombreuses preuves et nous montrent aussi que l'intolérance entre sectateurs de religions voisines est beaucoup plus grande qu'entre les défenseurs de croyances éloignées, l'islamisme et le christianisme, par exemple. Si l'on considère, en effet, les croyances pour lesquelles la France fut déchirée pendant si longtemps, on remarquera qu'elles ne différaient que sur des points accessoires. Catholiques et protestants adoraient exactement le même Dieu et ne divergeaient que par la manière de l'adorer. Si la raison avait joué le moindre rôle dans l'élaboration de leur croyance, elle eût montré facilement qu'il devait être assez indifférent à Dieu de se voir adoré de telle ou telle façon.

La raison ne pouvant influencer la cervelle des convaincus, protestants et catholiques continuèrent à se combattre avec férocité. Tous les efforts des souverains pour tâcher de les réconcilier furent vains. Catherine de Médicis, voyant chaque jour le parti des réformés grandir malgré les supplices et attirer dans son sein un nombre considérable de nobles et de magistrats, s'imagina pouvoir les désarmer en réunissant à Poissy, en 1561, une assemblée d'évêques et de pasteurs dans le but de fusionner les deux doctrines. Une telle entreprise indiquait combien, malgré sa subtilité, la reine ignorait les lois de la logique mystique. On ne citerait pas dans l'histoire d'exemple d'une croyance réduite par voie de réfutation. Catherine de Médicis ignorait encore que si la tolérance est à la

CHAPITRE II. LES RÉVOLUTIONS RELIGIEUSES

rigueur possible entre individus, elle est irréalisable entre collectivités. Sa tentative échoua donc complètement. Les théologiens assemblés se lancèrent à la tête des textes et des injures, mais aucun ne fut ébranlé. Catherine crut alors mieux réussir en promulgant, l'an 1562, un édit accordant aux protestants le droit de se réunir pour célébrer publiquement leur culte.

Cette tolérance, très recommandable au point de vue philosophique, mais peu sage au point de vue politique, n'eut d'autre résultat que d'exaspérer les deux partis. Dans le Midi où les protestants étaient les plus forts, ils persécutaient les catholiques, tentaient de les convertir par la violence, les égorgeaient s'ils n'y réussissaient pas et saccageaient leurs cathédrales. Dans les régions où les catholiques se trouvaient plus nombreux, les réformés subissaient des persécutions identiques.

De telles hostilités devaient nécessairement engendrer la guerre civile. Ainsi naquirent les guerres dites de religion qui ensanglantèrent si longtemps la France. Les villes furent ravagées, les habitants massacrés et la lutte revêtit rapidement ce caractère de férocité sauvage spécial aux conflits religieux ou politiques et que nous retrouverons plus tard dans les guerres de la Vendée.

Vieillards, femmes, enfants, tout était exterminé. Un certain baron d'Oppede, premier président du parlement d'Aix, avait déjà servi de modèle en faisant tuer, durant l'espace de dix jours, avec des raffinements de cruauté, 3.000 personnes et détruire trois villes et 22 villages. Montluc, digne ancêtre de Carrier, faisait jeter les calvinistes vivants dans des puits jusqu'à ce qu'ils fussent pleins. Les protestants n'étaient pas plus tendres. Ils n'épargnaient même pas les églises catholiques et traitaient les tombes et les statues exactement comme les délégués de la Convention devaient traiter plus tard les tombes royales de Saint-Denis.

Sous l'influence de ces luttes, la France se désagrégeait progressivement et, à la fin du règne de Henri III, elle était morcelée en de véritables petites républiques municipales confédérées, formant autant d'États souverains. Le pouvoir royal s'évanouissait. Les États de Blois prétendaient dicter leur volonté à Henri III, enfui de sa capitale. En 1577, le voyageur Lippomano, qui traversa la France, vit des villes importantes, Orléans, Blois, Tours, Poitiers, entièrement dévastées, les cathédrales et les églises en ruines, les tombeaux brisés, etc. C'était à peu près l'état de la France vers la fin du Directoire.

Parmi tous les événements de cette époque, celui qui a laissé le plus sombre souvenir, bien qu'il n'ait pas été peut-être le plus meurtrier, fut le massacre de la Saint-Barthélemy en 1572, ordonné, suivant les historiens, par Catherine de Médicis et Charles IX.

Il n'est pas besoin d'une psychologie très profonde pour comprendre qu'aucun souverain n'aurait pu ordonner un tel événement. La Saint-Barthélemy ne fut pas un crime royal, mais un crime populaire. Catherine de Médicis, croyant son existence et celle du roi menacées par un complot que dirigeaient quatre ou cinq chefs protestants alors à Paris, les envoya tuer chez eux, selon les procédés sommaires de l'époque. Le massacre qui s'ensuivit est très bien expliqué par M. Batiffol dans les termes suivants :

> " À l'annonce de ce qui se passait, le bruit se répandit instantanément dans tout Paris qu'on massacrait les huguenots gentilshommes catholiques, soldats de la garde, archers, gens du peuple, tout le monde se précipita dans la rue les armes à la main afin de participer à l'exécution et le massacre général commença aux cris féroces de " au huguenot, tue, tue ! ". On assomma ou noya, on pendit. Tout ce qui était connu comme hérétique y passa. 2.000 personnes furent tuées à Paris. "

Par voie de contagion, le peuple de la province imita celui de Paris et six à huit mille protestants furent massacrés.

Lorsque le temps eut un peu refroidi les passions religieuses, tous les historiens, même catholiques, se crurent obligés de s'indigner contre la Saint-Barthélemy. Ils montrèrent ainsi la difficulté de comprendre la mentalité d'une époque avec celle d'une autre.

En fait, loin d'être critiquée, la Saint-Barthélemy provoqua un enthousiasme indescriptible dans toute l'Europe catholique. Philippe II délira de joie en apprenant la nouvelle, et le roi de France reçut plus de félicitations que s'il avait gagné une grande bataille.

Mais ce fut surtout le pape Grégoire XIII qui manifesta la satisfaction la plus vive. Il fit frapper une médaille pour commémorer l'heureux événement [2], allumer des feux de joie, tirer le canon, célébrer plusieurs messes et appela le peintre Vasari pour représenter sur les murs du Vatican les principales scènes du carnage, puis il envoya au roi de France un ambassadeur chargé de le féliciter vivement de sa belle action. C'est avec des détails historiques de cette nature qu'on arrive à comprendre l'âme des croyants. Les jacobins de la Terreur avaient une mentalité assez voisine de celle de Grégoire XIII.

Naturellement, les protestants ne restèrent pas indifférents devant une pareille hécatombe et ils firent de tels progrès qu'en 1576 Henri III en était réduit à leur accorder, par l'Édit de Beaulieu, l'entière liberté du culte, huit places fortes et dans les parlements, des Chambres composées moitié de catholiques et moitié de huguenots.

Ces concessions forcées n'amenèrent aucun calme. Une ligue catholique se créa ayant le duc de Guise à sa tête et les batailles continuèrent. Elles ne pouvaient cependant durer toujours. On sait comment Henri IV y mit fin pour un temps assez long par son abjuration en 1593 et par l'Édit de Nantes.

La lutte était apaisée mais non terminée. Sous Louis XIII, les protestants s'agitèrent encore et Richelieu fut obligé en 1627 d'assiéger La Rochelle, où 15.000 protestants périrent. Possédant plus d'esprit politique que d'esprit religieux, le célèbre cardinal se montra très tolérant ensuite à l'égard des réformés.

Cette tolérance ne pouvait durer. Des croyances contraires ne restent pas en présence sans tâcher de s'anéantir dès que l'une se sent capable de dominer l'autre. Sous Louis XIV, les protestants devenus de beaucoup les plus faibles avaient forcément renoncé à toute lutte et vivaient pacifiquement. Leur nombre était d'environ 1.200.000, et ils possédaient plus de 600 églises desservies par environ 700 pasteurs. La présence de ces hérétiques sur le sol français étant intolérable pour le clergé catholique, on essaya contre eux des persécutions variées. Comme elles amenèrent peu de résultats, Louis XIV eut recours en 1685 aux dragonnades qui firent périr beaucoup d'individus, mais sans succès. Il fallut employer des mesures définitives. Sous la pression du clergé et notamment de Bossuet, l'édit de Nantes fut révoqué et les protestants obligés de se convertir ou de quitter la France. Cette funeste émigration dura longtemps et fit perdre, dit-on, à la France quatre cent mille habitants, hommes fort énergiques puisqu'ils avaient le courage d'écouter leur conscience plutôt que leurs intérêts.

§ 6. — RÉSULTATS DES RÉVOLUTIONS RELIGIEUSES.

Si l'on ne jugeait les révolutions religieuses que par la sombre histoire de la Réforme, on serait conduit à les considérer comme très funestes. Mais toutes ne jouèrent pas un pareil rôle, et l'action civilisatrice de plusieurs d'entre elles fut considérable.

En donnant à un peuple l'unité morale, elles accroissent beaucoup sa puissance matérielle. On le vit notamment, lorsqu'une foi nouvelle apportée par Mahomet transforma en un peuple redoutable les impuissantes petites tribus de l'Arabie.

La croyance religieuse nouvelle ne se borne pas à rendre un peuple homogène. Elle atteint ce résultat qu'aucune philosophie, aucun code n'obtinrent jamais, de transformer sensiblement cette chose presque intransformable : les sentiments d'une race.

On put le constater à l'époque où la plus puissante des révolutions religieuses enregistrée par l'histoire renversa le paganisme pour lui substituer un Dieu, venu des plaines de la Galilée. L'idéal nouveau exigeait le renoncement à toutes les joies de l'existence pour acquérir l'éternité bienheureuse du ciel. Sans doute, un tel idéal était facilement acceptable par les esclaves, les misérables, les déshérités dénués de joies ici-bas, auxquels on proposait un avenir enchanteur, en échange d'une vie sans espoirs. Mais l'existence austère aisément embrassée par les pauvres le fut aussi par des riches. En ceci surtout se manifesta la puissance de la foi nouvelle.

Non seulement la révolution chrétienne transforma les mœurs, mais elle exerça en outre, pendant 2.000 ans, une influence prépondérante sur la civilisation. Aussitôt qu'une foi religieuse triomphe, tous les éléments de la civilisation s'y adaptant naturellement, cette civilisation se trouve bientôt transformée. Écrivains, littérateurs, artistes, philosophes, ne font que symboliser dans leurs œuvres les idées de la nouvelle croyance.

Lorsqu'une foi quelconque religieuse ou politique a triomphé, non seulement la raison ne peut rien sur elle, mais cette dernière trouve toujours des motifs pour l'interpréter, la justifier et tâcher de l'imposer. Il existait probablement autant d'orateurs et de théologiens au temps de Moloch, pour prouver l'utilité des sacrifices humains, qu'il y en eut à d'autres époques pour glorifier l'inquisition, la Saint-Barthélemy et les hécatombes de la Terreur.

Il ne faut pas trop espérer voir les peuples possesseurs de croyances fortes, s'élever facilement à la tolérance. Les seuls qui l'aient atteinte dans le monde ancien furent les polythéistes. Les nations qui la pratiquent dans les temps modernes sont celles qu'on pourrait également qualifier de polythéistes, puisque, comme en Angleterre et en Amérique, elles sont divisées en sectes religieuses innombrables. Sous des noms identiques elles adorent en réalité des dieux assez divers.

La multiplicité des croyances qui crée leur tolérance finit aussi par créer leur faiblesse. Nous nous trouvons ainsi en présence de ce problème psychologique non résolu jusqu'ici : posséder une croyance à la fois forte et tolérante.

CHAPITRE II. LES RÉVOLUTIONS RELIGIEUSES

Le bref exposé qui précède a fait voir le rôle considérable joué par les révolutions religieuses et montré la puissance des croyances. Malgré leur faible valeur rationnelle, elles mènent l'histoire et empêchent les peuples d'être une poussière d'individus sans cohésion et sans force. L'homme en eut besoin à tous les âges pour orienter ses pensées et guider sa conduite. Aucune philosophie n'a réussi encore à les remplacer.

---

1. La doctrine de la prédestination continue à s'enseigner dans les catéchismes protestants, comme le prouve le passage suivant extrait de la dernière édition d'un catéchisme officiel que j'ai fait venir d'Edimbourg :
  " By the decree of God, for the manifestation of his glory, some men and angels are predestinated onto everlasting life, and others foreordained to everlasting death.
  These angels and men, thus predestinated and foreordained, are particularly and unchangeably designed; and their number is so certain and definite, that it cannot be either increased or diminished.
  Those of mankind that are predestinated unto life, God, before the foundation of the world was laid, according to his eternal and immutable purpose, and the secret counsel and good pleasure of his will hath chosen in Christ unto everlasting glory, out of his mere free grace and love, without any foresight of faith or good works, or perseverance in either of them, or any other thing in the creature, as conditions, or causes moving him thereunto; and all to the praise of his glorious grace.
  As God hath appointed the elect unto glory, so hath he by the eternal and most free purpose of his will, foreordained all the means thereunto. Wherefore they who are elected being falle, in Adam, are redeemed by Christ; are effectually called unto faith by is Spirit working in due season ; are justifted adopted, sanctified and kept by his power through faith unto salvation. Neither are any other redeemed by Christ, effectually called, justified, adopted, sanctified, and saved, but the elect only. "
2. La médaille dut être distribuée à beaucoup de personnages, Car le cabinet des médailles à la Bibliothèque Nationale en possède trois exemplaires un en or, un en argent, l'autre en cuivre. Cette médaille, reproduite par Bonnani dans sa *Numism. Pontific.* (t I, p. 336), représente d'un côté Grégoire XIII et de l'autre un ange frappant du glaive des huguenots avec cet exergue : *Ugonotorium strages,* c'est-à-dire Massacre des Huguenots. (Le mot *strages* peu se traduire pur carnage ou massacre, sens qu'il possède dans Cicéron et Tite-Live, ou encore par désastre, ruine, sens qu'il a dans Virgile et Tacite.)

CHAPITRE III. LE RÔLE DES GOUVERNEMENTS DANS LES RÉVOLUTIONS

§ 1. — FAIBLE RÉSISTANCE DES GOUVERNEMENTS DANS LES RÉVOLUTIONS.

Beaucoup de peuples modernes, la France, l'Espagne, la Belgique, l'Italie, L'Autriche, la Pologne, le Japon, la Turquie, le Portugal, etc., ont depuis un siècle subi des révolutions. Elles se caractérisèrent le plus souvent par leur instantanéité et la facilité avec laquelle les gouvernements attaqués furent renversés.

L'instantanéité s'explique assez bien par la rapidité de la contagion mentale due aux procédés modernes de publicité. La faible résistance des gouvernements est plus étonnante. Elle implique en effet de leur part une incapacité totale à rien comprendre et rien prévoir, créée par une confiance aveugle dans leur force.

La facilité avec laquelle tombent les gouvernements n'est pas d'ailleurs un phénomène nouveau. Il a été constaté plus d'une fois, non seulement dans les régimes autocratiques, toujours renversés par des conspirations de palais, mais aussi dans des gouvernements parfaitement renseignés au moyen de la presse et de leurs agents sur l'état de l'opinion.

Parmi ces chutes instantanées, une des plus frappantes est celle qui suivit les Ordonnances de Charles X. Ce monarque fut, on le sait, renversé en quatre jours. Son ministre Polignac n'avait pris aucune mesure de défense et le roi se croyait si certain de la tranquillité de Paris qu'il était

CHAPITRE III. LE RÔLE DES GOUVERNEMENTS DANS LES RÉVO...

parti pour la chasse. L'armée ne lui était nullement hostile, comme au temps de Louis XVI, mais les troupes, mal commandées, se débandèrent devant les attaques de quelques insurgés.

Le renversement de Louis-Philippe fut plus typique encore, puisqu'il ne résulta aucunement d'un acte arbitraire du souverain. Ce monarque n'était pas entouré des haines qui finirent par envelopper Charles X et sa chute fut la conséquence d'une insignifiante émeute bien facile à réprimer.

Les historiens, qui ne comprennent guère qu'un gouvernement solidement constitué, appuyé sur une imposante armée, puisse être renversé par quelques émeutiers, attribuèrent naturellement à des causes profondes la chute de Louis-Philippe. En réalité, l'incapacité des généraux chargés de le défendre en fut le vrai motif.

Ce cas étant un des plus instructifs qu'on puisse citer, mérite de nous arrêter un instant. Il a été parfaitement étudié par le général Bonnal, d'après les notes d'un témoin oculaire, le général d'Elchingen. 36.000 hommes de troupe se trouvaient alors dans Paris, mais l'incapacité et la faiblesse des chefs empêchèrent de les utiliser. Les contre-ordres se succédaient, et finalement on interdit à la troupe de tirer sur le peuple, permettant en outre à la foule, et rien n'était plus dangereux, de se mêler aux soldats. L'émeute triompha alors sans combat et força le roi à abdiquer.

Appliquant au cas précédent nos recherches sur la psychologie des foules, le général Bonnal montre avec quelle facilité eût pu être dominée l'émeute qui renversa Louis-Philippe. Il prouve notamment que si les chefs n'avaient pas perdu complètement la tête, une toute petite troupe aurait empêché les insurgés d'envahir la Chambre des Députés. Cette dernière, composée de monarchistes, eût certainement proclamé roi le comte de Paris, sous la régence de sa mère.

Des phénomènes analogues se produisirent dans les révolutions dont l'Espagne et le Portugal furent le théâtre.

Ces faits montrent le rôle des petites circonstances accessoires dans les grands événements et prouvent qu'il ne faut pas trop parler des lois générales de l'histoire. Sans l'émeute qui renversa Louis-Philippe, nous n'aurions probablement jamais eu ni la République de 1848, ni le second Empire, ni Sedan, ni l'invasion, ni la perte de l'Alsace.

Dans les révolutions dont je viens de parler, l'armée ne fut d'aucun secours aux gouvernements, mais elle ne se tourna pas contre eux. Il en arrive autrement parfois. C'est souvent l'armée qui fit, comme en Portugal et en Turquie, les révolutions. Par elle également s'accomplissent les innombrables évolutions des républiques latines de l'Amérique.

Lorsqu'une révolution est faite par l'armée, les nouveaux gouvernants tombent naturellement sous sa domination. J'ai rappelé déjà plus haut qu'il en fut ainsi à la fin de l'Empire romain, quand les empereurs étaient renversés par les soldats.

Le même phénomène s'observe parfois aussi dans les temps modernes. L'extrait suivant d'un journal, à propos de la révolution grecque, montre ce que devient un gouvernement dominé par son armée.

" Un jour, on annonce que quatre-vingts officiers de marine vont démissionner si le gouvernement ne met pas à la retraite les chefs condamnés par eux. Un autre jour, ce sont les ouvriers agricoles d'une métairie appartenant au prince royal qui réclament le partage des terres. La marine proteste contre l'avancement promis au colonel Zorbas. Le colonel Zorbas, après une semaine de tractations avec le lieutenant Typaldos, traite de puissance à puissance avec le président du Conseil. Pendant ce temps, la Fédération des corporations flétrit les officiers de marine. Un député demande que ces officiers et leurs familles soient traités en brigands. Quand le commandant Miaoulis tire sur les rebelles, les marins qui d'abord avaient obéi à Typaldos, rentrent dans le devoir. Ce n'est plus la Grèce harmonieuse de Périclès et de Thémistocle. C'est un hideux camp d'Agramant. "

Une révolution ne peut se faire sans le concours ou tout au moins la neutralité de l'armée, mais il arrive le plus souvent que le mouvement commence en dehors d'elle. Ce fut le cas des révolutions de 1830 et de 1848 puis de celle de 1870 qui renversa l'Empire à la suite de l'humiliation éprouvée en France par la capitulation de Sedan.

La plupart des révolutions, se font dans les capitales et se répandent par voie de contagion dans tout le pays ; mais ce n'est pas là une règle constante. On sait que pendant la Révolution française, la Vendée, la Bretagne et le Midi se révoltèrent spontanément contre Paris.

§ 2. — COMMENT LA RÉSISTANCE DES GOUVERNEMENTS PEUT TRIOMPHER DES RÉVOLUTIONS.

Dans la plupart des révolutions précédemment énumérées, nous avons vu les gouvernements périr par leur faiblesse. Dès qu'on les a touchés ils sont tombés.

CHAPITRE III. LE RÔLE DES GOUVERNEMENTS DANS LES RÉVO...

La Révolution russe prouve qu'un gouvernement qui se défend avec énergie peut finir par triompher.

Jamais révolution ne fut plus menaçante pour un gouvernement. À la suite des désastres subis en Orient et des duretés d'un régime autocratique trop oppressif, toutes les classes sociales y compris une partie de l'armée et de la flotte s'étaient soulevées. Les chemins de fer, les postes, les télégraphes étaient en grève, et par conséquent les communications interrompues entre les diverses parties de ce gigantesque empire.

La classe rurale, formant la majorité de la nation, commençait elle-même à subir l'influence de la propagande révolutionnaire. Le sort des paysans était d'ailleurs assez misérable. Ils se voyaient obligés, avec le système du Mir, de cultiver les terres sans pouvoir en acquérir. Le gouvernement résolut de se concilier immédiatement cette catégorie nombreuse de paysans par sa transformation en propriétaires. Des lois spéciales obligèrent les seigneurs à vendre aux paysans une partie de leurs propriétés et des banques destinées à prêter aux acquéreurs les fonds nécessaires pour rembourser les terres furent créées. Les sommes prêtées devaient être remboursées par petites annuités prélevées sur les produits de la vente des récoltes.

Assuré de la neutralité des paysans, le gouvernement put combattre les fanatiques qui incendiaient les villes, jetaient des bombes dans les foules et avaient entrepris une lutte sans merci. On fit périr tous ceux qui purent être pris. Cette extermination est la seule méthode découverte depuis l'origine des âges pour protéger une société contre les révoltés qui veulent la détruire.

Le gouvernement vainqueur comprit d'ailleurs la nécessité d'accorder des satisfactions aux légitimes réclamations de la partie éclairée de la nation. Il créa un parlement chargé de préparer des lois et de contrôler les dépenses.

L'histoire de la Révolution russe montre comment un gouvernement dont tous les soutiens naturels s'écroulaient successivement put, avec de la sagesse et de la fermeté, triompher des plus redoutables obstacles. On a dit très justement qu'on ne renverse pas les gouvernements, mais qu'ils se suicident.

§ 3. — LES RÉVOLUTIONS FAITES PAR LES GOUVERNEMENTS. EXEMPLES DIVERS : CHINE, TURQUIE, ETC.

Les gouvernements combattent presque toujours les révolutions et n'en font guère. Représentant les nécessités du moment et l'opinion générale, ils suivent timidement les réformateurs mais ne les précèdent pas.

Parfois cependant certains gouvernements ont tenté de ces brusques réformes qui constituent des révolutions. La stabilité ou l'instabilité de l'âme nationale explique pourquoi ils réussissent ou échouent dans ces tentatives.

Ils réussissent lorsque le peuple auquel le gouvernement prétend imposer des institutions nouvelles est composé de tribus demi-barbares, sans lois fixes, sans traditions solides, c'est-à-dire sans âme nationale constituée. Tel fut le cas de la Russie à l'époque de Pierre le Grand. On sait comment il essaya d'européaniser par force des populations russes demi-asiatiques.

Le Japon constitue un autre exemple d'une révolution faite par un gouvernement, mais c'est sa technique et non son âme qui fut transformée.

Il faut un autocrate très puissant, doublé d'un homme de génie pour réussir, même partiellement, de telles tâches : Le plus souvent, le réformateur voit se dresser tout le peuple devant lui. Contrairement à ce qui se passe dans les révolutions ordinaires, l'autocrate est alors le révolutionnaire et le peuple le conservateur. En y regardant attentivement, on découvre assez vite que les peuples sont toujours très conservateurs.

L'insuccès représente du reste la règle habituelle de ces tentatives. Qu'elles se fassent par les hautes classes ou par les couches inférieures, les révolutions ne changent pas l'âme d'un peuple stabilisée depuis longtemps. Elles ne transforment que les choses usées par le temps et prêtes, à tomber.

La Chine fait actuellement la très intéressante expérience de cette impossibilité pour un gouvernement de renouveler brusquement les institutions d'un pays. La révolution qui renversa la dynastie de ses anciens souverains fut la conséquence indirecte du mécontentement provoqué par les réformes que, dans le but d'améliorer un peu la Chine, son gouvernement avait voulu imposer. La suppression de l'opium et des jeux, la réforme de l'armée, la création d'écoles entraînèrent des augmentations D'impôts qui, aussi bien que les réformes elles-mêmes, indisposèrent fortement l'opinion.

CHAPITRE III. LE RÔLE DES GOUVERNEMENTS DANS LES RÉVO...

Quelques lettrés chinois élevés dans les écoles européennes, profitèrent de ce mécontentement pour soulever le peuple et faire proclamer la république, institution dont un Chinois ne saurait avoir aucune conception.

Elle ne pourra sûrement se maintenir bien longtemps, car l'impulsion qui lui a donné naissance n'est pas un mouvement de progrès, mais de réaction. Le mot de république, pour le Chinois intellectualisé par son éducation européenne, est simplement synonyme d'affranchissement du joug des lois, des règles et de toutes les contraintes séculaires. Après avoir coupé sa natte, couvert sa tête d'une casquette et s'être déclaré républicain, le jeune Chinois pense pouvoir s'adonner sans frein à tous ses instincts. C'est un peu, au surplus, l'idée que se faisait de la République une partie du peuple français au moment de la grande Révolution.

La Chine découvrira vite elle aussi ce que devient une société privée de l'armature lentement édifiée par le passé. Après quelques années de sanglante anarchie, il lui faudra rétablir un pouvoir dont la tyrannie sera nécessairement beaucoup plus dure que celle du régime renversé. La science n'a pas encore découvert la baguette magique capable de faire subsister une société sans discipline. Nul besoin de l'imposer quand elle est devenue héréditaire, mais lorsqu'on a laissé les instincts primitifs détruire les barrières péniblement édifiées par de lentes acquisitions ancestrales, elle ne peut être reconstruite que par une tyrannie énergique.

On peut donner encore comme preuve de ces assertions une expérience analogue à celle de la Chine, faite par la Turquie aujourd'hui. Il y a quelques années, des jeunes gens, instruits dans les écoles européennes et pleins de bonne volonté réussirent, avec le concours de plusieurs officiers, à renverser un sultan dont la tyrannie paraissait insupportable. Ayant acquis notre robuste foi latine en la puissance magique des formules, ils s'imaginèrent pouvoir établir le régime représentatif dans un pays à demi-civilisé, profondément divisé par des haines religieuses et composé de races différentes.

La tentative n'a pas été heureuse jusqu'ici. Les auteurs de la réforme durent constater que malgré tout leur libéralisme, ils étaient obligés de gouverner avec des méthodes fort voisines de celles du régime renversé. Ils n'ont pu empêcher ni les exécutions sommaires, ni les massacres de chrétiens, sur une grande échelle, ni remédier encore à un seul abus.

On serait injuste en le leur reprochant. Qu'auraient-ils pu faire en vérité pour transformer un peuple aux traditions fixées depuis longtemps, aux passions religieuses intenses, et où les musulmans en minorité ont cependant la légitime prétention de gouverner avec leur code la cité sainte de leur foi ? Comment empêcher l'islamisme de rester la religion d'État dans un pays où le droit civil et le droit religieux ne sont pas encore nettement séparés, et où la foi au Coran est le seul lien permettant de maintenir l'idée de patrie ?

Il était bien, difficile de détruire un tel état de choses et c'est pourquoi on devait fatalement voir se rétablir une organisation autocratique avec un semblant de régime constitutionnel, c'est-à-dire à peu près l'ancien régime. De pareils essais constituent un exemple bien net de l'impossibilité où se trouvent les peuples de choisir leurs institutions avant d'avoir transformé leur âme.

§ 4. — ÉLÉMENTS SOCIAUX SURVIVANT AUX CHANGEMENTS DE GOUVERNEMENT APRÈS LES RÉVOLUTIONS.

Ce que nous dirons plus loin de la stabilisation de l'âme nationale permet de comprendre la force des régimes établis depuis longtemps tels que les anciennes monarchies. Un monarque peut être renversé facilement par des conspirateurs, mais ces derniers sont sans force contre les principes que le monarque représente. Napoléon tombé fut remplacé non par son héritier naturel, mais par celui des rois. Ce dernier incarnait un principe ancien, alors que le fils de l'Empereur personnifiait seulement des idées encore mal fixées dans les âmes.

C'est pour la même raison qu'un ministre, si habile qu'on le suppose, si grands que soient les services rendus à son pays, pourra bien rarement renverser son souverain. Bismarck lui-même n'y aurait pas réussi. Ce grand ministre avait fait à lui seul l'unité de l'Allemagne, et cependant son maître n'eut qu'à le toucher du doigt pour qu'il s'évanouit. Un homme n'est rien devant un principe soutenu par l'opinion.

Mais alors même que, pour des motifs divers, le principe qu'incarne un gouvernement est anéanti avec lui, comme cela arriva au moment de la Révolution, tous les éléments d'organisation de la société ne périssent pas en même temps.

Si l'on ne connaissait de la France que ses bouleversements depuis plus d'un siècle, on pourrait la supposer vivant dans une profonde anarchie. Or, dans sa vie économique, industrielle, politique même, se manifeste au contraire une continuité paraissant indépendante de tous les bouleversements et de tous les régimes.

C'est qu'à côté des grands événements dont s'occupe l'histoire, se trouvent les petits faits de la vie journalière que négligent de relater les livres. Ils sont dominés par d'impérieuses nécessités qui n'attendent pas. Leur ensemble forme la trame véritable de la vie d'un peuple.

Alors que l'étude des grands événements nous montre le gouvernement nominal de la France fréquemment changé depuis un siècle, l'examen des petits événements journaliers prouve au contraire que son gouvernement réel s'est très peu transformé.

Quels sont en effet les véritables conducteurs d'un peuple ? Les rois et les ministres, pour les grandes circonstances sans doute, mais bien nul est leur rôle dans les petites réalités formant la vie de chaque jour. Les vraies forces directrices d'un pays, ce sont les administrations composées d'éléments impersonnels que les changements de régime n'atteignent jamais. Conservatrices des traditions, elles ont pour elles l'anonymat et la durée, et constituent un pouvoir occulte devant lequel tous les autres finissent par plier. Son action est même devenue telle, comme nous le montrerons dans cet ouvrage, qu'il menace de former un État anonyme plus fort que l'État officiel. La France en est ainsi arrivée à être progressivement gouvernée par des chefs de bureau et des commis. Plus on étudie l'histoire des révolutions, plus on constate qu'elles ne changent guère que des façades. Faire des révolutions est facile, modifier l'âme d'un peuple très difficile.

CHAPITRE IV. LE RÔLE DU PEUPLE DANS LES RÉVOLUTIONS

§ 1. — LA STABILITÉ ET LA MALLÉABILITÉ DE L'ÂME NATIONALE.

La connaissance d'un peuple à un moment donné de son histoire implique celle de son milieu et surtout de son passé. On peut renier théoriquement ce passé, comme le firent les hommes de la Révolution et beaucoup de politiciens de l'heure présente, mais l'action en demeure indestructible.

Dans le passé édifié par de lentes accumulations séculaires se forme l'agrégat de pensées, de sentiments, de traditions, de préjugés même constituant l'âme nationale qui fait la force d'une race. Sans elle pas de progrès possibles. Chaque génération nouvelle nécessiterait un recommencement.

L'agrégat composant l'âme d'un peuple n'est solide qu'à la condition de posséder une certaine rigidité, mais cette rigidité ne doit pas dépasser la limite où la malléabilité serait impossible.

Sans rigidité, l'âme ancestrale n'aurait aucune fixité et sans malléabilité, elle ne pourrait s'adapter aux changements de milieu résultant des progrès de la civilisation.

L'excès de malléabilité de l'âme nationale pousse un peuple à des révolutions incessantes. L'excès de rigidité le conduit à la décadence. Les espèces vivantes, comme les races humaines, disparaissent lorsque, trop

CHAPITRE IV. LE RÔLE DU PEUPLE DANS LES RÉVOLUTIONS

stabilisées par un long passé, elles sont devenues incapables d'adaptation à de nouvelles conditions d'existence.

Peu de peuples ont su réaliser un juste équilibre entre ces deux qualités contraires, stabilité et malléabilité. Les Romains dans l'antiquité, les Anglais dans les temps modernes peuvent être cités parmi ceux qui l'ont le mieux atteint.

Les peuples dont l'âme est trop stabilisée font souvent les révolutions les plus violentes. N'ayant pas su progressivement évoluer et s'adapter aux changements de milieu, ils sont obligés de s'y adapter violemment quand cette adaptation devient indispensable.

La stabilité ne s'acquiert que très lentement. L'histoire d'une race est surtout le récit de ses longs efforts pour stabiliser son âme. Tant qu'elle n'y a pas réussi, elle forme une poussière de barbares sans cohésion et sans force. Après les invasions de la fin de l'Empire romain, la France mit plusieurs siècles pour se constituer une âme nationale.

Elle arriva enfin à la posséder, mais dans le cours des siècles cette âme finit par devenir trop rigide. Avec un peu plus de malléabilité, l'ancienne monarchie se fût lentement transformée comme elle le fit ailleurs et nous aurions évité, avec la révolution et ses conséquences, la lourde tâche de nous refaire une âme nationale.

Les considérations précédentes montrent le rôle de la race dans la genèse des bouleversements et expliquent pourquoi la même révolution produit des effets si différents d'un peuple à un autre, pourquoi, par exemple, les idées de la Révolution française, accueillies avec tant d'enthousiasme chez certains peuples, furent repoussées par d'autres.

Sans doute, l'Angleterre, pays pourtant très stable, a subi deux révolutions et fait périr un roi, mais le moule de son armature mentale était à la fois assez stable pour garder les acquisitions du passé et assez malléable pour le modifier seulement dans les limites nécessaires. Jamais elle ne songea comme les hommes de notre Révolution à détruire l'héritage ancestral dans le but de refaire une société nouvelle au nom de la raison.

" Tandis que le Français, écrit A. Sorel, méprisait son gouvernement, détestait son clergé, haïssait sa noblesse et se révoltait contre ses lois, l'Anglais était fier de sa religion, de sa constitution, de son aristocratie, de sa Chambre des Lords.

C'étaient comme autant de tours de cette formidable bastille où il se retranchait, sous l'étendard britannique, pour juger l'Europe et l'accabler de son dédain. Il admettait bien qu'à l'intérieur de la place on s'en disputât le commandement, mais il ne fallait point que l'étranger en approchât. "

Le rôle joué par la race dans la destinée des peuples apparaît clairement encore dans l'histoire des perpétuelles révolutions des républiques espagnoles de l'Amérique. Composées de métis, c'est-à-dire d'individus dont des hérédités différentes ont dissocié les caractères ancestraux, ces populations n'ont pas d'âme nationale et par conséquent aucune stabilité. Un peuple de métis est toujours ingouvernable.

Si l'on veut préciser davantage les dissemblances que crée la race entre les capacités politiques des peuples, il faut étudier la même nation successivement gouvernée par deux races différentes.

L'événement n'est pas rare dans l'histoire. Il s'est manifesté récemment d'une façon frappante à Cuba et aux Philippines, passées instantanément de la domination espagnole à celle des États-Unis.

On sait dans quel degré d'anarchie et de misère vivait Cuba sous la domination espagnole ; on sait également à quel degré de prospérité cette île fut portée en quelques années quand elle tomba entre les mains des États-Unis.

La même expérience se répéta aux Philippines, gouvernées depuis des siècles par la monarchie espagnole. Le pays avait fini par ne plus être qu'un vaste marécage, foyer d'épidémies de toutes sortes où végétait une population misérable sans commerce ni industrie. Après quelques années de domination américaine, la contrée était entièrement transformée, le paludisme, la fièvre jaune, la peste et le choléra avaient disparu. Les marais étaient desséchés ; le territoire couvert de chemins de fer, d'usines et d'écoles. En treize ans, la mortalité avait diminué des deux tiers.

C'est à de tels exemples qu'il faut renvoyer les théoriciens n'ayant pas encore saisi ce que contient de profond le mot race, et à quel point l'âme ancestrale d'un peuple régit sa destinée.

§ 2 — COMMENT LE PEUPLE COMPREND LES RÉVOLUTIONS.

Le rôle du peuple a été le même dans toutes les révolutions. Ce n'est jamais lui qui les conçoit, ni les dirige. Son action est déchaînée par des meneurs.

C'est seulement lorsque ses intérêts directs sont lésés qu'on voit, comme récemment en Champagne, des fractions du peuple s'insurger spontanément. Un mouvement aussi localisé constitue une simple émeute.

CHAPITRE IV. LE RÔLE DU PEUPLE DANS LES RÉVOLUTIONS

La révolution est facile lorsque les meneurs sont très influents. Le Portugal et le Brésil en ont fourni récemment des preuves. Mais c'est avec une extrême lenteur que les idées nouvelles pénètrent dans le peuple. Il accepte généralement une révolution sans savoir pourquoi et quand par hasard il arrive à comprendre ce pourquoi, la révolution est terminée depuis longtemps.

Le peuple fait une révolution parce qu'on le pousse à la faire, mais tout en ne comprenant pas grand-chose aux idées de ses meneurs, il les interprète à sa façon et cette façon n'est pas du tout celle des vrais auteurs du mouvement. La Révolution française en fournit un frappant exemple.

La Révolution de 1789 avait pour but réel de substituer au pouvoir de la noblesse celui de la bourgeoisie, c'est-à-dire de remplacer une ancienne élite, devenue incapable, par une élite nouvelle possédant des capacités.

Il était peu question du peuple dans cette première phase de la Révolution. Sa souveraineté était proclamée, mais ne se traduisait que par le droit d'élire ses représentants.

Très illettré, n'espérant pas comme la bourgeoisie monter sur l'échelle sociale, ne se sentant nullement l'égal des nobles et n'aspirant pas à le devenir le peuple avait des vues et des intérêts fort différents de ceux des classes élevées de la société.

Les luttes de l'Assemblée avec le pouvoir royal l'amenèrent à faire intervenir le peuple dans ces luttes. Il y intervint de plus en plus et la Révolution bourgeoise devint rapidement une Révolution populaire.

Une idée étant sans force et n'agissant qu'à la condition d'avoir un substratum affectif et mystique pour soutien, les idées théoriques de la bourgeoisie devaient, pour agir sur le peuple, se transformer en une foi nouvelle bien claire dérivant d'intérêts pratiques évidents.

Cette transformation se fit rapidement quand le peuple entendit les hommes envisagés par lui comme le gouvernement, lui assurer qu'il était l'égal de ses anciens maîtres. Il se considéra alors comme une victime et commença à piller, incendier, massacrer, s'imaginant exercer un droit.

La grande force des principes révolutionnaires fut de donner bientôt libre cours aux instincts de barbarie primitive refrénés par les actions inhibitrices séculaires du milieu, de la tradition et des lois.

Tous les freins sociaux qui contenaient jadis la multitude s'effondrant chaque jour, elle eut la notion d'un pouvoir illimité et la joie de voir traquer et dépouiller ses anciens maîtres. Devenue le peuple souverain ne pouvait-elle pas tout se permettre ?

La devise Liberté, Égalité, Fraternité, véritable manifestation de foi et d'espérance au début de la Révolution, ne servit bientôt plus qu'à couvrir d'une justification légale les sentiments de cupidité, jalousie, haine des supériorités, vrais moteurs des foules qu'aucune discipline ne refrène plus. C'est pourquoi en si peu de temps on aboutit aux désordres, aux violences et à l'anarchie.

À partir du moment où la Révolution descendit de la bourgeoisie dans les couches populaires, elle cessa d'être une domination du rationnel sur l'instinctif et devint au contraire l'effort de l'instinctif pour dominer le rationnel.

Ce triomphe légal d'instincts ataviques était redoutable. Tout l'effort des sociétés — effort indispensable pour leur permettre de subsister — fut constamment de refréner grâce à la puissance des traditions, des coutumes et des codes, certains instincts naturels légués à l'homme par son animalité primitive. Il est possible de les dominer — et un peuple est d'autant plus civilisé qu'il les domine davantage — mais on ne peut les détruire. L'influence de divers excitants les fait reparaître facilement. C'est pourquoi la libération des passions populaires est si dangereuse. Le torrent sorti de son lit n'y rentre pas sans avoir semé la dévastation :

> " Malheur à qui remue le fond d'une nation, disait Rivarol dès le début de la Révolution. Il n'est point de siècle de lumières pour la populace. "

§ 3. — RÔLE SUPPOSÉ DU PEUPLE PENDANT LES RÉVOLUTIONS

Les lois de la psychologie des foules montrent que le peuple n'agit jamais sans meneurs et que s'il prend une part considérable dans les révolutions en suivant et exagérant les impulsions reçues, il ne dirige jamais les mouvements qu'il exécute.

Dans toutes les révolutions politiques, on retrouve l'action des meneurs. Ils ne créent pas les idées qui servent d'appui aux révolutions, mais les utilisent comme moyens d'action. Idées, meneurs, armées et foules constituent quatre éléments ayant chacun leur rôle dans toutes les révolutions.

La foule, soulevée par les meneurs, agit surtout au moyen de sa masse. Son action est comparable à celle de l'obus perforant une cuirasse sous l'action d'une force qu'il n'a pas créée. Rarement la foule comprend quelque chose aux révolutions accomplies avec son concours. Elle suit docilement les meneurs sans même chercher à deviner ce qu'ils

CHAPITRE IV. LE RÔLE DU PEUPLE DANS LES RÉVOLUTIONS

souhaitent. Elle renversa Charles X à cause de ses Ordonnances sans avoir aucune idée du contenu de ces dernières, et on l'aurait bien embarrassée en lui demandant plus tard pourquoi elle avait renversé Louis-Philippe.

Illusionnés par les apparences, beaucoup d'auteurs, de Michelet à M. Aulard, ont cru que c'était le peuple qui avait fait notre grande Révolution.

" L'acteur principal, dit Michelet, est le peuple. "

" C'est une erreur de dire, écrit de son côté M. Aulard, que la Révolution française a été faite par quelques individus distingués, par quelques héros... je crois que, de tout le récit de la période comprise entre 1789 et 1799, il ressort qu'aucun individu n'a mené les événements, ni Louis XVI, ni Mirabeau, ni Danton, ni Robespierre. Faut-il dire que c'est le peuple français qui fut le véritable héros de la Révolution française ? Oui, à condition de voir le peuple français non à l'état de multitude, mais à l'état de groupes organisés. "

Dans un ouvrage récent, M. A. Cochin renchérit encore sur cette conception de l'action populaire.

" Et voici la merveille : Michelet a raison. À mesure qu'on les connaît mieux, les faits semblent consacrer la fiction ; cette foule sans chefs et sans lois, l'image même du chaos, gouverne et commande, parle et agit, pendant cinq ans, avec une précision, une suite, un ensemble merveilleux. L'anarchie donne des leçons de discipline au parti de l'ordre en déroute... 25 millions d'hommes, sur 30.000 lieues carrées, agissent comme un seul. "

Sans doute si cette simultanéité de conduite dans le peuple avait été spontanée, comme le suppose l'auteur, elle serait merveilleuse. M. Aulard lui-même s'est bien rendu compte de l'impossibilité d'un tel phénomène, car il a soin en parlant du peuple de dire qu'on se trouve devant des groupements, et que ces groupements peuvent avoir été conduits par des meneurs.

" Qui, par la suite, cimenta l'unité nationale ? Qui sauva la nation attaquée par le roi et déchirée par la guerre civile ? Est-ce Danton ? Est-ce Robespierre ? Est-ce Carnot ? Certes, ces individus rendirent service ; mais, au vrai, l'unité fut maintenue, l'indépendance fut assurée par le groupement des Français en communes et en sociétés populaires. C'est l'organisation municipale et jacobine qui fit reculer l'Europe coalisée contre la France. Cependant, dans chaque groupe, si on y regarde de près, il y a deux ou trois individus plus capables, qui, meneurs ou menés, exécutent les décisions, ont un air de chefs, et qu'on peut appeler des chefs, mais qui (si par exemple on lit les procès-verbaux de sociétés populaires) nous apparaissent tirant leur force bien plus de leur groupe que d'eux-mêmes. "

L'erreur de M. Aulard consiste à croire tous ces groupes sortis " d'un mouvement spontané de fraternité et de raison ". Rien ne fut spontané dans ce mouvement. La France se trouvait alors couverte de milliers de petits clubs, recevant une impulsion unique du grand club jacobin de Paris et lui obéissant avec une docilité parfaite. Voilà ce qu'enseigne la réalité mais ce que les illusions jacobines ne permettent pas d'accepter [1].

§ 4. — L'ENTITÉ PEUPLE ET SES ÉLÉMENTS CONSTITUTIFS.

Afin de répondre à certaines conceptions théoriques, le peuple a été érigé en une entité mystique douée de tous les pouvoirs et de toutes les vertus, que les politiciens vantent sans cesse et accablent de flatteries. Nous allons voir ce qu'il faut penser de cette conception en étudiant le rôle du peuple dans notre révolution.

Pour les Jacobins de cette époque, aussi bien que pour ceux de nos jours, l'entité peuple constitue une personnalité supérieure possédant l'attribut, spécial aux divinités, de n'avoir pas à rendre compte de ses actes et de ne se tromper jamais. On doit s'incliner humblement devant ses volontés. Le peuple peut tuer, piller, incendier, commettre les plus effroyables cruautés, élever aujourd'hui sur le pavois un héros et le jeter à l'égout demain, il n'importe. Les politiciens ne cesseront de vanter ses vertus, sa haute sagesse et de se prosterner devant chacune de ses décisions. [2]

En quoi consiste réellement cette entité, fétiche mystique révéré des révolutionnaires depuis un siècle ?

Elle est décomposable en deux catégories distinctes. La première comprend les paysans, les commerçants, les travailleurs de toutes sortes, ayant besoin de tranquillité et d'ordre pour exercer leur métier. Ce peuple forme la majorité, mais une majorité qui ne fit jamais les révolutions. Vivant dans le labeur et le silence, il est ignoré des historiens.

La seconde catégorie, qui joue un rôle capital dans tous les troubles nationaux, se compose d'un résidu social subversif dominé par une mentalité criminelle. Dégénérés de l'alcoolisme et de la misère, voleurs,

CHAPITRE IV. LE RÔLE DU PEUPLE DANS LES RÉVOLUTIONS

mendiants, miséreux, médiocres ouvriers sans travail constituent le bloc dangereux des armées insurrectionnelles.

La crainte du châtiment empêche beaucoup d'entre eux d'être criminels en temps ordinaire, mais ils le deviennent dès que peuvent s'exercer sans danger leurs mauvais instincts.

À cette tourbe sinistre sont dus les massacres qui ensanglantèrent toutes les révolutions.

C'est elle qui, guidée par des meneurs, envahissait sans cesse nos grandes assemblées révolutionnaires. Ces bataillons du désordre n'avaient d'autre idéal que massacrer, piller, incendier. Leur indifférence pour les théories et les principes était complète.

Aux éléments recrutés dans les couches les plus basses du peuple, viennent se joindre, par voie de contagion, une multitude d'oisifs, d'indifférents entraînés par le mouvement. Ils vocifèrent parce qu'on vocifère et s'insurgent parce qu'on s'insurge sans avoir d'ailleurs la plus vague idée du sujet pour lequel on vocifère et on s'insurge. La suggestion du milieu les domine entièrement et les fait agir.

Ces foules bruyantes et malfaisantes, noyau de toutes les insurrections, de l'antiquité à nos jours, sont les seules que connaissent les rhéteurs. Elles constituent pour eux le peuple souverain. En fait, ce peuple souverain est surtout composé de la basse populace dont Thiers disait :

> " Depuis ces temps où Tacite la vit applaudir aux crimes des empereurs, la vile populace n'a pas changé. Ces barbares pullulant au fond des sociétés sont toujours prêts à la souiller de tous les crimes, à l'appel de tous les pouvoirs, et pour le déshonneur de toutes les causes... "

À aucune époque de l'histoire, le rôle des éléments inférieurs de la population ne s'exerça avec autant de durée que pendant notre Révolution.

Les massacres commencèrent dès que la bête populaire se trouva déchaînée, c'est-à-dire à partir de 1789, bien avant la Convention. Ils furent exécutés avec tous les raffinements possibles de cruauté. Durant les tueries de Septembre, les prisonniers étaient lentement tailladés à coups de sabre pour prolonger leur supplice et amuser les spectateurs qui éprouvaient une grande joie devant les convulsions des victimes et leurs hurlements de douleur.

Des scènes analogues s'observèrent partout en France, même dans les premiers jours de la Révolution, alors que la guerre étrangère ni aucun prétexte ne pouvaient les excuser.

De mars à septembre, toute une série d'incendies, de meurtres et de pillages ensanglantèrent la France entière. Taine en cite 120 cas : Rouen, Lyon, Strasbourg, etc., tombent au pouvoir de la populace.

Le maire de Troyes, les yeux crevés à coups de ciseaux, est massacré après des heures de supplice. Le colonel de dragons Belzunce est dépecé vif. Dans beaucoup d'endroits, on arrache le cœur des victimes pour le promener par la ville au bout d'une pique.

Ainsi se conduit le bas peuple aussitôt que des mains imprudentes ont brisé le réseau de contraintes refrénant ses instincts de sauvagerie ancestrale. Il rencontre toutes les indulgences parce que les politiciens ont intérêt à le flatter. Mais supposons pour un instant les milliers d'êtres qui le constituent condensés en un seul. La personnalité ainsi formée apparaîtrait comme un monstre cruel et borné, dépassant en horreur les plus sanguinaires tyrans.

Ce peuple impulsif et féroce a toujours été dominé facilement d'ailleurs dès qu'un pouvoir fort s'est dressé devant lui. Si sa violence est sans limite, sa servilité l'est également. Tous les despotismes l'ont eu pour serviteur. Les Césars sont sûrs de se voir acclamés par lui, qu'ils s'appellent Caligula, Néron, Marat, Robespierre ou Boulanger.

À côté de ces hordes destructives, dont le rôle est capital pendant les révolutions, figure, nous l'avons dit plus haut, la masse du vrai peuple ne demandant qu'à travailler. Il bénéficie quelquefois des révolutions, mais ne songe pas à en faire. Les théoriciens révolutionnaires le connaissent peu et s'en défient, pressentant bien son fond traditionnel et conservateur. Noyau résistant d'un pays, il fait sa continuité et sa force. Très docile par crainte, entraîné facilement par les meneurs, il se laissera momentanément conduire, sous leur influence, à tous les excès, mais le poids ancestral de la race prendra bientôt le dessus et c'est pourquoi il se lasse vite des révolutions. Son âme traditionnelle l'incite rapidement à se dresser contre l'anarchie quand elle grandit trop. Il cherche alors le chef qui ramènera l'ordre.

Ce peuple, résigné et tranquille, n'a pas évidemment des conceptions politiques bien hautes, ni bien compliquées. Son idéal gouvernemental, toujours simple, se rapproche fort de la dictature. C'est justement la raison pour laquelle, des républiques grecques à nos jours, cette forme de gouvernement suivit invariablement l'anarchie. Elle la suivit après la première Révolution, quand fut acclamé Bonaparte ; elle la suivit encore après la seconde, quand, malgré toutes les oppositions, quatre plébiscites successifs élevèrent Louis Napoléon à la république ; ratifièrent son coup d'État, rétablirent l'empire et en 1870, avant la guerre, approuvèrent son régime.

CHAPITRE IV. LE RÔLE DU PEUPLE DANS LES RÉVOLUTIONS

Sans doute, dans ces dernières circonstances, le peuple se trompa. Mais, sans les menées révolutionnaires qui avaient engendré le désordre, il n'eût pas été conduit à chercher les moyens d'en sortir.

Les faits rappelés dans ce chapitre ne doivent pas être oubliés si on veut bien comprendre les rôles divers du peuple pendant les révolutions. Son action est considérable mais fort différente de celle imaginée par des légendes dont la répétition seule fait la force.

---

1. Dans les manuels d'histoire que M. Aulard rédige pour les classes, en collaboration avec M. Debidour, le rôle attribué à l'entité peuple est encore mieux marqué. On voit ce dernier intervenir sans cesse spontanément ; en voici quelques exemples :
    Journée du 20 juin. " Le roi renvoya les membres girondins. Le peuple de Paris indigné se leva spontanément, envahit les Tuileries. "
    Journée du 10 août. " L'Assemblés législative n'osa pas le renverser : c'est le peuple de Paris aidé des fédérés des départements qui opéra au prix de son sang cette révolution nécessaire.
    Lutte des Girondins et des Montagnards. " Ces discordes étaient fâcheuses en présence de l'ennemi. Le peuple y mit fin dans les journées des 31 mai et 2 juin 1793, où il força la Convention à expulser de son sein et à décréter d'arrestation les chefs des Girondins. "
2. Cette prétention commence d'ailleurs à paraître insoutenable aux républicains les plus avancés :
    " La rage des socialistes, écrit M. Clemenceau, est de douer de toutes les vertus, comme d'une raison supérieure, la foule en qui la raison, précisément, ne saurait être toujours éminente. " Le célèbre homme d'État aurait été plus exact en disant que, dans la foule, la raison non seulement n'est pas éminente, mais n'existe même à peu près jamais.

LIVRE II. LES FORMES DE MENTALITÉ PRÉDOMINANTES PENDANT LES RÉVOLUTIONS

CHAPITRE I. LES VARIATIONS INDIVIDUELLES DU CARACTÈRE PENDANT LES RÉVOLUTIONS

§ 1. — LES TRANSFORMATIONS DE LA PERSONNALITÉ.

J'ai longuement insisté, ailleurs, sur une théorie des caractères sans laquelle il est vraiment impossible de comprendre les transformations de la conduite à certains moments, notamment aux époques de révolutions. En voici les points principaux.

Chaque individu possède, en dehors de sa mentalité habituelle, à peu près constante quand le milieu ne change pas, des possibilités variées de caractère que les événements font surgir.

Les êtres qui nous entourent sont les êtres de certaines circonstances, mais non de toutes les circonstances. Notre moi est constitué par l'association d'innombrables moi cellulaires, résidus de personnalités ancestrales. Ils forment par leur combinaison des équilibres assez fixes quand le milieu social ne varie pas. Dès que ce milieu est considérablement modifié, comme dans les périodes de troubles, ces équilibres sont rompus et les éléments dissociés constituent, en s'agrégeant, une personnalité nouvelle qui se manifeste par des idées, des sentiments, une conduite très différents de ceux observés auparavant chez le même individu. C'est ainsi que pendant la Terreur, on vit d'honnêtes bourgeois, de pacifiques magistrats, réputés par leur douceur, devenir des fanatiques sanguinaires.

Sous l'influence du milieu, une ancienne personnalité, peut donc faire place à une autre entièrement nouvelle. Les acteurs des grandes crises religieuses et politiques semblent parfois pour cette raison d'une essence différente de la nôtre. Ils ne différaient pas de nous cependant. La répétition des mêmes événements ferait renaître les mêmes hommes.

Napoléon avait parfaitement compris ces possibilités de caractère quand il disait à Sainte-Hélène :

" C'est parce que je sais toute la part que le hasard a sur nos déterminations politiques, que j'ai toujours été sans préjugés et fort indulgent sur le parti que l'on avait suivi dans nos convulsions... En révolution, on ne peut affirmer que ce qu'on a fait : il ne serait pas sage d'affirmer qu'on n'aurait pas pu faire autre chose... Les hommes sont difficiles à saisir, quand on veut être juste. Se connaissent-ils, s'expliquent-ils bien eux-mêmes ? Il est des vices et des vertus de circonstance. "

Lorsque la personnalité normale a été désagrégée sous l'influence de certains événements, comment se forme une personnalité nouvelle ? Par plusieurs moyens dont le plus actif sera l'acquisition d'une forte croyance. Elle oriente tous les éléments de l'entendement comme l'aimant agrège en courbes régulières les poussières d'un métal magnétique.

Ainsi se forment les personnalités observées aux périodes de grandes crises, les Croisades, la Réforme, la Révolution notamment.

En temps normal, le milieu variant peu, on ne constate guère qu'une seule personnalité chez les individus qui nous entourent. Il arrive quelquefois cependant qu'ils en ont plusieurs, pouvant se substituer l'une à l'autre, dans certaines circonstances.

Ces personnalités peuvent être contradictoires et même ennemies. Ce phénomène, exceptionnel à l'état normal, s'accentue considérablement dans certains états pathologiques. La psychologie morbide a observé plusieurs exemples de ces personnalités chez un seul sujet, tels les cas cités par Morton Prince et Pierre Janet.

Dans toutes ces variations de personnalités, ce n'est pas l'intelligence qui se modifie, mais les sentiments, dont l'association forme le caractère.

§ 2. — ÉLÉMENTS DU CARACTÈRE PRÉDOMINANT AUX ÉPOQUES DE RÉVOLUTIONS.

Pendant les révolutions, on voit se développer divers sentiments, réprimés habituellement, mais auxquels la destruction des freins sociaux donne libre cours.

CHAPITRE I. LES VARIATIONS INDIVIDUELLES DU CARACTÈRE ...

Ces freins, constitués par les codes, la morale, la tradition, ne sont pas toujours complètement brisés. Quelques-uns survivent aux bouleversements et servent un peu à enrayer l'explosion des sentiments dangereux.

Le plus puissant de ces freins est l'âme de la race. Déterminant une façon de voir, de sentir et de vouloir commune à la plupart des individus d'un même peuple, elle constitue une coutume héréditaire, et rien n'est plus fort que le lien de la coutume.

Cette influence de la race limite les variations d'un peuple et canalise sa destinée malgré tous les changements superficiels.

À ne considérer par exemple que les récits de l'histoire, il semblerait que la mentalité française a prodigieusement varié pendant un siècle. En peu d'années, elle passe de la Révolution au Césarisme, retourne à la monarchie, fait encore une révolution, puis appelle un nouveau César. En réalité, les façades seules des choses avaient changé.

Ne pouvant insister davantage sur les limites de la variabilité d'un peuple, nous allons étudier maintenant l'influence de certains éléments affectifs dont le développement pendant les révolutions contribue à modifier les personnalités individuelles ou collectives. Je mentionnerai surtout la haine, la peur, l'ambition, la jalousie, la vanité et l'enthousiasme. On observe leur influence dans les divers bouleversements de l'histoire, notamment au cours de notre grande Révolution. C'est elle surtout qui fournira nos exemples.

La haine. — La haine dont furent animés, contre les personnes, les institutions et les choses, les hommes de la Révolution française est une des manifestations affectives qui frappent le plus quand on étudie leur psychologie. Ils ne détestaient pas seulement leurs ennemis, mais les membres de leur propre parti. " Si l'on acceptait sans réserve, disait récemment un écrivain, les jugements qu'ils ont portés les uns des autres, il n'y aurait eu parmi eux que traîtres, incapables, hâbleurs, vendus, assassins ou tyrans. " On sait de quelle haine, à peine apaisée par la mort de leurs adversaires, se poursuivirent Girondins, Dantonistes, Hébertistes, Robespierristes, etc.

Une des principales causes de ce sentiment tient à ce que ces furieux sectaires, étant des apôtres possesseurs de la vérité pure, ne pouvaient, comme tous les croyants, tolérer la vue des infidèles. Une certitude mystique ou sentimentale s'accompagnant toujours du besoin de s'imposer, jamais convaincu ne recule devant les hécatombes, quand il en a le pouvoir.

Si les haines séparant les hommes de la Révolution avaient été d'origine rationnelle, elles auraient peu duré, mais relevant de facteurs mystiques et affectifs, elles ne pouvaient pardonner. Leurs sources étant les mêmes, dans les divers partis, elles se manifestèrent chez tous avec une identique violence. On a prouvé, par des documents précis, que les Girondins ne furent pas moins sanguinaires que les Montagnards. Ils déclarèrent les premiers, avec Pétion, que les partis vaincus devaient périr. Ils tentèrent eux aussi, d'après M. Aulard, de justifier les massacres de Septembre. La Terreur ne doit pas être considérée comme un simple moyen de défense, mais comme le procédé général de destruction dont firent toujours usage les croyants triomphants à l'égard d'ennemis détestés. Les hommes supportant le mieux des divergences d'idées ne peuvent tolérer des différences de croyance.

Dans les luttes politiques ou religieuses, le vaincu ne peut espérer de quartier. Depuis Sylla faisant couper la gorge à deux cents sénateurs et à cinq ou six mille Romains, jusqu'aux vainqueurs de la Commune qui fusillèrent ou mitraillèrent plus de vingt mille vaincus après leur victoire, cette loi sanguinaire n'a jamais fléchi. Constatée dans le passé, elle le sera sans doute aussi dans l'avenir.

Les haines de la Révolution n'eurent pas du reste pour unique origine des divergences de croyances. D'autres sentiments : jalousie, ambition, amour-propre les engendrèrent également. Ils contribuèrent à exagérer la haine entre les hommes des divers partis. Les rivalités d'individus aspirant à la domination conduisirent successivement à l'échafaud les chefs des divers groupes.

Il faut bien constater, aussi, que le besoin de division et les haines qui en résultent semblent être des éléments constitutifs de l'âme latine. Elles coûtèrent l'indépendance à nos ancêtres gaulois, et avaient déjà frappé César :

> " Pas de cité, disait-il, qui ne soit divisée en deux factions ; pas de canton, de village, de maison où ne soufflât l'esprit de parti, il était bien rare qu'une année s'écoulât sans que la cité fût en armes pour attaquer ou repousser ses voisins. "

L'homme, n'ayant pénétré que depuis peu de temps dans le cycle de la connaissance et étant toujours guidé par des sentiments et des croyances, on conçoit le rôle immense que la haine a joué dans son histoire.

Le commandant Colin, professeur à l'École de guerre, fait remarquer,

CHAPITRE I. LES VARIATIONS INDIVIDUELLES DU CARACTÈRE ...

dans les termes suivants, l'importance de ce sentiment pendant certaines guerres :

À la guerre plus que partout ailleurs, il n'y a pas de meilleure inspiratrice que la haine ; c'est elle qui fait triompher Blücher de Napoléon. Analysez les plus belles manœuvres, les opérations les plus décisives et, si elles ne sont pas l'œuvre d'un homme exceptionnel, de Frédéric ou de Napoléon, vous les trouverez inspirées par la passion, plus que par le calcul. Qu'eût été la guerre de 1870 sans la haine que nous portaient les Allemands ?

L'auteur aurait pu ajouter que la haine intense des Japonais contre les Russes, qui les avaient tant humiliés, peut être rangée parmi les causes de leurs succès. Les soldats russes, ignorant jusqu'à l'existence des Japonais, n'avaient aucune animosité contre eux, et ce fut une des raisons de leur faiblesse.

Sans doute, il fut beaucoup parlé de fraternité au moment de la Révolution, on en parle plus encore aujourd'hui. Pacifisme, humanitarisme, solidarisme sont devenus les mots d'ordre des partis avancés, mais on sait combien profondes sont les haines se dissimulant derrière ces termes et de quelles menaces la société actuelle est l'objet.

La peur. — La peur joue un rôle presque aussi considérable que la haine dans les révolutions. Pendant la nôtre, on a pu constater de grands courages individuels et quantité de peurs collectives.

En face de l'échafaud, les conventionnels furent toujours très braves ; mais, devant les menaces des émeutiers envahissant l'assemblée, ils firent constamment preuve d'une pusillanimité excessive, obéissant aux plus absurdes injonctions, comme nous le verrons en résumant l'histoire des assemblées révolutionnaires.

Toutes les formes de la peur s'observèrent à cette époque. Une des plus répandues fut la crainte de paraître modéré. Membres des assemblées, accusateurs publics, représentants en mission, juges des tribunaux révolutionnaires, etc., tous surenchérissaient sur leurs rivaux pour avoir l'air plus avancés. La peur fut un des éléments principaux des crimes commis à cette époque. Si, par miracle, elle avait pu être éliminée des assemblées révolutionnaires, leur conduite aurait été tout autre et la Révolution, par conséquent, très différemment orientée.

L'ambition, la jalousie, la vanité, etc. — En temps normal, l'influence de ces divers éléments affectifs est fortement contenue par les nécessités sociales. L'ambition, par exemple, se trouve forcément limitée dans une société hiérarchisée. Si le soldat devient quelquefois général, ce ne sera qu'après une longue attente. En temps de révolution, au contraire, il n'est plus besoin d'attendre. Chacun pouvant arriver presque instantanément aux premiers rangs, toutes les ambitions se trouvent violemment surexcitées. Le plus humble se croit apte aux plus hauts emplois, et, par ce fait même, sa vanité s'exagère démesurément.

Toutes les passions se tenant un peu, en même temps que l'ambition et la vanité, on voit se développer également la jalousie contre ceux qui ont réussi plus vite que les autres.

Ce rôle de la jalousie, toujours important durant les périodes révolutionnaires, le fut surtout pendant notre grande Révolution. La jalousie contre la noblesse constitua un de ses importants facteurs. La bourgeoisie s'était élevée en capacités et en richesses, au point de dépasser la noblesse. Bien que s'y mélangeant de plus en plus, elle se sentait, néanmoins, tenue à distance et en éprouvait un vif ressentiment. Cet état d'esprit avait inconsciemment rendu les bourgeois très partisans des doctrines philosophiques prêchant l'égalité.

L'amour-propre blessé et la jalousie furent alors les causes de haines que nous ne comprenons guère aujourd'hui, où l'influence sociale de la noblesse est si nulle. Plusieurs conventionnels, Carrier, Marat, etc., se souvenaient avec irritation d'avoir occupé des positions subalternes chez de grands seigneurs. Mme Roland n'avait jamais pu oublier que, invitée avec sa mère chez une grande dame, sous l'ancien régime, on les envoya dîner à l'office.

Le philosophe Rivarol a très bien marqué dans le passage suivant, déjà cité par Taine, l'influence de l'amour-propre blessé et de la jalousie sur les haines révolutionnaires :

" Ce ne sont, écrit-il, ni les impôts, ni les lettres de cachet, ni tous les autres abus de l'autorité, ce ne sont point les vexations des intendants et les longueurs ruineuses de la justice qui ont le plus irrité la nation, c'est le préjugé de la noblesse pour lequel elle a manifesté le plus de haine. Ce qui le prouve évidemment, c'est que ce sont les bourgeois, les gens de lettres, les gens de finance, enfin tous ceux qui jalousaient la noblesse, qui ont soulevé contre elle le petit peuple des villes et les paysans dans les campagnes. "

Ces considérations fort exactes justifient en partie le mot de Napoléon :

CHAPITRE I. LES VARIATIONS INDIVIDUELLES DU CARACTÈRE ...

" La vanité a fait la Révolution, la liberté n'en a été que le prétexte. "

L'enthousiasme. — L'enthousiasme des fondateurs de la Révolution égala celui des propagateurs de la foi de Mahomet. C'était bien, d'ailleurs, une religion que les bourgeois de la première Assemblée croyaient fonder. Ils s'imaginaient avoir détruit un vieux monde et bâti sur ses débris une civilisation différente. Jamais illusion plus séduisante n'enflamma le cœur des hommes. L'égalité et la fraternité, proclamées par les nouveaux dogmes, devaient faire régner, chez tous les peuples, un bonheur éternel. On avait rompu pour toujours avec un passé de barbarie et de ténèbres. Le monde régénéré serait à l'avenir illuminé par les radieuses clartés de la raison pure. Les plus brillantes formules oratoires saluèrent partout l'aurore entrevue.

Si cet enthousiasme fut bientôt remplacé par les violences, c'est que le réveil avait été rapide et terrible. On conçoit aisément la fureur indignée avec laquelle les apôtres de la Révolution se dressèrent contre les obstacles journaliers opposés à la réalisation de leurs rêves. Ils avaient voulu rejeter le passé, oublier les traditions, refaire des hommes nouveaux. Or, le passé reparaissait sans cesse et les hommes refusaient de se transformer. Les réformateurs, arrêtés dans leur marche, ne voulurent pas céder. Ils tentèrent de s'imposer par la force d'une dictature qui fit vite regretter le régime renversé et le ramena finalement.

Il est à remarquer que si l'enthousiasme des premiers jours ne dura pas dans les assemblées révolutionnaires, il se perpétua beaucoup plus longtemps dans les armées, et fit leur principale force. À vrai dire, les armées de la Révolution furent républicaines bien avant que la France le devint, et restèrent républicaines longtemps après qu'elle ne l'était plus.

Les variations de caractère examinées dans ce chapitre, étant conditionnées par certaines aspirations communes et des changements de milieu identiques, finissent par se concrétiser en un petit nombre de mentalités assez homogènes. N'envisageant que les plus caractéristiques, nous les ramènerons à quatre types : mentalité jacobine, mentalité mystique, mentalité révolutionnaire, mentalité criminelle.

CHAPITRE II. LA MENTALITÉ MYSTIQUE ET LA MENTALITÉ JACOBINE

§ 1. — CLASSIFICATION DES MENTALITÉS PRÉDOMINANTES EN TEMPS DE RÉVOLUTION.

Les classifications sans lesquelles l'étude des sciences est impossible, établissent forcément du discontinu dans le continu et restent toujours, pour cette raison, un peu artificielles. Elles sont cependant nécessaires, puisque le continu n'est accessible que sous forme de discontinu.

Créer des distinctions tranchées entre les diverses mentalités observées aux époques de révolution, comme nous allons le faire, c'est visiblement séparer des éléments qui empiètent les uns sur les autres, se fusionnent ou se superposent. Il faut se résigner à perdre un peu en exactitude pour gagner en clarté. Les types fondamentaux énumérés à la fin du précédent chapitre et qui vont être décrits maintenant synthétisent des groupes échappant à l'analyse si on veut les étudier dans toute leur complexité.

Nous avons montré que l'homme est conduit par des logiques différentes se juxtaposant sans s'influencer en temps normal. Sous l'action d'événements divers, elles entrent en conflit et les différences irréductibles qui les séparent se manifestent nettement, entraînant des bouleversements individuels et sociaux considérables.

La logique mystique, que nous observerons bientôt dans l'âme jacobine, joue un très grand rôle. Mais elle n'est pas seule à agir. Les autres

CHAPITRE II. LA MENTALITÉ MYSTIQUE ET LA MENTALITÉ JAC...

formes de logique : logique affective, logique collective et logique rationnelle peuvent prédominer, suivant les circonstances.

§ 2. — LA MENTALITÉ MYSTIQUE.

Laissant de côté, pour le moment, l'influence des logiques affective, rationnelle et collective, nous nous occuperons seulement du rôle considérable des éléments mystiques qui dominèrent tant de révolutions, la nôtre notamment.

La caractéristique de l'esprit mystique consiste dans l'attribution d'un pouvoir mystérieux à des êtres ou des forces supérieures, concrétisés sous forme d'idoles, de fétiches, de mots et de formules.

L'esprit mystique est à la base de toutes les croyances religieuses et de la plus grande partie des croyances politiques. Ces dernières s'évanouiraient souvent si on pouvait les dépouiller des éléments mystiques qui en sont les vrais supports.

Greffée sur des sentiments et des impulsions passionnelles qu'elle oriente, la logique mystique donne leur force aux grands mouvements populaires. Des hommes très peu disposés à se faire tuer pour des raisons, sacrifient aisément leur vie à un idéal mystique devenu objet d'adoration.

Les principes de la Révolution inspirèrent bientôt un élan d'enthousiasme mystique analogue à celui provoqué par les diverses croyances religieuses qui l'avaient précédée. Ils ne firent d'ailleurs que changer l'orientation d'une mentalité ancestrale, solidifiée par des siècles.

Rien donc d'étonnant dans le zèle farouche des hommes de la Convention. Leur mentalité mystique fut la même que celle des protestants au moment de la Réforme. Les principaux héros de la Terreur, Couthon, Saint-Just, Robespierre, etc., étaient des apôtres. Semblables à Polyeucte, détruisant les autels des faux dieux pour propager sa foi, ils rêvaient de catéchiser l'univers. Leur enthousiasme s'épancha sur le monde. Persuadés que leurs formules magiques suffiraient à renverser les trônes, ils n'hésitaient pas à déclarer la guerre aux rois. Et comme une foi forte est toujours supérieure à une foi hésitante, ils combattirent victorieusement l'Europe.

L'esprit mystique des chefs de la Révolution se trahissait dans les moindres détails de leur vie publique. Robespierre, convaincu de posséder l'appui du Très-Haut, assurait dans un discours que l'Être suprême avait " dès le commencement des temps décrété la République ". En sa qualité de grand pontife d'une religion d'État, il fit voter par la Convention un décret déclarant que : " le peuple français reconnaît l'existence de l'Être suprême et l'immortalité de l'âme ". À la fête de cet Être suprême, assis sur une sorte de trône, il prononça un long sermon.

Le club des Jacobins, dirigé par Robespierre, avait fini par prendre toutes les allures d'un concile. Maximilien y proclamait : " l'idée d'un grand être qui veille sur l'innocence opprimée et qui punit le crime triomphant ".

Tous les hérétiques critiquant l'orthodoxie jacobine étaient excommuniés, c'est-à-dire envoyés au tribunal révolutionnaire, dont on ne sortait que pour monter sur l'échafaud.

La mentalité mystique, dont Robespierre fut le plus célèbre représentant, n'est pas morte avec lui. Des hommes de mentalité identique existent encore parmi les politiciens de nos jours. Les anciennes croyances religieuses ne règnent plus sur leur âme, mais elle est assujettie à des credo politiques vite imposés, comme Robespierre imposait le sien, s'ils en avaient la possibilité. Toujours prêts à faire périr, pour propager leur croyance, les mystiques de tous les âges emploient le même moyen de persuasion dès qu'ils deviennent les maîtres.

Il est donc tout naturel que Robespierre compte beaucoup d'admirateurs encore. Les âmes moulées sur la sienne se rencontrent par milliers. En le guillotinant, on n'a pas guillotiné ses conceptions des choses. Vieilles comme l'humanité, elles ne disparaîtront qu'avec le dernier croyant.

Ce côté mystique des Révolutions échappe à la plupart des historiens. Ils persisteront longtemps encore à vouloir expliquer par la logique rationnelle une foule de phénomènes qui lui demeurent étrangers. J'ai déjà cité dans un autre chapitre ce passage de l'histoire de MM. Lavisse et Rambaud, où la Réforme est expliquée en disant qu'elle fut : " le résultat des libres réflexions individuelles que suggèrent à des gens simples une conscience très pieuse et *une raison très hardie* ".

De tels mouvements ne sont jamais compris quand on leur suppose une origine rationnelle. Politiques ou religieuses, les croyances ayant soulevé le monde possèdent une origine commune et suivent les mêmes lois. Ce n'est pas avec la raison, mais le plus souvent contre toute raison, qu'elles se sont formées. Bouddhisme, christianisme, islamisme, réforme, sorcellerie, jacobinisme, socialisme, spiritisme, etc., semblent des croyances bien distinctes. Elles ont cependant, je le répète encore, des bases affectives et mystiques identiques et obéissent à des logiques sans parenté avec la logique rationnelle. Leur puissance réside précisément en

CHAPITRE II. LA MENTALITÉ MYSTIQUE ET LA MENTALITÉ JAC...

ce que la raison a aussi peu d'action pour les créer que pour les transformer.

La mentalité mystique de nos apôtres politiques actuels est fort bien marquée dans un article consacré à un de nos derniers ministres, que je trouve dans un grand journal.

On demande dans quelle catégorie se range M. A. S'imaginerait-il, par hasard, appartenir au groupe de ceux qui ne croient pas ? Quelle dérision ! On entend bien que M. A. n'adopte aucune foi positive, qu'il maudit Rome et Genève, repousse tous les dogmes traditionnels et toutes les Églises connues. Seulement, s'il fait ainsi table rase, c'est pour fonder sur le terrain déblayé sa propre Église, plus dogmatique qu'aucune autre, et sa propre inquisition dont la brutale intolérance n'aurait rien à envier aux plus notoires Torquemada.

" Nous n'admettons pas, déclare-t-il, La neutralité scolaire. Nous réclamons l'enseignement laïque dans toute sa plénitude et sommes, par conséquent, adversaires de la liberté d'enseignement. " S'il ne parle pas d'élever des bûchers, c'est à cause de l'évolution des mœurs dont il est bien forcé de tenir compte malgré lui dans une certaine mesure. Mais ne pouvant envoyer les individus au supplice, il invoque le bras séculier pour condamner les doctrines à mort. C'est toujours exactement le point de vue des grands inquisiteurs. C'est toujours le même attentat contre la pensée. Ce libre penseur a l'esprit si libre que toute philosophie qu'il n'accepte pas lui paraît non seulement ridicule et grotesque, mais scélérate. Lui seul se flatte d'être en possession de la vérité absolue. Il en a une si entière certitude que tout contradicteur lui fait l'effet d'un monstre exécrable et d'un ennemi public. Il ne soupçonne pas un instant que ses vues personnelles ne sont après tout que des hypothèses pour lesquelles il est d'autant plus risible de réclamer un privilège de droit divin qu'elles suppriment précisément la divinité. Ou du moins, elles prétendent la supprimer ; mais elles la rétablissent sous une autre forme, qui induit aussitôt à regretter les anciennes. M. A. est un sectateur de la déesse Raison, dont il fait un Moloch oppresseur et altéré de sacrifices. Plus de liberté de pensée pour qui que ce soit, excepté pour lui-même et ses amis, telle est la libre pensée de M. A. La perspective est vraiment engageante ! Mais on a peut-être abattu trop d'idoles depuis quelques siècles pour se prosterner devant celle-là. "

Il faut souhaiter pour la liberté que ces sombres fanatiques ne deviennent pas définitivement nos maîtres.

Étant donné le peu d'empire de la raison sur les croyances mystiques, il est bien inutile de vouloir discuter comme où le fait si souvent la valeur rationnelle d'idées révolutionnaires ou politiques quelconques. Leur influence seule nous intéresse. Peu importe que les théories sur l'égalité supposée des hommes, sur la bonté primitive, sur la possibilité de refaire les sociétés au moyen de lois, aient été démenties par l'observation et l'expérience. Ces vaines illusions doivent être rangées parmi les plus puissants mobiles d'action que l'humanité ait connus.

§ 3. — LA MENTALITÉ JACOBINE.

Bien que le terme de mentalité jacobine ne fasse partie d'aucune classification, je l'emploie cependant, car il résume une combinaison nettement définie constituant une véritable espèce psychologique.

Cette mentalité domine les hommes de la Révolution française, mais ne leur est pas spéciale puisqu'elle représente encore l'élément le plus actif de notre politique.

La mentalité mystique étudiée plus haut est un facteur essentiel de l'âme jacobine, mais ne suffit pas à la constituer. D'autres éléments que nous allons examiner bientôt doivent intervenir.

Les Jacobins ne se doutent nullement du reste de leur mysticisme. Ils prétendent, au contraire, être uniquement guidés par la raison pure. Pendant la Révolution, ils l'invoquaient sans cesse et la considéraient comme le seul guide de leur conduite.

La plupart des historiens ont adopté cette conception rationaliste de l'âme jacobine et Taine a partagé la même erreur. C'est dans l'abus du rationalisme qu'il cherche l'origine d'une grande partie des actes des Jacobins. Les pages qu'il leur consacre contiennent d'ailleurs beaucoup de vérités et comme elles sont en outre très remarquables, j'en reproduis ici les plus importants fragments.

> " Ni l'amour-propre exagéré, ni le raisonnement dogmatique ne sont rares dans l'espèce humaine. En tout pays, ces deux racines de l'esprit jacobin subsistent indestructibles et souterraines. À vingt ans, quand un jeune homme entre dans le monde, sa raison est froissée en même temps que son orgueil. En premier lieu, quelle que soit la société dans laquelle il est compris, elle est un scandale pour la raison pure, car ce n'est pas un législateur philosophe qui l'a construite d'après un principe simple, ce sont des

générations successives qui l'ont arrangée d'après leurs besoins multiples et changeants. Elle n'est pas l'œuvre de la logique mais de l'histoire, et le raisonneur débutant lève les épaules à l'aspect de cette vieille bâtisse dont l'assise est arbitraire, dont l'architecture est incohérente, et dont les raccommodages sont apparents... La plupart des jeunes gens, surtout ceux qui ont leur chemin à faire, sont plus ou moins jacobins au sortir du collège... Les Jacobins naissent dans la décomposition sociale ainsi que des champignons dans un terrain qui fermente... Considérez les monuments authentiques de sa pensée... les discours de Robespierre et Saint-Just, les débats de la Législative et de la Convention, les harangues, adresses et rapports des Girondins et des Montagnards... Jamais, on n'a tant parlé pour si peu dire, le verbiage creux et l'emphase ronflante noient toute vérité sous leur monotonie et sous leur enflure... Pour les fantômes de sa cervelle raisonnante, le Jacobin est plein de respect ; à ses yeux, ils sont plus réels que les hommes vivants et leur suffrage est le seul dont il tienne compte... il marchera avec sincérité dans le cortège que lui fait un peuple imaginaire... Les millions de volontés métaphysiques qu'il a fabriquées à l'image de la sienne le soutiendront de leur assentiment unanime et il projettera dans le dehors comme un chœur d'acclamation triomphale, l'écho intérieur de sa propre voix. "

Tout en admirant la description de Taine, je crois qu'il n'a pas saisi exactement la véritable psychologie du Jacobin.

L'âme du vrai Jacobin, aussi bien à l'époque de la Révolution que de nos jours, se compose d'éléments qu'il faut dissocier pour en saisir le rôle.

Cette analyse montre tout d'abord que le Jacobin n'est pas un rationaliste, mais un croyant. Loin d'édifier sa croyance sur la raison, il moule la raison sur sa croyance et si ses discours sont imprégnés de rationalisme, il en use très peu dans ses pensées et sa conduite.

Un Jacobin raisonnant autant qu'on le lui reproche serait accessible quelquefois à la voix de la raison. Or une observation, faite de la Révolution à nos jours, démontre que le Jacobin, et c'est d'ailleurs sa force, n'est jamais influencé par un raisonnement, quelle qu'en soit la justesse.

Et pourquoi ne l'est-il pas ? Uniquement parce que sa vision des choses toujours très courte ne lui permet pas de résister aux impulsions passionnelles puissantes qui le mènent.

Ces deux éléments, raison faible et passions fortes, ne suffiraient pas à constituer la mentalité jacobine, il en existe un autre encore.

La passion soutient les convictions, mais ne les crée guère. Or, le vrai

Jacobin a des convictions énergiques. Quel sera leur soutien ? C'est ici qu'apparaît le rôle de ces éléments mystiques dont nous avons étudié l'action. Le Jacobin est un mystique qui a remplacé ses vieilles divinités par des dieux nouveaux. Imbu de la puissance des mots et des formules, il leur attribue un pouvoir mystérieux. Pour servir ces divinités exigeantes, il ne reculera pas devant les plus violentes mesures. Les lois votées par nos Jacobins actuels en fournissent la preuve.

La mentalité jacobine se rencontre surtout chez les caractères passionnés et bornés. Elle implique, en effet, une pensée étroite et rigide, rendant inaccessible à toute critique, à toute considération étrangère à la foi.

Les éléments mystiques et affectifs qui dominent l'âme du Jacobin le condamnent à un extrême simplisme. Ne saisissant que les relations superficielles des choses, rien ne l'empêche de prendre pour des réalités les images chimériques nées dans son esprit. Les enchaînements des phénomènes et leurs conséquences lui échappent. Jamais il ne détourne les yeux de son rêve.

Ce n'est pas, on le voit, par le développement de sa logique rationnelle que pèche le Jacobin. Il en possède très peu et pour ce motif devient souvent fort dangereux. Là où un homme supérieur hésiterait ou s'arrêterait, le Jacobin, qui met sa faible raison au service de ses impulsions, marche avec certitude.

Si donc le Jacobin est un grand raisonneur cela ne signifie nullement qu'il soit guidé par la raison. Alors qu'il s'imagine être conduit par elle, son mysticisme et ses passions le mènent. Comme tous les convaincus confinés dans le champ de la croyance, il n'en peut sortir.

Véritable théologien combatif, il ressemble étonnamment à ces disciples de Calvin, décrits dans un précédent chapitre. Hypnotisés par leur foi, rien ne pouvait les fléchir. Tous les contradicteurs de leur croyance étaient jugés dignes de mort. Eux aussi semblaient être de puissants raisonneurs. Ignorant comme les Jacobins les forces secrètes qui les menaient, ils pensaient n'avoir que la raison pour guide alors qu'en réalité le mysticisme et la passion étaient leurs seuls maîtres.

Le Jacobin vraiment rationaliste serait incompréhensible et ne servirait qu'à faire désespérer de la raison. Le Jacobin passionné et mystique est au contraire fort intelligible.

Avec ces trois éléments : raison très faible, passions très fortes et mysticisme intense, nous avons les véritables composantes psychologiques de l'âme du Jacobin.

CHAPITRE III. LA MENTALITÉ RÉVOLUTIONNAIRE ET LA MENTALITÉ CRIMINELLE

§ 1. — LA MENTALITÉ RÉVOLUTIONNAIRE.

Nous venons de constater que les éléments mystiques sont une des composantes de l'âme jacobine. Nous allons les voir entrer encore dans une autre forme de mentalité assez nettement définie, la mentalité révolutionnaire.

Les sociétés de chaque époque ont toujours contenu un certain nombre d'esprits inquiets, instables et mécontents, prêts à s'insurger contre un ordre quelconque de choses établi. Ils agissent par simple goût de la révolte et si un pouvoir magique réalisait sans aucune restriction leurs désirs, ils se révolteraient encore.

Cette mentalité spéciale résulte souvent d'un défaut d'adaptation de l'individu à son milieu ou d'un excès de mysticisme, mais elle peut être aussi une question de tempérament ou provenir de troubles pathologiques.

Le besoin de révolte présente des degrés d'intensité fort divers, depuis le simple mécontentement exhalé en paroles contre les hommes et les choses jusqu'au besoin de les détruire. Parfois l'individu tourne contre lui-même la fureur révolutionnaire qu'il ne peut exercer autrement. La Russie est pleine de ces forcenés qui non contents des incendies et des bombes, lancées au hasard dans les foules, finissent comme les skopzis et autres membres de sectes analogues par se mutiler eux-mêmes.

Ces perpétuels révoltés sont généralement des êtres suggestibles dont l'âme mystique est obsédée par des idées fixes. Malgré l'énergie apparente que semblent indiquer leurs actes, ils ont un caractère faible et restent incapables de se dominer assez pour résister aux impulsions qui les gouvernent. L'esprit mystique dont ils sont animés fournit des prétextes à leurs violences et les fait se considérer comme de grands réformateurs.

En temps normal, les révoltés que chaque société renferme sont contenus par les lois, le milieu, en un mot par toutes les contraintes sociales et restent sans influence. Dès que se manifestent des périodes de troubles, ces contraintes faiblissent et les révoltés peuvent donner libre cours à leurs instincts. Ils deviennent alors les meneurs attitrés des mouvements. Peu leur importe le motif de la révolution, ils se feront tuer indifféremment pour obtenir le drapeau rouge, le drapeau blanc ou la libération de pays dont ils ont entendu vaguement parler.

L'esprit révolutionnaire n'est pas toujours poussé aux extrêmes qui le rendent dangereux. Lorsque au lieu de dériver d'impulsions affectives ou mystiques, il a une origine intellectuelle, il peut devenir une source de progrès. C'est grâce aux esprits assez indépendants pour être intellectuellement révolutionnaires qu'une civilisation réussit à se soustraire au joug des traditions et de l'habitude quand il devient trop lourd. Les sciences, les arts, l'industrie ont progressé surtout par eux. Galilée, Lavoisier, Darwin, Pasteur furent des révolutionnaires.

S'il n'est pas nécessaire pour un peuple de posséder beaucoup d'esprits semblables, il lui est indispensable d'en avoir quelques-uns. Sans eux l'homme habiterait encore les primitives cavernes.

La hardiesse révolutionnaire qui met sur la voie des découvertes implique des facultés très rares. Elle nécessite notamment une indépendance d'esprit suffisante pour échapper à l'influence des opinions courantes et un jugement permettant de saisir, sous les analogies superficielles, les réalités qu'elles dissimulent. Cette forme d'esprit révolutionnaire est créatrice, alors que celle examinée plus haut est destructrice.

La mentalité révolutionnaire pourrait donc être comparée à certains états physiologiques utiles dans la vie de l'individu, mais qui, exagérés, prennent une forme pathologique toujours nuisible.

§ 2. — LA MENTALITÉ CRIMINELLE.

Toutes les sociétés civilisées traînent fatalement derrière elles un résidu de dégénérés, d'inadaptés, atteints de tares variées. Vagabonds, mendiants, repris de justice, voleurs, assassins, miséreux, vivant au jour le jour,

CHAPITRE III. LA MENTALITÉ RÉVOLUTIONNAIRE ET LA MENT...

constituent la population criminelle des grandes cités. Dans les périodes ordinaires, ces déchets de la civilisation sont à peu près contenus par la police et les gendarmes. Pendant les révolutions, rien ne les maintenant plus, ils peuvent exercer facilement leurs instincts de meurtre et de rapine. Dans cette lie, les révolutionnaires de tous les âges sont sûrs de trouver des soldats. Avides seulement de piller et de massacrer, peu leur importe la cause qu'ils sont censés défendre. Si les chances de meurtre et de pillage sont plus nombreuses dans le parti combattu, ils changeront très vite de drapeau.

À ces criminels proprement dits, plaie incurable de toutes les sociétés, on doit joindre encore la catégorie des demi-criminels. Malfaiteurs d'occasion, ils ne sont jamais en révolte quand la crainte de l'ordre établi les maintient, mais s'enrôleront dans des bandes révolutionnaires dès que cet ordre faiblira.

Ces deux catégories : criminels habituels et criminels d'occasion, forment une armée du désordre apte seulement au désordre. Tous les révolutionnaires, tous les fondateurs de ligues religieuses ou politiques, se sont constamment appuyés sur elle.

Nous avons dit déjà que cette population à mentalité criminelle exerça une influence considérable pendant la Révolution française. Elle figura toujours au premier rang dans les émeutes qui se succédaient presque quotidiennement. Certains historiens nous parlent avec une sorte de respect ému des volontés que le peuple souverain portait à la Convention, envahissant la salle, armé de piques dont quelques têtes récemment coupées ornaient parfois les extrémités. Si on analysait de quels éléments se composaient alors ces prétendues délégations du peuple souverain, on constaterait qu'à côté d'un petit nombre d'âmes simples, subissant les impulsions des meneurs, la masse était formée surtout des bandits que je viens de dire. À eux sont dus les meurtres innombrables dont ceux de septembre et de la princesse de Lamballe constituent les types.

Ils firent trembler toutes les grandes assemblées de la Constituante à la Convention et pendant dix ans contribuèrent à ravager la France. Si, par un miracle, l'armée des criminels avait pu être éliminée, la marche de la Révolution eût été bien différente. Ils l'ensanglantèrent de son aurore à son déclin. La raison ne peut rien sur eux et ils peuvent beaucoup contre elle.

CHAPITRE IV. PSYCHOLOGIE DES FOULES RÉVOLUTIONNAIRES

§ 1. — CARACTÈRES GÉNÉRAUX DES FOULES.

Quelles que soient leurs origines, les révolutions ne produisent tous leurs effets qu'après avoir pénétré dans l'âme des multitudes. Elles représentent donc une conséquence de la psychologie des foules.

Bien qu'ayant longuement étudié dans un autre ouvrage la psychologie collective, je suis obligé d'en rappeler ici les lois principales.

L'homme, faisant partie d'une multitude, diffère beaucoup du même homme isolé. Son individualité consciente s'évanouit dans la personnalité inconsciente de la foule.

Un contact matériel n'est pas absolument nécessaire pour donner à l'individu la mentalité d'une foule. Des passions et clos sentiments communs, provoqués par certains événements, suffisent souvent à la créer.

L'âme collective momentanément formée représente un agrégat très spécial. Sa principale caractéristique est de se trouver entièrement dominée par des éléments inconscients, soumis à une logique particulière : La logique collective.

Parmi les autres caractéristiques des foules, il faut encore mentionner leur crédulité infinie, leur sensibilité exagérée, l'imprévoyance et l'incapacité à se laisser influencer par un raisonnement. L'affirmation, la contagion, la répétition et le prestige constituent à peu près les seuls moyens de

CHAPITRE IV. PSYCHOLOGIE DES FOULES RÉVOLUTIONNAIRES

les persuader. Réalités et expériences sont sans effet sur elles. On peut faire tout admettre à la multitude. Rien n'est impossible à ses yeux.

En raison de l'extrême sensibilité des foules, leurs sentiments, bons ou mauvais, sont toujours exagérés. Cette exagération s'accroît encore aux époques de révolution. La moindre excitation porte alors les multitudes à de furieux agissements. Leur crédulité, si grande déjà à l'état normal, augmente également ; les histoires les plus invraisemblables sont acceptées. Arthur Young raconte que, visitant des sources près de Clermont au moment de la Révolution, son guide fut arrêté par le peuple, persuadé qu'il venait sur l'ordre de la reine miner la ville pour la faire sauter. Les plus horribles contes circulaient alors sur la famille royale, considérée comme une réunion de goules et de vampires.

Ces divers caractères montrent que l'homme en foule descend beaucoup sur l'échelle de la civilisation. Devenu un barbare, il en manifeste les défauts et les qualités : violences momentanées, comme aussi enthousiasmes et héroïsmes. Dans le domaine intellectuel, une foule est toujours inférieure à l'homme isolé. Dans le domaine moral et sentimental, elle peut lui être supérieure. Une foule accomplira aussi facilement un crime qu'un acte d'abnégation.

Les caractères personnels s'évanouissant dans les foules, leur action est considérable sur les individus dont elles sont formées. L'avare y devient prodigue, le sceptique croyant, l'honnête homme criminel, le lâche un héros. Les exemples de telles transformations abondent pendant notre Révolution.

Faisant partie d'un jury ou d'un parlement, l'homme collectif rend des verdicts ou vote des lois, auxquels à l'état isolé, il n'eût certainement jamais songé.

Une des conséquences les plus marquées de l'influence d'une collectivité sur les individus qui la composent est l'unification de leurs sentiments et de leurs volontés. Cette unité psychologique confère aux foules une grande force.

La formation d'une telle unité mentale résulte surtout de ce que, dans une foule, sentiments, gestes et actions, sont extrêmement contagieux. Acclamations de haine, de fureur ou d'amour y sont immédiatement approuvées et répétées.

Comment naissent cette volonté et ces sentiments communs ? Ils se propagent par contagion, mais un point de départ est nécessaire pour créer cette contagion. Le meneur, dont nous allons bientôt examiner l'action dans les mouvements révolutionnaires, remplit ce rôle. Sans meneur, la foule est un être amorphe, incapable d'action.

La connaissance des lois guidant la psychologie des foules est indispensable pour interpréter les événements de notre Révolution, comprendre la conduite des assemblées révolutionnaires et les transformations singulières des hommes qui en firent partie. Poussés par les forces inconscientes de l'âme collective, ils disaient le plus souvent ce qu'ils ne voulaient pas dire et votaient ce qu'ils n'auraient pas voulu voter.

Si les lois de la psychologie collective ont été quelquefois devinées d'instinct par des hommes d'État supérieurs, il faut bien constater que la plupart des gouvernements les ont méconnues et les méconnaissent encore. C'est pour les avoir ignorées que plusieurs d'entre eux tombèrent si aisément. Quand on voit avec quelle facilité furent renversés par une petite émeute certains régimes, celui de Louis-Philippe notamment, les dangers de l'ignorance de la psychologie collective apparaissent clairement. Le maréchal commandant, en 1848, les troupes, plus que suffisantes pour défendre le roi, ignorait certainement que dès qu'on laisse la foule se mélanger à la troupe, cette dernière, paralysée par suggestion et contagion, cesse de remplir son rôle. Il ne savait pas davantage que la multitude étant très sensible au prestige, il faut pour agir sur elle un grand déploiement de forces qui enraye aussitôt les démonstrations hostiles. Il ignorait également que les attroupements doivent être immédiatement dispersés. Toutes ces choses ont été enseignées par l'expérience, mais à cette époque, on n'en avait pas compris les leçons. Au moment de la grande Révolution, la psychologie des foules était plus insoupçonnée encore.

§ 2. — COMMENT LA STABILITÉ DE L'ÂME DE LA RACE LIMITE LES OSCILLATIONS DE L'ÂME DES FOULES.

Un peuple peut à la rigueur être assimilé à une foule. Il en possède certains caractères, mais les oscillations de ces caractères sont limitées par l'âme de sa race. Cette dernière conserve une fixité inconnue à l'âme transitoire d'une foule.

Quand un peuple possède une âme ancestrale stabilisée par un long passé, l'âme de la foule est toujours dominée par elle.

Un peuple diffère encore d'une foule en ce qu'il se compose d'une collection de groupes, ayant chacun des intérêts et des passions différents. Dans une foule proprement dite, un rassemblement populaire, par

CHAPITRE IV. PSYCHOLOGIE DES FOULES RÉVOLUTIONNAIRES

exemple, se trouvent au contraire des unités pouvant appartenir à des catégories sociales dissemblables.

Un peuple semble parfois aussi mobile qu'une foule, mais il ne faut pas oublier que derrière sa mobilité, derrière ses enthousiasmes, ses violences et ses destructions, persistent des instincts conservateurs très tenaces, maintenus par l'âme de la race. L'histoire de la Révolution et du siècle qui l'a suivie montre combien l'esprit conservateur finit par dominer l'esprit de destruction. Plus d'un régime brisé par le peuple fut bientôt restauré par lui.

On n'agit pas aussi facilement sur l'âme d'un peuple, c'est-à-dire sur l'âme d'une race, que sur celle des foules. Les moyens d'action sont indirects et plus lents (journaux, conférences, discours, livres, etc.). Les éléments de persuasion se ramènent toujours d'ailleurs à ceux déjà décrits : affirmation, répétition, prestige et contagion.

La contagion mentale peut gagner instantanément tout un peuple, mais le plus souvent elle s'opère lentement, de groupe à groupe. Ainsi se propagea en France la Réforme.

Un peuple est beaucoup moins excitable qu'une foule. Cependant, certains événements : insulte nationale, menace d'invasion, etc., peuvent le soulever instantanément. Pareil phénomène fut constaté plusieurs fois pendant la Révolution, notamment à l'époque du manifeste insolent lancé par le duc de Brunswick. Ce dernier connaissait bien mal la psychologie de notre race quand il proféra ses menaces. Non seulement il nuisit considérablement à la cause de Louis XVI, mais encore à la sienne puisque son intervention fit surgir du sol une armée pour le combattre.

Cette brusque explosion des sentiments d'une race s'observe d'ailleurs chez tous les peuples. Napoléon ne comprit point leur puissance quand il envahit l'Espagne et la Russie. On peut désagréger facilement l'âme transitoire d'une foule, on est impuissant contre l'âme permanente d'une race. Certes, le paysan russe était un être bien indifférent, bien grossier, bien borné, et cependant à la première annonce d'une invasion, il fut transformé. On en jugera par ce fragment d'une lettre d'Élisabeth, femme de l'empereur Alexandre Ier.

> " Du moment que Napoléon eut passé nos frontières, c'était comme une étincelle électrique qui s'étendit dans toute la Russie, et si l'immensité de son étendue avait permis que dans le même moment, on en fût instruit dans tous les coins de l'empire, il se serait élevé un cri d'indignation si terrible qu'il aurait, je crois, retenti au bout de l'univers. À mesure que

Napoléon avance, ce sentiment s'élève davantage. Des vieillards qui ont perdu tous leurs biens ou à peu près disent " Nous trouverons moyen de vivre. Tout est préférable à une paix honteuse ". Des femmes qui ont tous les leurs à l'armée ne regardent les dangers qu'ils courent que comme secondaires et ne craignent que la paix. Cette paix qui serait l'arrêt de mort de la Russie ne peut pas se faire, heureusement. L'empereur n'en conçoit pas l'idée, et quand même il le voudrait, il ne le pourrait pas. Voilà le beau héroïque de notre position. "

L'impératrice cite à sa mère les deux traits suivants, qui donnent une idée du degré de résistance de l'âme des Russes :

" Les Français avaient attrapé quelques malheureux paysans à Moscou qu'ils comptaient faire servir dans leurs rangs, et pour qu'ils ne puissent pas échapper, ils les marquaient dans la main comme on marque les chevaux dans les haras. Un d'eux demanda ce que signifiait cette marque ; on lui dit que cela signifiait qu'il était soldat français. " Quoi ! je suis soldat de l'empereur des Français ! " dit-il. Et, sur-le-champ, il prend sa hache, coupe sa main et la jette aux pieds des assistants en disant : " Tenez, voilà votre marque ! "

" À Moscou également, les Français avaient pris vingt paysans dont ils voulaient faire un exemple pour effrayer les villages qui enlevaient les fourrageurs Français et faisaient la guerre aussi bien que des détachements de troupes régulières. Ils les rangent contre un mur et leur lisent leur sentence en russe. On s'attendait qu'ils demanderaient grâce ; au lieu de cela, ils prennent congé l'un de l'autre et font leur signe de croix. On tire sur le premier ; on s'attendait à ce que les autres effrayés demanderaient grâce et promettraient de changer de conduite. On tire sur le second et le troisième, et ainsi de suite sur tous les vingt sans qu'un seul ait tenté d'implorer la clémence de l'ennemi. Napoléon n'a pas eu une seule fois le plaisir de profaner ce mot en Russie. "

Parmi les caractéristiques de l'âme populaire, il faut mentionner encore qu'elle fut, chez tous les peuples et à tous les âges, saturée de mysticisme.

Le peuple sera toujours convaincu que des êtres supérieurs : divinités, gouvernements ou grands hommes, ont le pouvoir de changer les choses à leur gré. Ce côté mystique provoque chez lui un besoin intense d'adorer. Il

CHAPITRE IV. PSYCHOLOGIE DES FOULES RÉVOLUTIONNAIRES

lui faut un fétiche : personnage ou doctrine. C'est pourquoi, menacé par l'anarchie, il réclame un Messie sauveur.

Comme les foules, mais plus lentement, les peuples passent de l'adoration à la haine. Héros à telle époque, le même personnage peut finir sous les malédictions. Ces variations d'opinions populaires sur les personnages politiques s'observent dans tous les pays. L'histoire de Cromwell en fournit un très curieux exemple [1].

§ 3. — LE RÔLE DES MENEURS DANS LES MOUVEMENTS RÉVOLUTIONNAIRES.

Toutes les variétés de foules homogènes ou hétérogènes, assemblées, peuples, clubs, etc., sont, nous l'avons souvent répété, des agrégats incapables d'unité et d'action, tant qu'ils n'ont pas trouvé un maître pour les diriger.

J'ai montré ailleurs, en utilisant certaines expériences physiologiques, que l'âme collective inconsciente de la foule semble liée à l'âme du meneur. Ce dernier lui donne une volonté unique et lui impose une obéissance absolue.

Le meneur agit surtout sur la foule par suggestion. De la façon dont est provoquée cette dernière, dépend son succès. Beaucoup d'expériences montrent à quel point il est aisé de suggestionner une collectivité [2].

Suivant les suggestions de ses meneurs, la multitude sera calme, furieuse, criminelle ou héroïque. Ces diverses suggestions pourront sembler présenter parfois un aspect rationnel, mais n'auront de la raison que les apparences. Une foule étant en réalité inaccessible à toute raison, les seules idées capables de l'influencer seront toujours des sentiments évoqués sous forme d'images.

L'histoire de la Révolution montre à chaque page avec quelle facilité les multitudes suivent les impulsions les plus contradictoires de leurs différents meneurs. On les vit applaudir aussi bien au triomphe des Girondins, Hébertistes, Dantonistes et terroristes, qu'à leurs chutes successives. On peut assurer du reste que les foules ne comprirent jamais rien à tous ces événements.

À distance, ou ne perçoit que confusément le rôle des meneurs, car généralement, ils agissent dans l'ombre. Pour le saisir nettement, il faut l'étudier dans les événements contemporains. On constate alors combien aisément les meneurs provoquent des mouvements populaires violents. Nous ne songeons pas ici aux grèves des postiers et des cheminots, pour lesquelles on pourrait faire intervenir le mécontentement des employés, mais à des événements dont la foule était complètement désintéressée. Tel par exemple le soulèvement populaire provoqué par quelques meneurs socialistes dans la population parisienne, au lendemain de l'exécution de l'anarchiste Ferrer en Espagne. Jamais la foule française n'avait entendu parler de lui. En Espagne, son exécution passa presque inaperçue. À Paris, l'excitation de quelques meneurs suffit pour lancer une véritable armée populaire contre l'ambassade d'Espagne, dans le but de la brûler. Une partie de la garnison dut être employée à sa protection. Repoussés avec énergie, les assaillants se bornèrent à dévaster des magasins et à construire quelques barricades.

Les meneurs donnèrent dans la même circonstance une nouvelle preuve de leur influence. Finissant par comprendre qu'incendier une ambassade étrangère pouvait être fort dangereux, ils ordonnèrent pour le lendemain une manifestation pacifique, et furent aussi fidèlement obéis qu'après avoir ordonné une émeute violente. Aucun exemple ne montre mieux le rôle des meneurs et la soumission des foules.

Les historiens qui, de Michelet à M. Aulard, ont représenté les foules révolutionnaires comme ayant agi seules et sans chefs, n'ont pas soupçonné leur psychologie.

---

1. Après avoir renversé une dynastie et refusé la couronne, il fut enterré comme un roi, parmi les rois. Deux ans après, son corps était arraché de la tombe, sa tête, coupée par le bourreau, accrochée au-dessus de la porte du Parlement. Il y a peu de temps, on lui élevait une statue. L'ancien anarchiste devenu autocrate figure maintenant dans le panthéon des demi-dieux.
2. Parmi les expériences nombreuses faites pour le prouver, une des plus remarquables fut réalisée sur les élèves de son cours par le professeur Glosson et publiée par la *Revue Scientifique* du 29 octobre 1899 :
    " J'avais, dit-il, préparé une bouteille, remplie d'eau distillée, soigneusement enveloppée de coton et enfermée dans une boite. Après quelques autres expériences, je déclarai que je désirais me rendre compte avec quelle rapidité une odeur se diffusait dans l'air, et je demandai aux assistants de lever la main aussitôt qu'ils sentiraient l'odeur... Je déballai la bouteille et je versai l'eau sur le coton en éloignant la tête pendant l'opération, puis je pris une montre à secondes, et attendis le résultat... J'expliquai que j'étais absolument sûr que personne dans l'auditoire n'avait jamais senti l'odeur du composé chimique que je venais de verser... Au bout de quinze secondes, la plupart de ceux qui étaient en avant avaient levé la main, et, en quarante secondes, *l'odeur* se répandit jusqu'au fond de la salle par ondes parallèles assez régulières. Les trois quarts environ de l'assistance déclarèrent percevoir *l'odeur*. Un plus grand nombre d'auditeurs auraient sans doute succombé à la suggestion, si, au bout d'une minute, je n'avais été obligé d'arrêter l'expérience, quelques-uns des assistants des premiers rangs se trouvant déplaisamment affectés par l'odeur et voulant quitter la salle... "

CHAPITRE V. PSYCHOLOGIE DES ASSEMBLÉES RÉVOLUTIONNAIRES

§ 1. — CARACTÈRES PSYCHOLOGIQUES DES GRANDES ASSEMBLÉES RÉVOLUTIONNAIRES.

Une grande assemblée politique, un parlement par exemple, est une foule, mais une foule parfois peu agissante en raison des sentiments contraires des groupes hostiles dont elle se compose.

La présence de ces groupes animés d'intérêts divers, doit faire considérer une assemblée comme formée de foules hétérogènes superposées obéissant chacune à des meneurs particuliers. La loi de l'unité mentale des foules ne se manifeste alors que dans chaque groupe, et c'est seulement à la suite de circonstances exceptionnelles que les groupes différents arrivent à fusionner leur volonté.

Chaque groupe d'une assemblée représente un être unique. Les individus contribuant à la formation de cet être cessent de rester eux-mêmes et voteront sans hésiter contre leurs convictions et leurs volontés. La veille du jour où devait être condamné Louis XVI, Vergniaud protestait avec indignation contre l'idée qu'il pût voter la mort, et pourtant il la vota le lendemain.

L'action d'un groupe consiste principalement à fortifier des opinions hésitantes. Toute conviction individuelle faible se consolide en devenant collective.

Les meneurs violents et possédant du prestige parviennent quelquefois en agissant sur tous les groupes d'une assemblée à en faire une seule foule. La majorité des membres de la Convention édicta les mesures les plus contraires à ses opinions, sous l'influence d'un très petit nombre de semblables meneurs.

Les collectivités ont plié de tout temps, devant des sectaires énergiques. L'histoire des assemblées révolutionnaires montre à quel point, malgré la hardiesse de leur langage vis-à-vis des rois, elles étaient pusillanimes devant les meneurs qui dirigeaient les émeutes. L'invasion d'une bande d'énergumènes commandés par un chef impérieux suffisait à leur faire voter, séance tenante, les mesures les plus contradictoires et les plus absurdes.

Une assemblée ayant les caractères d'une foule, sera, comme elle, extrême dans ses sentiments. Excessive dans la violence, excessive aussi dans la pusillanimité. D'une façon générale, elle se montrera insolente avec les faibles et servile devant les forts. On sait l'humilité craintive du Parlement, quand le jeune Louis XIV y entra le fouet à la main, et prononça son bref discours. On sait aussi avec quelle impertinence croissante l'Assemblée Constituante traitait Louis XVI, à mesure qu'elle le sentait plus désarmé. On connaît enfin la terreur des conventionnels sons le règne de Robespierre.

Cette caractéristique des assemblées étant une loi générale, il faut considérer comme une grosse faute de psychologie pour un souverain la convocation d'une assemblée quand son pouvoir s'affaiblit. La réunion des États Généraux coûta la vie à Louis XVI. Elle avait failli enlever son trône à Henri III, lorsque, obligé de quitter Paris, il eut la malheureuse idée de réunir les États Généraux à Blois. Sentant la faiblesse du roi, ces derniers parlèrent aussitôt en maîtres, modifiant les impôts, révoquant les fonctionnaires, et prétendant que leurs décisions devaient avoir force de loi.

L'exagération progressive des sentiments s'observa nettement dans toutes les assemblées de la Révolution. La Constituante, très respectueuse d'abord de l'autorité royale et de ses prérogatives, absorba graduellement tous les pouvoirs, finit par se proclamer Assemblée souveraine, et traiter Louis XVI comme un simple fonctionnaire. La Convention, après des débuts relativement modérés, aboutit à une première forme de Terreur où les jugements étaient entourés de quelques garanties légales, puis exagérant bientôt sa puissance, elle édicta une loi ôtant aux accusés tout droit de défense, et permettant de les condamner sur la simple présomption d'être suspects. Cédant de plus en plus à ses fureurs sanguinaires, elle finit par se décimer elle-même. Girondins, Hébertistes, Dantonistes, Robespierristes, virent successivement terminer leur carrière par la main du bourreau.

Cette accélération des sentiments dans les assemblées explique pourquoi elles furent toujours si peu maîtresses de leurs destinées et arrivèrent tant de fois à des résultats exactement contraires aux buts qu'elles se proposaient. Catholique et royaliste, la Constituante, au lieu de la monarchie constitutionnelle qu'elle voulait établir, et de la religion qu'elle voulait défendre, conduisit rapidement la France à une république violente et à la persécution du clergé.

Les assemblées politiques sont composées, nous l'avons vu, de groupes hétérogènes, mais il en est d'autres formées de groupes homogènes, tels certains clubs qui jouèrent un rôle immense pendant la Révolution et dont la psychologie mérite une étude spéciale.

§ 2. — PSYCHOLOGIE DES CLUBS RÉVOLUTIONNAIRES.

De petites réunions d'hommes, possédant les mêmes opinions, les mêmes croyances, les mêmes intérêts et éliminant tous les dissidents, se différencient des grandes assemblées par l'unité de leurs sentiments et par conséquent de leurs volontés. Tels furent jadis, les communes, les congrégations religieuses, les corporations puis les clubs pendant la Révolution, les sociétés secrètes dans la première moitié du XIXe siècle et enfin les francs-maçons et les syndicats ouvriers aujourd'hui.

Cette différence entre une assemblée hétérogène et un club homogène doit être bien étudiée pour saisir la marche de la Révolution française. Jusqu'au Directoire, et surtout pendant la Convention, elle fut dominée par les clubs.

Malgré l'unité de leur volonté due à l'absence de partis divers, les clubs obéissent aux lois de la psychologie des foules. Ils sont par conséquence subjugués par des meneurs. On le vit surtout au club des Jacobins mené par Robespierre.

Le rôle de meneur d'un club, foule homogène, est beaucoup plus difficile que celui de meneur d'une foule hétérogène. On conduit facilement cette dernière en faisant vibrer un petit nombre de cordes.

Dans un groupement homogène, comme un club, où les sentiments et les intérêts sont identiques, il faut savoir les ménager et le meneur devient souvent un mené.

Une grande force des agglomérations homogènes est leur anonymat. On sait que pendant la Commune de 1871, quelques ordres anonymes suffirent pour faire incendier les plus beaux monuments de Paris : l'Hôtel de Ville, les Tuileries, la Cour des Comptes, la Légion d'Honneur, etc. Un ordre bref des comités anonymes : " Flambez Finances, flambez Tuileries, etc. " était immédiatement exécuté. Un hasard inespéré sauva seul le Louvre et ses collections. On sait aussi avec quel respect sont religieusement écoutées de nos jours les injonctions les plus absurdes des chefs anonymes des syndicats ouvriers. Les clubs de Paris et la Commune insurrectionnelle ne furent pas moins obéis à l'époque de la Révolution. Un ordre émané d'eux suffisait pour lancer sur l'Assemblée une populace armée qui lui dictait ses volontés.

En résumant l'histoire de la Convention, dans un autre chapitre, nous verrons la fréquence de telles irruptions et la servilité avec laquelle cette assemblée, considérée longtemps dans les légendes comme très énergique, se courba devant les injonctions les plus impératives d'une poignée d'émeutiers. Instruit par l'expérience, le Directoire ferma les clubs et mit fin aux invasions de la populace en la faisant énergiquement mitrailler.

La Convention avait compris d'ailleurs assez vite la supériorité des groupements homogènes sur des assemblées hétérogènes pour gouverner, et c'est pourquoi elle se subdivisa en comités composés chacun d'un nombre restreint d'individus. Ces comités : Salut public, Finances, etc., formaient de petites assemblées souveraines dans la grande. Leur pouvoir ne fut tenu en échec que par celui des clubs.

Les considérations précédentes montrent la puissance des groupements sur la volonté des membres qui les composent. Si le groupement est homogène, cette action est considérable ; s'il est hétérogène, l'action sera moins grande mais pourra cependant devenir importante, soit parce que les groupements énergiques d'une assemblée dominent ceux à cohésion faible, soit parce que certains sentiments contagieux se propagent souvent à tous les membres d'une assemblée.

Un exemple mémorable de cette influence des groupements fut donné à l'époque de notre Révolution, lorsque dans la nuit du 4 août, la noblesse vota sur la proposition d'un de ses membres l'abandon des privilèges féodaux. On sait cependant que la Révolution résulta en partie du refus du clergé et de la noblesse de renoncer à leurs privilèges. Pourquoi ce renoncement refusé tout d'abord ? Simplement parce que les hommes en foule n'agissent pas comme les hommes isolés. Individuellement, aucun membre de la noblesse n'eût jamais abandonné ses droits.

De cette influence des assemblées sur leurs membres, Napoléon à Sainte-Hélène cite de curieux exemples :

" Rien, dit-il, n'était plus commun que de rencontrer des hommes de cette époque fort au rebours de la réputation que sembleraient justifier leurs paroles et leurs actes d'alors. On pourrait croire Monge, par exemple, un homme terrible ; quand la guerre fut décidée, il monta à la tribune des Jacobins et déclara qu'il donnait d'avance ses deux filles aux deux premiers soldats qui seraient blessés par l'ennemi... Il voulait qu'on tuât tous les nobles, etc. Or. Monge était le plus doux, le plus faible des hommes, et n'aurait pas laissé tuer un poulet s'il eût fallu en faire l'exécution lui-même, ou seulement devant lui. "

§ 3. — ESSAI D'INTERPRÉTATION DE L'EXAGÉRATION PROGRESSIVE DES SENTIMENTS DANS LES ASSEMBLÉES.

Si les sentiments collectifs étaient susceptibles de mesure qualitative exacte, on pourrait les traduire par une courbe qui, après une ascension d'abord assez lente, puis très rapide, descendrait de façon presque verticale. L'équation de cette courbe pourrait être appelée l'équation des variations des sentiments collectifs soumis à une excitation constante.

Il n'est pas toujours facile d'expliquer l'accélération de certains sentiments sous l'influence d'une cause constante. Peut-être, cependant, pourrait-on faire remarquer que si les lois de la psychologie sont comparables à celles de la mécanique, une cause de grandeur invariable, mais agissant de façon continue, doit accroître rapidement l'intensité d'un sentiment. On sait, par exemple, qu'une force constante en grandeur et en direction, telle que la pesanteur agissant sur un corps, lui imprime un mouvement accéléré. La vitesse d'un mobile tombant dans l'espace, sous l'influence de la pesanteur, sera d'environ 10 mètres pendant la première seconde, 20 mètres pendant la deuxième, 80 mètres pendant la troisième, etc. Il serait facile en faisant tomber le mobile d'assez haut de lui donner une vitesse suffisante pour perforer une planche d'acier.

Mais si cette explication est applicable à l'accélération d'un sentiment soumis à une force constante, elle ne nous dit pas pourquoi les effets de l'accélération finissent par cesser brusquement. Un tel arrêt ne devient compréhensible qu'en faisant intervenir des interprétations physiologiques, c'est-à-dire en se rappelant que le plaisir comme la douleur ne peuvent dépasser certaines limites et que toute excitation trop violente provoque la paralysie de la sensation. Notre organisme ne peut supporter qu'un certain maximum de joie, de douleur ou d'effort, et il ne saurait même pas les supporter longtemps. La main qui serre un dynamomètre arrive bientôt à l'épuisement de son effort et est obligée de le lâcher brusquement.

L'étude des causes de la disparition rapide de certains groupes de sentiments dans les assemblées doit encore tenir compte de ce fait, que, à côté du parti dominant au moyen de sa force ou de son prestige, s'en trouvent d'autres dont les sentiments, contenus par cette force ou ce prestige, n'ont pu prendre tout leur développement. Une circonstance quelconque affaiblit-elle un peu le parti dominant, aussitôt les sentiments refoulés des partis adverses peuvent devenir prépondérants. Les Montagnards en firent l'expérience après Thermidor.

Toutes les analogies qu'on tente d'établir entre les lois auxquelles obéissent les phénomènes matériels et celles qui régissent l'évolution des éléments affectifs et mystiques sont évidemment fort grossières, il en sera nécessairement ainsi jusqu'au jour où le mécanisme des fonctions cérébrales deviendra moins ignoré qu'aujourd'hui.

PARTIE DEUX
LA RÉVOLUTION FRANÇAISE

LIVRE I. LES ORIGINES DE LA RÉVOLUTION FRANÇAISE

CHAPITRE I. LES OPINIONS DES HISTORIENS SUR LA RÉVOLUTION FRANÇAISE

§ 1.— LES HISTORIENS DE LA RÉVOLUTION.

Les opinions les plus contradictoires ont été formulées sur la Révolution et, bien qu'un siècle seulement nous en sépare, il semble impossible encore de la juger sans passion. Pour de Maistre, elle fut " une œuvre satanique " et jamais " l'action de l'esprit des ténèbres ne se manifesta avec une semblable évidence ". Pour les Jacobins modernes, elle a régénéré le genre humain.

Les étrangers qui séjournent en France la considèrent encore comme un sujet à éviter dans les conversations.

> " Partout, écrit Barrett Wendell, ce souvenir et ces traditions restent doués d'une telle vitalité que peu de gens sont capables de les considérer sans passion. Ils excitent encore à la fois l'enthousiasme et le ressentiment ; ils sont encore considérés avec un esprit de parti, loyal et ardent. Plus vous arrivez à comprendre la France, plus nettement vous vous rendez compte que, aujourd'hui encore, aucune étude de la Révolution n'a paru à aucun Français impartiale. "

Cette observation est très juste. Pour pouvoir être interprétés avec équité, les événements du passé ne doivent plus exercer leurs conséquences ni toucher à ces croyances politiques ou religieuses dont j'ai marqué la fatale intolérance.

On ne doit donc pas s'étonner que les historiens expriment des idées opposées sur la Révolution. Pendant longtemps encore, les uns verront en elle un des plus sinistres événements de l'histoire, les autres un des plus glorieux. Tous ont cru la raconter avec impartialité, et ils n'ont fait en général que défendre des thèses contradictoires fort simplistes. Les documents étant innombrables et contraires, leur choix conscient ou inconscient permettait facilement de justifier les thèses successivement émises.

Les anciens historiens de la Révolution, Thiers, Quinet, Michelet lui-même, malgré son talent, sont un peu oubliés aujourd'hui. Leurs doctrines étaient d'ailleurs peu compliquées. Le fatalisme historique les domine généralement. Thiers considérait la Révolution comme le résultat de plusieurs siècles de monarchie absolue, et la Terreur comme la conséquence nécessaire de l'invasion étrangère. Quinet envisageait les excès de 1793 comme suite d'un despotisme séculaire, mais soutenait que la tyrannie de la Convention était inutile et entrava l'œuvre de la Révolution. Michelet voyait seulement dans cette dernière l'œuvre du Peuple, qu'il admirait aveuglément et dont il commença la glorification continuée par d'autres historiens.

L'ancien prestige de toutes ces histoires a été bien effacé par celle de Taine. Quoiqu'également très passionné, il a jeté une vive lumière sur la période révolutionnaire, et, d'ici longtemps sans doute, son livre ne sera pas remplacé.

Une œuvre aussi importante devait nécessairement renfermer des défauts. Taine présente admirablement les faits, les personnages, mais il prétend juger avec sa logique rationnelle des événements que la raison n'a pas dictés et ne saurait, par conséquent, interpréter. Sa psychologie, excellente quand elle reste simplement descriptive, est très faible dès qu'elle devient, explicative. Affirmer que Robespierre était un cuistre n'est pas révéler les causes de son absolu pouvoir sur la Convention, impunément décimée par lui pendant plusieurs mois. On a dit très justement de Taine, qu'il avait bien vu et mal compris.

Malgré ces restrictions, son œuvre est fort remarquable et n'a pas été égalée. On peut juger de son immense influence par l'exaspération qu'elle engendre chez les défenseurs fidèles de l'orthodoxie jacobine, dont M. Aulard, professeur à la Sorbonne, est aujourd'hui le grand prêtre. Ce dernier a consacré deux années à écrire un pamphlet contre Taine, où la passion imprègne chaque ligne. Le temps dépensé pour la rectification de quelques erreurs matérielles assez insignifiantes ne l'a d'ailleurs conduit qu'à commettre des erreurs identiques.

Reprenant son travail, M. A. Cochin fait voir que M. Aulard s'est trompé, dans ses citations, à peu près une fois sur deux, alors que Taine avait erré beaucoup plus rarement. Le même historien montre également combien il faut se défier des sourdes de M. Aulard.

> " Ces sources, dit-il, procès-verbaux, journaux, pamphlets, patriotes, sont justement les actes authentiques du patriotisme, rédigés par les patriotes et la plupart pour le public. Il devait y trouver partout en vedette la thèse de la défense ; il avait là, sous la main, toute faite, une histoire de la Révolution, présentant à côté de chacun des actes du " Peuple ", depuis les massacres de septembre jusqu'à la loi de Prairial, une explication toute prête, d'après le système de la défense républicaine. "

La critique la plus juste peut-être qu'on puisse formuler sur l'œuvre de Taine, est d'être demeurée incomplète. Il a surtout étudié le rôle de la populace et de ses chefs pendant la période révolutionnaire. Elle lui a inspiré des pages vibrantes d'indignation qu'on admire encore, mais plusieurs côtés importants de la Révolution lui ont échappé.

Quoi qu'on puisse penser de la Révolution, une divergence irréductible existera toujours entre les historiens de l'école de Taine et celle de M. Aulard. Celui-ci considère le peuple souverain comme admirable, alors que le premier fait voir, qu'abandonné à ses instincts et libéré de toute contrainte sociale, il retombe dans la sauvagerie primitive. La conception de M. Aulard, très contraire aux enseignements de la psychologie des foules, est encore un dogme religieux pour les Jacobins modernes. Ils écrivent sur la Révolution avec des raisonnements et des méthodes de croyant et prennent pour œuvres savantes des argumentations de théologiens.

§ 2. — LA THÉORIE DU FATALISME DANS LA RÉVOLUTION.

Avocats et détracteurs de la Révolution admettent souvent le fatalisme des événements révolutionnaires. Cette thèse est bien synthétisée dans le passage suivant de *l'Histoire de la Révolution,* par Émile Oltivier :

> " Aucun homme ne pouvait s'y opposer. Le blâme n'appartient ni à ceux qui ont péri, ni à ceux qui ont survécu, il n'était pas de force individuelle

capable de changer les éléments et de prévenir les événements qui naissent de la nature des choses et des circonstances. "

Taine lui-même inclinait vers cette thèse :

" À l'instant où s'ouvrent les États Généraux, dit-il, le cours des idées et des événements est, non seulement déterminé, mais encore visible. D'avance et à son insu, chaque génération porte en elle-même son avenir et son histoire : à celle-ci bien avant l'issue, on eût pu annoncer ses destinées. "

D'autres auteurs modernes, ne professant, pas plus que Taine, d'indulgence pour les violences révolutionnaires, sont également partisans de cette fatalité.

M. Sorel, après avoir rappelé le mot de Bossuet sur les révolutions de l'antiquité :

" Tout est surprenant à ne regarder que les causes particulières, et néanmoins tout s'avance avec une suite réglée ", exprime l'intention, assez mal réalisée d'ailleurs, de " montrer dans la Révolution française, qui apparaît aux uns comme la subversion et aux autres comme la régénération du vieux monde européen, la suite naturelle et nécessaire de l'histoire de l'Europe, et faire voir que cette révolution n'a point porté de conséquence, même la plus singulière, qui ne découle de cette histoire et ne s'explique par les précédents de l'ancien régime ".

Guizot, lui aussi, avait jadis essayé de prouver que notre Révolution, qu'il rapproche bien à tort de celle d'Angleterre, était fort naturelle et n'avait rien innové :

" Loin d'avoir rompu, dit-il, le cours naturel des événements en Europe, ni la révolution d'Angleterre ni la nôtre n'ont rien dit, rien voulu, rien fait qui n'eût été dit, souhaité, fait ou tenté cent fois avant leur explosion.

... Soit qu'on regarde aux doctrines générales des deux révolutions ou aux applications qu'elles en ont faites, qu'il s'agisse du gouvernement de l'État ou de la législation civile, des propriétés ou des personnes, de la liberté ou du pouvoir, on ne trouvera rien dont l'invention leur appartienne, rien qui ne se rencontre également, qui n'ait au moins pris naissance dans les temps qu'on appelle réguliers. "

CHAPITRE I. LES OPINIONS DES HISTORIENS SUR LA RÉVOLUTI...

Toutes ces assertions rappellent simplement cette loi banale qu'un phénomène donné est la conséquence de phénomènes antérieurs. Des propositions aussi générales enseignent peu de choses.

Il ne faudrait pas d'ailleurs vouloir expliquer trop d'événements avec le principe de la fatalité historique adopté par tant d'historiens. J'ai discuté, ailleurs, la valeur de ces fatalités et montré que tout l'effort de la civilisation consiste à les dissocier. Sans doute, l'histoire est remplie de nécessités, mais elle est remplie aussi de faits contingents qui ont été et auraient pu ne pas être. Napoléon énumérait lui-même, à Sainte-Hélène, six circonstances qui auraient pu empêcher sa prodigieuse carrière. Il racontait, notamment, que prenant un bain en 1786, à Auxonne, il n'avait échappé à la mort que par la rencontre fortuite d'un banc de sable. Si Bonaparte était mort à ce moment, on peut admettre un autre général arrivant, lui aussi, à la dictature. Mais que fût devenue l'épopée impériale et ses suites sans l'homme de génie qui conduisit nos armées triomphantes dans toutes les capitales de l'Europe ?

Il est permis de considérer en partie la Révolution comme une nécessité, mais elle fut surtout — et c'est ce que les écrivains fatalistes cités plus haut ne montrent pas du tout — une lutte permanente de théoriciens, imbus d'un idéal nouveau, contre les lois économiques, sociales et politiques menant les hommes et qu'ils ne comprenaient pas. Les méconnaissant, ils tentèrent vainement de remonter le cours des choses, s'exaspérèrent de leurs insuccès et arrivèrent à commettre toutes les violences. Ils décrètent que du papier-monnaie, désigné sous le nom d'assignats, vaudra de l'or et toutes leurs menaces n'empêchent pas cette valeur fictive de tomber à presque rien. Ils décrètent la loi du maximum et cette loi ne fait qu'accroître les maux auxquels elle voulait remédier. Robespierre déclare à la Convention " que tous les sans-culottes seront payés aux dépens du Trésor public, qui sera alimenté par les riches " et, malgré les perquisitions et la guillotine, le Trésor reste vide.

Après avoir brisé toutes les contraintes, les hommes de la Révolution finirent par découvrir qu'une société ne peut vivre sans elles, mais quand ils voulurent en créer de nouvelles, ils s'aperçurent aussi que les plus fortes, même soutenues par la crainte de la guillotine, ne sauraient remplacer la discipline lentement édifiée par le passé dans les âmes. Comprendre l'évolution d'une société, juger les intelligences et les cœurs, prévoir les conséquences des mesures édictées, ils ne s'en soucièrent jamais.

Les événements révolutionnaires ne découlèrent donc nullement de nécessités irréductibles. Ils furent beaucoup plus la conséquence des principes jacobins que des circonstances et auraient pu être tout autres. La Révolution eût-elle suivi la même marche si Louis XVI avait été mieux conseillé ou si seulement la Constituante se fût montrée moins pusillanime à l'égard des émeutes populaires ? La théorie du fatalisme révolutionnaire n'est utile que pour justifier les violences en les présentant comme inévitables.

Qu'il s'agisse de science ou d'histoire, on doit se défier extrêmement de l'ignorance qui s'abrite sous le terme de fatalisme. La nature était remplie autrefois d'une foule de fatalités que la science est lentement parvenue à dissocier. Le propre des hommes supérieurs est, comme je l'ai montré ailleurs, de les désagréger.

§ 3. — LES INCERTITUDES DES HISTORIENS RÉCENTS DE LA RÉVOLUTION.

Les historiens dont nous avons exposé les idées dans ce chapitre, se sont montrés très affirmatifs dans leurs attaques ou leurs plaidoyers. Confinés dans le cycle de la croyance, ils n'ont pas tenté de pénétrer jusqu'à celui de la connaissance. Un écrivain monarchiste était violemment hostile à la Révolution et un écrivain libéral en était, non moins violemment partisan.

Nous voyons de nos jours se dessiner un mouvement qui conduira sûrement à étudier la Révolution comme un de ces phénomènes scientifiques, dans lesquels les opinions et les croyances d'un auteur interviennent si peu, que le lecteur ne les soupçonne même pas.

Cette période n'est pas née encore. On voit poindre seulement celle du doute, qui la précède. Des écrivains libéraux qui jadis eussent été fort affirmatifs, commencent à ne plus l'être. On jugera de ce nouvel état d'esprit par les extraits suivants d'auteurs récents :

M. Hanotaux, après avoir vanté l'utilité de la Révolution, se demande si ses résultats n'ont pas été payés trop chers, et ajoute :

" L'histoire hésite et hésitera longtemps encore a se prononcer. "

M. Madelin montre autant d'hésitations dans le livre qu'il vient de publier sur la Révolution.

" Je ne m'étais jamais senti l'autorité suffisante pour porter, même dans le for intérieur, sur un événement aussi complexe que la Révolution française un jugement catégorique. Il m'est encore plus difficile d'en former un très bref aujourd'hui. Causes, faits, conséquences me paraissent encore fort sujets aux débats. "

On se rend mieux compte encore de la transformation actuelle des anciennes idées sur la Révolution en parcourant les nouveaux écrits de ses défenseurs officiels. Alors qu'ils prétendaient jadis justifier toutes les violences en les représentant comme des actes de simple défense, ils se bornent maintenant à plaider les circonstances atténuantes. Je trouve une preuve frappante de ce nouvel état d'esprit dans l'histoire de France pour les écoles publiée récemment par MM. Aulard et Debidour. On y lit à propos de la Terreur les figues suivantes :

" Le sang coula à flots ; il y eut des injustices, des crimes inutiles à la Défense nationale et odieux. Mais un avait perdu la tête dans cet orage et harcelés par mille dangers les patriotes frappaient avec rage. "

Nous verrons dans une autre partie de cet ouvrage que le premier des deux auteurs que je viens de citer se montre, malgré l'intransigeance de son jacobinisme, fort peu indulgent pour les hommes qualifiés jadis de " géants de la Convention ".

Les jugements des étrangers sur notre Révolution sont en général assez sévères et on ne saurait s'en étonner en se souvenant à quel point l'Europe a souffert pendant vingt ans de nos bouleversements.

Les Allemands surtout se sont montrés les plus durs. Leur opinion est résumée dans les lignes suivantes de M. Faguet :

" Sachons le dire courageusement et patriotiquement ; car le patriotisme consiste d'abord à dire la vérité à son pays, l'Allemagne voit dans la France, pour ce qui est du passé, un peuple qui, avec les grands mots de liberté et de fraternité dans la bouche, l'a opprimée, foulée, meurtrie, pillée et rançonnée pendant quinze ans ; pour le présent, un peuple qui, avec les mêmes mots sur ses enseignes, organise une démocratie despotique, oppressive, tracassière et ruineuse qui n'est à imiter par personne. Voilà ce que l'Allemagne peut voir dans la France, et voilà d'après ses journaux et ses livres, on peut s'en assurer, ce qu'elle y voit. "

Quelle que soit, du reste, la valeur des jugements portés sur la Révolution française, on peut être certain que les écrivains de l'avenir la considéreront comme un événement aussi passionnant qu'instructif.

Un gouvernement assez sanguinaire pour faire guillotiner ou noyer des vieillards de quatre-vingts ans, des jeunes filles et de tout petits enfants, couvrant la France de ruines et cependant réussissant à repousser l'Europe en armes ; une archiduchesse d'Autriche, reine de France, mourant sur l'échafaud et, quelques années après, une autre archiduchesse, sa parente, la remplaçant sur le même trône en épousant un sous-lieutenant devenu empereur, voilà des tragédies uniques dans les annales du genre humain. Les psychologues surtout tireront parti d'une histoire si peu étudiée par eux jusqu'ici. Ils finiront par découvrir sans doute que la psychologie ne peut progresser qu'en renonçant aux théories chimériques et aux expériences de laboratoire, pour étudier les événements et les êtres qui nous entourent [1].

§ 4. — L'IMPARTIALITÉ EN HISTOIRE.

L'impartialité a toujours été considérée comme la qualité la plus essentielle d'un historien. Tous, depuis Tacite, assurent qu'ils sont impartiaux.

En réalité, l'écrivain voit les événements comme le peintre un paysage, c'est-à-dire avec son tempérament, son caractère et l'âme de sa race. Plusieurs artistes, placés devant un même paysage, le traduiront nécessairement d'une façon différente. Les uns mettront en valeur des détails négligés par d'autres. Chaque reproduction sera ainsi une œuvre personnelle, c'est-à-dire interprétée par une certaine forme de sensibilité.

Il en est de même pour l'écrivain. On ne peut donc pas plus parler de l'impartialité d'un historien que de celle d'un peintre.

Sans doute l'historien peut se borner à reproduire des documents, et c'est la tendance actuelle. Mais ces documents, pour les époques peu éloignées de la nôtre, la Révolution française par exemple, étant tellement abondants qu'une vie d'homme ne suffirait pas à les parcourir, il faut bien se résigner à choisir.

D'une façon consciente quelquefois, inconsciente le plus souvent, l'auteur sélectionne nécessairement les matériaux répondant le mieux à ses opinions politiques, religieuses et morales.

Il est donc impossible, à moins de se contenter de simples chronologies résumant chaque événement dans une ligne et une date, de produire un livre d'histoire véritablement impartial. Aucun auteur ne saurait l'être et il n'est pas à regretter qu'aucun ne l'ait été. La prétention d'impartialité, très répandue aujourd'hui, conduit à ces œuvres plates, grises et prodigieusement ennuyeuses qui rendent complètement impossible la compréhension d'une époque.

L'historien doit-il, sous prétexte d'impartialité, s'abstenir de juger les hommes, c'est-à-dire de parler deux en termes admiratifs ou sévères ?

Cette question comporte, je crois, deux solutions très différentes et cependant très justes suivant le point de vue auquel on peut se placer : celui du moraliste ou celui du psychologue.

Le moraliste doit envisager exclusivement l'intérêt social et ne juger les hommes que d'après cet intérêt. Par le fait seul qu'elle subsiste et veut continuer à vivre, une société est obligée d'admettre un certain nombre de règles, d'avoir un critérium irréductible du bien et du mal, de créer par conséquent des distinctions très nettes entre le vice et la vertu. Elle arrive ainsi à constituer des types moyens dont les hommes d'une époque se rapprochent plus ou moins, mais dont ils ne peuvent s'écarter beaucoup sans péril pour la société.

C'est d'après de semblables types et les règles dérivées des nécessités sociales que le moraliste doit juger les hommes du passé. Louant ceux qui furent utiles, blâmant les autres, il contribue à fixer des types moraux indispensables à la marche de la civilisation et servant de modèles. Les poètes comme Corneille, par exemple, créant des héros supérieurs à la majorité des hommes et inimitables peut-être, contribuent puissamment à stimuler nos efforts. Il faut toujours proposer à un peuple l'exemple des héros pour élever son âme.

Tel est le point de vue du moraliste. Celui du psychologue sera tout autre. Alors qu'une société n'a pas le droit d'être tolérante, parce que son premier devoir est de vivre, le psychologue doit rester indifférent. Considérant les choses en savant, il ne s'occupe plus de leur valeur utilitaire, et tâche seulement de les expliquer.

Sa situation est celle de l'observateur devant un phénomène quelconque. Il est difficile évidemment de lire avec sang-froid que Carrier ordonnait d'enterrer ses victimes jusqu'au cou pour leur faire ensuite crever les yeux et subir d'horribles supplices. Il faut cependant, pour comprendre de tels actes, ne pas plus s'indigner que le naturaliste devant l'araignée dévorant lentement une mouche. Dès que la raison s'émeut, elle cesse d'être la raison et ne peut rien expliquer.

Le rôle de l'historien et celui du psychologue ne sont pas comme on le voit identiques, mais au premier comme au second, on peut demander d'essayer, par une sage interprétation des faits, de découvrir sous les évidences visibles, les forces invisibles qui les déterminent.

---

1. Cette recommandation est loin d'être banale. Les psychologues étudient fort peu aujourd'hui le monde qui les entoure et ils s'étonnent même qu'on cherche à l'étudier. J'ai trouvé une intéressante preuve de ce médiocre état d'esprit dans la critique d'un de mes livres parue dans la *Revue philosophique*. L'auteur m'y reproche " d'explorer plutôt le monde et les journaux que les livres ".

    J'accepte très volontiers ce reproche. Les faits divers des journaux et la vue des réalités du monde sont autrement instructifs que les élucubrations métaphysiques comme celles dont sont bourrées les Revues de philosophie et de Métaphysique.

    Les philosophes commencent à sentir la puérilité de tels bavardages. C'est certainement aux volumes de ces fastidieuses publications que songeait M. William James quand il écrivait que toutes ces dissertations représentent simplement " une enfilade de faits grossièrement observés et quelques discussions querelleuses ". Bien qu'auteur du meilleur traité de Psychologie connu, l'éminent penseur reconnaissait " la fragilité d'une science qui suinte la critique métaphysique à toutes ses articulations ". Depuis plus de vingt ans, j'ai essayé d'engager la psychologie dans l'étude des réalités, mais le courant de la métaphysique universitaire est à peine dévié, bien qu'ayant perdu toute influence.

CHAPITRE II. LES FONDEMENTS PSYCHOLOGIQUES DE L'ANCIEN RÉGIME

§ 1. — LA MONARCHIE ABSOLUE ET LES BASES DE L'ANCIEN RÉGIME.

Beaucoup d'historiens assurent que la Révolution fut faite contre l'autocratie de la monarchie. Mais, en réalité, longtemps avant son explosion, les rois de France avaient cessé d'être des monarques absolus.

Ils n'étaient arrivés que fort tard et seulement sous le règne de Louis XIV à posséder un pouvoir incontesté. Tous les souverains précédents, y compris les plus puissants, François Ier par exemple, eurent à soutenir, soit contre les seigneurs, soit contre le clergé, soit contre les Parlements, des luttes constantes, où ils n'avaient pas toujours été les plus forts. François Ier, que nous venons de citer, ne posséda même pas assez d'autorité pour protéger contre la Sorbonne et le Parlement ses familiers les plus intimes. Son conseiller et ami Berquin, ayant déplu à la Sorbonne, fut arrêté sur les ordres de cette dernière. Le roi ordonna de le relâcher, mais elle refusa, il en fut réduit à l'envoyer retirer de la Conciergerie par des archers et ne trouvant pas d'autre moyen de le protéger que de le garder près de lui au Louvre. La Sorbonne ne se tint nullement pour battue. Profitant d'une absence du roi, elle arrêta de nouveau Berquin et le fit juger par le Parlement. Condamné à dix heures du matin, il était brûlé vif à midi.

Édifiée très lentement, la puissance des rois de France ne fut absolue que sous Louis XIV. Elle déclina rapidement ensuite et il serait vraiment difficile de parler de l'absolutisme de Louis XVI.

Ce prétendu maître était l'esclave de sa cour, de ses ministres, du clergé et de la noblesse. Il faisait ce qu'on l'obligeait à faire et rarement ce qu'il voulait. Aucun Français peut-être ne fut moins libre que lui.

Les grands ressorts de la monarchie résidaient d'abord dans l'origine divine qu'on lui supposait et ensuite dans des traditions accumulées par le temps. Elles formaient la véritable armature sociale du pays.

La vraie cause de la disparition de l'ancien régime fut justement l'affaiblissement des traditions lui servant de base. Lorsque, après des discussions répétées, elles n'eurent plus de défenseurs, l'ancien régime s'écroula comme un édifice dont les fondements ont été détruits.

§ 2. — LES INCONVÉNIENTS DE L'ANCIEN RÉGIME.

Un régime établi depuis longtemps finit toujours par sembler acceptable au peuple gouverné par lui. L'habitude en masque les inconvénients qui apparaissent seulement lorsqu'on y réfléchit trop. L'homme se demande alors comment il a pu les supporter. L'être vraiment malheureux est celui qui se croit misérable.

Ce fut justement cette croyance qui s'établit à l'époque de la Révolution, sous l'influence des écrivains dont nous étudierons prochainement l'action. Les imperfections de l'ancien régime éclatèrent alors à tous les yeux. Elles étaient nombreuses, il suffira d'en marquer quelques-unes.

Malgré l'autorité apparente du pouvoir central, le royaume, formé par la conquête successive de provinces indépendantes, était divisé en territoires avant chacun leurs lois, leurs mœurs, leurs coutumes et payant des impôts différents. Des douanes intérieures les séparaient. L'unité de la France était ainsi assez artificielle. Elle représentait un agrégat de pays divers que les efforts répétés des rois, y compris ceux de Louis XIV, n'avaient pas réussi à unifier entièrement. L'œuvre la plus utile de la Révolution fut précisément cette unification.

À de pareilles divisions matérielles venaient s'ajouter des divisions sociales constituées par des classes noblesse, clergé, tiers-état, dont les barrières rigides ne pouvaient être que bien difficilement franchies.

Considérant comme une de ses forces la séparation des classes, l'ancien régime l'avait rigoureusement maintenue. Elle devint la principale cause des haines qu'il inspira. Bien des violences de la bourgeoisie triomphante représentent surtout les vengeances d'un long passé de dédains et d'oppression. Les blessures d'amour-propre sont celles dont le souvenir s'efface le moins. Le Tiers-État en avait supporté beaucoup. À une réunion des États Généraux de 1614 où ses représentants s'étaient vus obligés de rester à genoux tête nue, un membre du Tiers ayant osé dire que les ordres étaient comme trois frères, l'orateur de la noblesse répondit : " qu'il n'y avait aucune fraternité entre elle et le Tiers, que les nobles ne voulaient pas que les enfants de cordonniers et de savetiers les appelassent leurs frères. "

Malgré le progrès des Lumières, la noblesse et le clergé conservaient avec obstination des privilèges et des exigences, injustifiables cependant depuis que ces classes avaient cessé de rendre des services.

Écartés des fonctions publiques par le pouvoir royal qui s'en défiait et remplacés progressivement par une bourgeoisie de plus en plus capable et instruite, le clergé et la noblesse ne jouaient qu'un rôle social d'apparat. Ce point a été lumineusement mis en évidence par Taine.

> " Depuis que la noblesse, dit-il, ayant perdu la capacité spéciale, et que le Tiers, ayant acquis la capacité générale, se trouvent de niveau par l'éducation et par les aptitudes, l'inégalité qui les sépare est devenue blessante en devenant inutile. Instituée par la coutume, elle n'est plus consacrée par la conscience, et le Tiers s'irrite à bon droit contre des privilèges que rien ne justifie, ni la capacité du noble, ni l'incapacité du bourgeois. "

En raison de la rigidité des castes fixées par un long passé, on ne voit pas ce qui aurait pu déterminer la noblesse et le clergé au renoncement de leurs privilèges. Sans doute, ils finirent par les abandonner dans une nuit mémorable, lorsque les événements les y forcèrent, mais alors il était trop tard, et la Révolution déchaînée poursuivit son cours.

Il est certain que les progrès modernes eussent établi successivement tout ce que la Révolution a créé l'égalité des citoyens devant la loi, la suppression des privilèges de la naissance, etc. Malgré l'esprit conservateur des Latins, ces choses eussent été obtenues comme elles le furent par la plupart des peuples. Nous aurions de cette façon économisé vingt ans de guerres et de dévastations, mais pour les éviter il aurait fallu une constitution mentale différente de la nôtre et surtout d'autres hommes d'État que ceux de cette époque.

L'hostilité profonde de la bourgeoisie contre les classes que la tradition maintenait au-dessus d'elle fut un des grands facteurs de la Révolution et explique parfaitement qu'après son triomphe, la première dépouilla les vaincus de leurs richesses. Elle se conduisit alors comme des conquérants, tels que Guillaume le Normand distribuant, après la conquête de l'Angleterre, le sol à ses soldats.

Mais si la bourgeoisie détestait la noblesse, elle n'avait aucune haine contre la royauté qui ne lui paraissait pas d'ailleurs remplaçable. Les maladresses du roi et ses appels à l'étranger ne réussirent que très lentement à le rendre impopulaire.

La première Assemblée ne songea jamais à fonder une république. Extrêmement royaliste, en effet, elle rêvait simplement de substituer une monarchie constitutionnelle à la monarchie absolue. Seule la conscience de son pouvoir grandissant l'exaspéra contre les résistances du roi. Elle n'osa pas cependant le renverser.

§ 3. — LA VIE SOUS L'ANCIEN RÉGIME.

Il est difficile de se faire une idée bien nette de la vie sous l'ancien régime et surtout de la situation réelle des paysans.

Les écrivains qui défendent la Révolution, comme les théologiens défendent les dogmes religieux, tracent des tableaux tellement sombres de l'existence des paysans sous l'ancien régime, qu'on se demande comment les malheureux n'étaient pas tous morts de faim depuis longtemps. Un bel exemple de cette façon d'écrire se rencontre dans un livre de M. A. Rambaud, jadis professeur à la Sorbonne, publié sous ce titre *Histoire de la Révolution française*. On y remarque notamment une gravure dont le texte porte " Misère des paysans sous Louis XIV ". Au premier plan, un homme dispute à des chiens des os d'ailleurs complètement décharnés. À ses côtés, un malheureux se tord en se comprimant le ventre. Plus loin, une femme couchée par terre mange de l'herbe. Dans le fond du paysage, des personnages, dont on ne peut dire si ce sont des cadavres ou des affamés, sont également étendus sur le sol. Comme exemple de l'administration de l'ancien régime, le même auteur assure que " Un emploi de police payé 800 livres en rapportait 400.000 ". De tels chiffres indiqueraient, en vérité, un bien grand désintéressement de la part du marchand de ces productifs emplois. Il nous affirme encore : " qu'il n'en coûtait que 420 livres pour faire arrêter les gens, et que, " sous Louis XV, on distribua plus de 150.000 lettres de cachet ".

La plupart des livres sur la Révolution sont conçus avec aussi peu d'impartialité et d'esprit critique, c'est pourquoi cette période reste, en réalité, si mal connue.

CHAPITRE II. LES FONDEMENTS PSYCHOLOGIQUES DE L'ANCIE...

Certes, les documents ne manquent pas, mais ils sont parfaitement contradictoires. À la description célèbre de La Bruyère, on peut opposer le tableau enthousiaste fait par le voyageur anglais Young de l'état prospère des paysans visités par lui.

Étaient-ils vraiment écrasés d'impôts et payaient-ils, comme on l'a prétendu, les quatre cinquièmes de leur revenu au lieu du cinquième, aujourd'hui ? Impossible de le dire avec certitude. Un fait capital semble cependant prouver que sous l'ancien régime la situation des habitants des campagnes ne pouvait être bien misérable puisqu'il parait établi que plus du tiers du sol avait été acheté par des paysans.

On est mieux renseigné sur l'administration financière. Elle était très oppressive et très compliquée. Les budgets se trouvaient le plus souvent en déficit et les impôts de toute nature levés par des fermiers généraux tyranniques. Au moment même de la Révolution, cet état des finances devint la cause d'un mécontentement universel, exprimé par les cahiers des États Généraux. Remarquons toutefois que ces cahiers ne traduisaient pas une situation antérieure, mais un état actuel dû à une crise de misère produite par la mauvaise récolte de 1788 et l'hiver rigoureux de 1789. Qu'eussent été les mêmes cahiers écrits dix ans plus tôt ?

Malgré ces circonstances défavorables, ils ne contenaient aucune idée révolutionnaire. Les plus avancés demandaient simplement que les impôts fussent levés seulement avec le consentement des États Généraux et payés également par tous. Les mêmes cahiers souhaitaient quelquefois aussi que le pouvoir du roi fût limité par une Constitution définissant ses droits et ceux de la nation. Si ces vœux avaient été acceptés, une monarchie constitutionnelle se fût très facilement substituée à la monarchie absolue et la Révolution eût été probablement évitée.

Malheureusement, la noblesse et le clergé étaient trop forts et Louis XVI trop faible pour qu'une pareille solution fût possible.

Elle eut d'ailleurs été rendue bien difficile par les exigences de la bourgeoisie qui prétendait se substituer à la noblesse et fut le véritable auteur de la Révolution. Le mouvement déchaîné par la bourgeoisie dépassa rapidement d'ailleurs ses aspirations, ses besoins, ses espérances. Elle avait réclamé l'égalité à son profit, mais le peuple la voulut aussi pour lui. La Révolution finit de la sorte par devenir le gouvernement populaire qu'elle n'était pas, et n'avait nullement l'intention d'être, tout d'abord.

§ 4. — L'ÉVOLUTION DES SENTIMENTS MONARCHIQUES PENDANT LA RÉVOLUTION.

Malgré la lenteur d'évolution des éléments affectifs, il est certain que pendant la Révolution les sentiments, non seulement du peuple, mais encore des assemblées révolutionnaires à l'égard de la monarchie se transformèrent très vite. Entre le moment où les législateurs de la première assemblée révolutionnaire entouraient Louis XVI de respect et celui où on lui trancha la tête, peu d'années s'écoulèrent.

Ces changements, plus superficiels que profonds, furent en réalité une simple transposition de sentiments du même ordre. L'amour que les hommes de cette époque professaient pour le roi, ils le reportèrent sur le nouveau gouvernement héritier de sa puissance. Le mécanisme d'un tel transfert est facile à mettre en évidence.

Sous l'ancien régime, le souverain, tenant son pouvoir de la divinité, était investi pour cette raison d'une sorte de puissance surnaturelle. Vers lui se tournait le peuple du fond des campagnes.

Cette croyance mystique dans la puissance absolue de la royauté fut ébranlée seulement lorsque des expériences répétées montrèrent que le pouvoir attribué à l'être adoré était fictif. Il perdit alors son prestige. Or, quand le prestige est perdu, les foules ne pardonnent pas au Dieu tombé de s'être illusionnées sur lui et cherchent de nouveau l'idole dont elles ne peuvent se passer.

Dès les débuts de la Révolution, des faits nombreux et journellement répétés révélèrent aux croyants les plus fervents que la royauté ne possédait plus de puissance et qu'existaient d'autres pouvoirs capables non seulement de lutter contre elle, mais possédant une force supérieure.

Que pouvaient penser, en effet, de la puissance royale les multitudes qui voyaient le roi tenu en échec par une Assemblée et incapable, en plein Paris, de défendre sa meilleure forteresse contre les attaques de bandes armées.

La faiblesse royale devint donc évidente, alors que la puissance de l'Assemblée se montrait grandissante. Or, aux yeux des foules, la faiblesse est sans prestige, elles se tournent toujours vers la force.

Dans les assemblées, les sentiments, tout en étant très mobiles, n'évoluent pas aussi vite, c'est pourquoi la foi monarchique y survécut à la prise de la Bastille, à la fuite du roi et à son entente avec les souverains étrangers.

La foi royaliste restait cependant si forte que les émeutes parisiennes et

CHAPITRE II. LES FONDEMENTS PSYCHOLOGIQUES DE L'ANCIE...

les événements qui amenèrent l'exécution de Louis XVI ne suffirent pas à ruiner définitivement dans les provinces l'espèce de piété [1] séculaire dont était enveloppée l'ancienne monarchie.

Elle persista dans une grande partie de la France pendant toute la durée de la Révolution et fut l'origine des conspirations royalistes et de l'insurrection de plusieurs départements que la Convention eut tant de peine à réprimer. La foi royaliste avait disparu à Paris, où la faiblesse du roi était trop visible ; mais, dans les provinces, le pouvoir royal, représentant de Dieu ici-bas, conservait encore du prestige.

Les sentiments royalistes devaient être bien ancrés dans les âmes pour que la guillotine n'ait pu les étouffer. Les mouvements royalistes persistèrent, en effet, pendant toute la Révolution et s'accentuèrent surtout sous le Directoire, lorsque 49 départements envoyèrent à Paris des députés royalistes, ce qui provoqua de la part du Directoire le coup d'État de Fructidor.

Ces sentiments monarchiques, difficilement refoulés par la Révolution, contribuèrent à favoriser le succès de Bonaparte quand il vint occuper le trône des anciens rois et rétablir une grande partie l'ancien régime.

---

1. Pour faire comprendre la profondeur de l'amour héréditaire du peuple à l'égard de ses rois, Michelet relate le fait suivant qui se passa sous le règne de Louis XV :
   " Quand on apprit à Paris que Louis XV, parti pour l'armée, était resté malade à Metz, c'était la nuit. On se lève, on court en tumulte sans savoir où l'on va ; les églises s'ouvrent en pleine nuit... on s'assemblait dans les carrefours, on s'abordait, on s'interrogeait sans se connaître. Il y eut plusieurs églises où le prêtre qui prononçait la prière pour la santé du roi interrompit le chant par ses pleurs et le peuple lui répondit par ses sanglots et ses cris... Le courrier qui apporta la nouvelle de la convalescence fut embrassé et presque étouffé ; on baisait son cheval, on le menait en triomphe... Toutes les rues retentissaient d'un cri de joie. " Le roi est guéri ! "

CHAPITRE III. L'ANARCHIE MENTALE AU MOMENT DE LA RÉVOLUTION ET LE RÔLE ATTRIBUÉ AUX PHILOSOPHES

§ 1. — ORIGINES ET PROPAGATION DES IDÉES RÉVOLUTIONNAIRES.

La vie extérieure des hommes de chaque âge est moulée sur une vie intérieure constituée par une armature de traditions, de sentiments, d'influences morales dirigeant leur conduite et maintenant certaines notions fondamentales qu'ils subissent sans les discuter.

Que la résistance de cette armature faiblisse, et des idées sans influence possible auparavant pourront germer et se développer. Certaines théories, dont le succès fut immense au moment de la Révolution, se seraient heurtées deux siècles plus tôt à d'infranchissables murs.

Ces considérations ont pour but de rappeler que les événements extérieurs des révolutions sont toujours la conséquence d'invisibles transformations lentement opérées dans les âmes. L'étude approfondie d'une révolution nécessite donc celle du terrain mental sur lequel germent les idées qui fixeront son cours.

Généralement fort lente, l'évolution des idées reste souvent invisible pendant la durée d'une génération. On n'en comprend l'étendue qu'en comparant l'état mental des mêmes classes sociales aux extrémités de la courbe parcourue par les esprits. Pour se rendre compte, notamment, des idées différentes que se faisaient de la royauté les hommes instruits sous

CHAPITRE III. L'ANARCHIE MENTALE AU MOMENT DE LA RÉVO...

Louis XIV et sous Louis XVI, on peut rapprocher les théories politiques de Bossuet et de Turgot.

Bossuet exprimait les conceptions générales de son époque sur la monarchie absolue, quand il fondait l'autorité d'un gouvernement sur la volonté de Dieu, seul juge des actions des rois, toujours irresponsables devant les hommes. La foi religieuse était alors aussi forte que la foi monarchique dont elle semblait du reste inséparable, et aucun philosophe n'aurait pu l'ébranler.

Les écrits des ministres réformateurs de Louis XVI, ceux de Turgot par exemple, sont animés d'un tout autre esprit. Du droit divin des rois, il n'est plus guère parlé, et le droit des peuples commence à se dessiner nettement.

Bien des événements avaient contribué à préparer une pareille évolution : guerres malheureuses, famines, impôts, misère générale de la fin du règne de Louis XV, etc. Lentement ébranlé, le respect de l'autorité monarchique avait été remplacé par une révolte des esprits prête à se manifester dès que s'en présenterait l'occasion.

Toute armature mentale qui commence à se dissocier se désagrège rapidement ensuite. C'est pourquoi, au moment de la Révolution, on vit se propager si vite des idées nullement nouvelles, mais jusqu'alors restées sans influence, faute d'avoir rencontré le terrain où elles pouvaient germer.

On les avait répétées cependant bien des fois, en effet, les idées qui séduisirent à ce moment les esprits. Elles inspiraient depuis longtemps la politique des Anglais. Deux mille ans auparavant, les auteurs grecs et latins avaient défendu la liberté, maudit les tyrans et proclamé les droits de la souveraineté populaire.

Les bourgeois qui firent la Révolution, bien qu'ayant appris, ainsi que leurs pères, toutes ces choses dans les livres scolaires, n'en avaient été nullement émus, parce que le moment n'était pas arrivé, où elles pouvaient les émouvoir. Comment le peuple aurait-il pu en être frappé davantage à l'époque où on l'habituait à respecter comme des nécessités naturelles toutes les hiérarchies ?

La véritable action des philosophes sur la genèse de la Révolution, ne fut pas celle qui leur est attribuée généralement. Ils ne révélèrent rien de nouveau, mais développèrent l'esprit critique auquel les dogmes ne résistent pas lorsque leur désagrégation est déjà préparée.

Sous l'influence du développement de cet esprit critique, les choses qui commençaient à ne plus être très respectées le devinrent de moins en moins. Quand le prestige et la tradition furent évanouis, l'édifice social s'écroula brusquement.

Cette désagrégation progressive finit par descendre jusqu'au peuple, mais ne fut pas commencée par lui. Le peuple suit les exemples et ne les crée jamais.

Les philosophes qui n'auraient pu exercer aucune influence sur le peuple en exercèrent une très grande sur les classes éclairées de la nation. La noblesse désœuvrée, tenue depuis longtemps à l'écart des fonctions, et par conséquent frondeuse, s'était mise à leur remorque. Incapable de rien prévoir, elle fut la première à ébranler toutes les traditions qui constituaient cependant son unique raison d'être. Aussi saturée d'humanitarisme et de rationalisme que la bourgeoisie d'aujourd'hui, elle ne cessait de saper par des critiques ses propres privilèges. C'était, toujours comme aujourd'hui, parmi les favorisés de la fortune que se rencontraient le plus d'ardents réformateurs. L'aristocratie encourageait les dissertations sur le contrat social, les droits de l'homme, l'égalité des citoyens. Elle applaudissait les pièces de théâtre critiquant les privilèges, l'arbitraire, l'incapacité des gens en place et les abus de toutes sortes.

Aussitôt que les hommes perdent confiance dans les fondements de l'armature mentale dirigeant leur conduite, ils en éprouvent du malaise puis du mécontentement. Toutes les classes sentaient s'évanouir lentement leurs anciennes raisons d'agir. Ce qui avait eu du prestige à leurs yeux depuis des siècles n'en possédait plus.

L'esprit frondeur des écrivains et de la noblesse n'aurait pas suffi à ébranler le poids fort lourd des traditions, mais son action se superposait à d'autres influences profondes. Nous avons dit plus haut, en citant Bossuet, que sous l'ancien régime, le gouvernement religieux et le gouvernement civil, très séparés de nos jours, se trouvaient intimement liés. Toucher à l'un était nécessairement atteindre l'autre. Or, avant même que l'idée monarchique fût ébranlée, la force de la tradition religieuse était très entamée chez les cerveaux cultivés. Les progrès constants de la connaissance avaient fait passer de plus en plus les esprits de la théologie à la science en opposant la vérité observée à la vérité révélée.

Cette évolution mentale, bien qu'assez imprécise encore, permettait d'apercevoir cependant que les traditions ayant guidé les hommes durant des siècles, n'avaient pas la valeur qu'on leur attribuait, et qu'il deviendrait peut-être nécessaire de les remplacer.

Mais où découvrir les éléments nouveaux pouvant se substituer à la tradition ? Où chercher la baguette magique capable d'élever un autre édifice social, sur les débris de celui dont on ne se contentait plus ?

L'accord fut unanime pour attribuer à la raison la puissance que la tradition et les dieux semblaient avoir perdue. Comment douter de sa force ? Ses découvertes ayant été innombrables, n'était-il pas légitime de supposer, qu'appliquée à la construction des sociétés, elle les transformerait entièrement ? Son rôle possible grandit donc très vite dans les esprits à mesure que la tradition leur semblait plus méprisable.

Ce pouvoir souverain attribué à la raison doit être considéré comme l'idée culminante qui, non seulement engendra la Révolution, mais encore la gouverna tout entière. Pendant sa durée, les hommes se livrèrent aux plus persévérants efforts pour briser le passé, et édifier les sociétés sur un plan nouveau dicté par la logique.

Descendues lentement dans le peuple, les théories rationalistes des philosophes se résumèrent pour lui dans cette simple notion, que toutes les choses considérées jadis comme respectables ne l'étaient pas. Les hommes étant déclarés égaux, les anciens maîtres ne devaient plus être obéis.

La multitude s'habitua facilement à ne plus respecter ce que les classes supérieures avaient elles-mêmes cessé de respecter. Quand la barrière du respect fut tombée, la Révolution était faite.

La première conséquence de cette mentalité nouvelle fut une insubordination générale. Mme Vigée-Lebrun raconte qu'à la promenade de Longchamp, les gens du peuple montaient sur les marchepieds des carrosses en disant " l'année prochaine, vous serez derrière, et nous serons dedans "

La plèbe n'était pas seule à manifester de l'insubordination et du mécontentement. Ces sentiments furent généraux à la veille de la Révolution : " Le bas clergé, dit Taine, est hostile aux prélats, les gentilshommes de province à la noblesse de cour, le vassal au seigneur, le paysan au citadin, etc. ".

L'état d'esprit qui s'était étendu de la noblesse et du clergé au peuple, envahissait également l'armée. Au moment de l'ouverture des États Généraux, Necker disait : " Nous ne sommes pas sûrs des troupes ". Les officiers devenaient humanitaires et philosophaient. Les soldats, recrutés d'ailleurs dans la plus basse classe de la population, ne philosophaient pas, mais ils n'obéissaient plus. Dans leurs faibles cervelles, les idées d'égalité signifiaient simplement la suppression des chefs et par conséquent de toute obéissance. En 1790, plus de vingt régiments menaçaient leurs officiers et quelquefois, comme à Nancy, les mettaient en prison.

L'anarchie mentale qui, après avoir sévi sur toutes les classes de la société, envahissait l'armée, fut la cause principale de la disparition de l'ancien régime.

> " C'est la défection de l'armée gagnée aux idées du Tiers, écrivait Rivarol, qui a anéanti la royauté. "

§ 2. — RÔLE SUPPOSÉ DES PHILOSOPHES DU XVIIIE SIÈCLE DANS LA GENÈSE DE LA RÉVOLUTION. LEUR ANTIPATHIE POUR LA DÉMOCRATIE.

Si les philosophes, supposés inspirateurs de la Révolution française, combattirent certains préjugés et abus, on ne doit nullement pour cela les considérer comme partisans du gouvernement populaire. La démocratie, dont ils avaient étudié le rôle dans l'histoire grecque, leur était généralement fort antipathique. Ils n'ignoraient pas, en effet, les destructions et les violences qui en sont l'invariable cortège et savaient qu'au temps d'Aristote, elle était déjà définie :

> " Un État, où toute chose, les lois même dépendent de la multitude érigée en tyran et gouvernée par quelques déclamateurs ".

Pierre Bayle, véritable ancêtre de Voltaire, rappelait dans les termes suivants les conséquences produites par le gouvernement populaire à Athènes :

> " Si l'on voyait une histoire qui étalât avec beaucoup d'étendue les tumultes des assemblées ; les factions qui divisaient cette ville ; les séditions qui l'agitaient ; les sujets les plus illustres, persécutés, exilés, punis de mort au gré d'un harangueur violent ; on se persuaderait que ce peuple, qui se piquait tant de liberté, était, dans le fond, l'esclave d'un petit nombre de cabalistes, qu'il appelait démagogues et qui le faisaient tourner tantôt d'un côté, tantôt de l'autre, selon qu'ils changeaient de passions, à peu près comme la mer pousse les flots tantôt d'un côté, tantôt de l'autre, selon les vents qui l'agitent. Vous chercheriez en vain dans la Macédoine, qui était une monarchie, autant d'exemples de tyrannie que l'histoire athénienne vous en présente. "

La démocratie ne séduisit pas davantage Montesquieu. Après avoir

CHAPITRE III. L'ANARCHIE MENTALE AU MOMENT DE LA RÉVO...

décrit les trois formes de gouvernement : le républicain, le monarchique et le despotique, il montra fort bien ce que devient facilement le gouvernement populaire.

> " On était libre avec des lois, on veut être libre contre elles ; ce qui était maxime, on l'appelle rigueur ; ce qui était règle, on l'appelle gêne. Autrefois le bien des particuliers faisait le trésor public ; mais pour lors le trésor public devient le patrimoine des particuliers. La République est une dépouille ; et sa force n'est plus que le pouvoir de quelques citoyens et la licence de tous.
>
> ... Il se forme de petits tyrans qui ont tous les vices d'un seul. Bientôt ce qui reste de liberté devient insupportable ; un seul tyran s'élève, et le peuple perd tout, jusqu'aux avantages de sa corruption.
>
> La démocratie a donc deux excès à éviter : l'esprit d'égalité extrême, qui la conduit au despotisme d'un seul, comme le despotisme d'un seul finit par la conquête. "

L'idéal de Montesquieu était le gouvernement constitutionnel anglais qui empêchait la monarchie de dégénérer en despotisme. L'influence de ce philosophe fut du reste très faible, au moment de la Révolution.

Quant aux encyclopédistes auxquels on attribue également un grand rôle, ils ne s'occupent guère de politique, sauf peut être d'Holbach, monarchiste libéral comme Voltaire et Diderot. Ils défendent surtout la liberté individuelle, combattent les empiétements de l'Église alors très intolérante et ennemie des philosophes. N'étant ni socialistes ni démocrates, la Révolution n'eut à utiliser aucun de leurs principes. Voltaire lui-même se montrait peu partisan de la démocratie :

> " La démocratie, dit-il, ne semble convenir qu'à un tout petit pays, encore faut-il qu'il soit heureusement situé. Tout petit qu'il sera, il fera beaucoup de fautes, parce qu'il sera composé d'hommes. La discorde y régnera comme dans un couvent de moines ; mais il n'y aura ni Saint-Barthélemy, ni massacres d'Irlande, ni Vêpres siciliennes, ni Inquisition, ni condamnation aux galères, pour avoir pris de l'eau dans la mer sans payer, à moins qu'on ne suppose cette république composée de diables dans un coin de l'enfer. "

Tous ces prétendus inspirateurs de la Révolution avaient donc des opinions fort peu subversives, et il est vraiment difficile de leur attribuer une influence sérieuse sur le développement du mouvement révolutionnaire. Rousseau fut un des bien rares philosophes démocrates de son époque et c'est pourquoi le Contrat social devint la bible des hommes de la Terreur. Il semblait fournir la justification rationnelle nécessaire pour excuser des actes dérivés d'impulsions mystiques et affectives inconscientes qu'aucune philosophie n'avait inspirés.

À vrai dire, d'ailleurs, les instincts démocratiques de Rousseau étaient assez suspects. Il considérait lui-même que ses projets de réorganisation sociale basés sur la souveraineté populaire ne seraient applicables qu'à une très petite cité. Et lorsque les Polonais lui demandèrent un projet de constitution démocratique, il leur donna le conseil de choisir un roi héréditaire.

Parmi les théories de Rousseau, celle relative à la perfection de l'état social primitif eut beaucoup de succès. Il assurait, avec divers écrivains de son époque, que les hommes primitifs étaient parfaits, et n'avaient été corrompus que par les sociétés. En modifiant ces dernières au moyen de bonnes lois, on ramènerait le bonheur des premiers âges. Étranger à toute psychologie, il croyait les hommes identiques à travers le temps et l'espace et les considérait comme devant être tous régis par les mêmes institutions et les mêmes lois. C'était alors la croyance générale. " Les vices et les vertus d'un peuple, écrivait Helvétius, sont toujours un effet nécessaire de sa législation… " Comment douter que la vertu ne soit chez tous les peuples l'effet de la sagesse plus ou moins grande de l'administration ?

On ne saurait errer davantage.

§ 3. — LES IDÉES PHILOSOPHIQUES DE LA BOURGEOISIE AU MOMENT DE LA RÉVOLUTION.

Il est assez difficile de préciser les conceptions philosophiques et sociales d'un bourgeois français au moment de la Révolution. Elles se ramenaient à quelques formules sur la fraternité, l'égalité, le gouvernement populaire, résumées dans la célèbre déclaration des Droits de l'homme dont nous aurons l'occasion de reproduire des fragments.

Les philosophes du XVIIIe siècle ne paraissent pas avoir exercé sur les hommes de la Révolution un grand prestige. Rarement, en effet, sont-ils cités dans les discours. Hypnotisés par leurs souvenirs classiques de la Grèce et de Rome, les nouveaux législateurs relisaient Platon et Plutarque. Ils voulaient faire revivre la constitution de Sparte, ses mœurs, sa vie frugale et ses lois.

Lycurgue, Solon, Miltiade, Manlius Torquatus, Brutus, Mucius

CHAPITRE III. L'ANARCHIE MENTALE AU MOMENT DE LA RÉVO...

Scævola, le fabuleux Minos lui-même, devinrent aussi familiers à la tribune qu'au théâtre et le public se passionnait pour eux. Les ombres des héros du monde antique planèrent toujours sur les assemblées révolutionnaires. La postérité seule devait y faire planer celle des philosophes du XVIIIe siècle.

On voit donc qu'en réalité les hommes de cette période, généralement représentés comme de hardis novateurs guidés par des philosophes subtils, ne prétendaient nullement innover, mais revenir à un passé enseveli depuis longtemps dans les incertitudes de l'histoire et auquel d'ailleurs, ils ne comprirent jamais rien.

Les plus raisonnables, qui ne prenaient pas si loin leurs modèles, songeaient simplement à adopter le régime constitutionnel anglais, dont Montesquieu et Voltaire avaient vanté les avantages et que tous les peuples devaient finir par imiter sans crise violente.

Leurs ambitions se bornaient à perfectionner la monarchie existante, et non à la renverser. Mais en temps de révolution, les voies parcourues sont souvent fort différentes de celles qu'on se proposait de parcourir. À l'époque de la convocation des États Généraux, personne n'aurait jamais supposé qu'une révolution de bourgeois pacifiques et lettrés se transformerait rapidement en une des plus sanguinaires dictatures de l'histoire.

CHAPITRE IV. LES ILLUSIONS PSYCHOLOGIQUES DE LA RÉVOLUTION FRANÇAISE

§ 1. — LES ILLUSIONS SUR L'HOMME PRIMITIF, SUR LE RETOUR À L'ÉTAT DE NATURE ET SUR LA PSYCHOLOGIE POPULAIRE.

Nous avons déjà rappelé, et nous y reviendrons encore, que les erreurs d'une doctrine ne nuisant pas à sa propagation, son influence sur les esprits doit seule être considérée.

Mais si la critique des erreurs ne présente guère d'utilité pratique, elle est fort intéressante au point de vue psychologique. Le philosophe désireux de découvrir comment s'impressionnent les hommes devra toujours étudier avec soin les illusions dont ils vécurent. Jamais peut-être, dans le cours de l'histoire, ces dernières n'apparurent aussi profondes et aussi nombreuses qu'au moment de la Révolution.

Une des plus manifestes fut la conception singulière qu'on se faisait de la nature de nos premiers ancêtres et des sociétés primitives. L'anthropologie n'ayant pas révélé encore les conditions d'existence de nos lointains aïeux, ou admettait, sous l'influence des récits bibliques, que l'homme était sorti parfait des mains du Créateur. Les premières sociétés constituaient des modèles, altérés plus tard par la civilisation et auxquels il fallait revenir. Le retour à l'état de nature devint bientôt le cri général. " Le principe fondamental de toute morale sur lequel j'ai raisonné dans mes écrits, disait Rousseau, est que l'homme est un être naturellement bon, aimant la justice et l'ordre. "

La science moderne, en déterminant d'après les débris de leur industrie les conditions d'existence de nos premiers ancêtres, a depuis longtemps montré l'erreur de cette doctrine. L'homme primitif est devenu pour elle une brute féroce ignorant, tout comme le sauvage moderne, la bonté, la morale et la pitié. Gouverné uniquement par ses impulsions instinctives, il se précipitait sur sa proie quand la faim le poussait hors de sa caverne, et se ruait sur son ennemi dès que la haine l'excitait. La raison n'étant pas née encore, ne pouvait avoir aucune prise sur ses instincts.

Le but de la civilisation, contrairement à toute la croyance révolutionnaire, n'a pas été de revenir à l'état de nature, mais bien d'en sortir. Ce fut justement parce que les Jacobins ramenèrent l'homme à l'état primitif en détruisant tous les freins sociaux sans lesquels aucune civilisation ne peut exister, qu'ils transformèrent une société policée en horde barbare.

Les idées des théoriciens sur la nature de l'homme valaient à peu près celles d'un général romain sur la puissance des augures. Leur influence comme mobile d'action fut cependant considérable. La Convention s'en inspira toujours.

Les erreurs concernant nos primitifs ancêtres étaient assez excusables, puisque avant les découvertes modernes leurs véritables conditions d'existence restaient profondément inconnues. L'ignorance complète de la psychologie des hommes qui entouraient les théoriciens de la Révolution est beaucoup moins explicable.

Il semble vraiment que philosophes et écrivains du XVIIIe siècle aient été totalement dépourvus de la moindre faculté d'observation. Ils ont vécu au milieu de leurs contemporains sans les voir ni les comprendre. L'âme populaire notamment ne fut jamais soupçonnée par eux. L'homme du peuple leur apparaissait toujours moulé sur le modèle chimérique enfanté par leurs rêves. Aussi ignorants de la psychologie que des enseignements de l'histoire, ils le considéraient comme naturellement bon, affectueux, reconnaissant et toujours prêt à écouter la raison.

Les discours des Constituants montrent la profondeur de leurs illusions. Quand les paysans commencèrent à brûler les châteaux, ils en furent très étonnés et leur adressèrent des harangues sentimentales pour les prier de cesser, afin de ne pas " faire de la peine à leur bon roi " et les adjurèrent " de l'étonner par leurs vertus ".

§ 2. — LES ILLUSIONS SUR LA POSSIBILITÉ DE SÉPARER L'HOMME DE SON PASSÉ ET SUR LA PUISSANCE TRANSFORMATRICE ATTRIBUÉE AUX LOIS.

Un des principes qui servirent de base aux institutions révolutionnaires fut que l'homme est facilement séparable de son passé et qu'une société peut être refaite de toutes pièces avec des institutions. Persuadés, d'après la lumière de la raison, qu'en dehors des âges primitifs devant servir de modèles, le passé représentait un héritage de superstitions et d'erreurs, les législateurs résolurent de rompre entièrement avec lui. Pour bien marquer cette intention, ils fondèrent une ère nouvelle, transformèrent le calendrier, changèrent les noms des mois et des saisons.

Supposant tous les hommes semblables, ils pensaient pouvoir légiférer pour le genre humain. Condorcet s'imaginait émettre une vérité évidente en disant " Une bonne loi doit être bonne pour tous les hommes comme une proposition de géométrie est vraie pour tous. "

Les théoriciens de la Révolution n'entrevirent jamais, derrière les choses visibles, les ressorts invisibles qui les mènent. Il fallut tous les progrès des sciences biologiques pour montrer combien étaient lourdes leurs erreurs et à quel point un être quelconque dépend de son passé.

À cette influence du passé, les réformateurs de la Révolution se heurtèrent toujours sans jamais la comprendre. Ils voulaient l'anéantir, et furent anéantis par elle.

La foi des législateurs dans la puissance absolue attribuée aux institutions et aux lois assez ébranlée à la fin de la Révolution, fut à ses débuts complète. Grégoire disait à la tribune de l'Assemblée constituante sans provoquer aucun étonnement : " Nous pourrions, si nous le voulions, changer la religion, mais nous ne le voulons pas. " On sait qu'ils le voulurent plus tard, et on sait aussi combien misérablement échoua leur tentative.

Les Jacobins eurent cependant entre les mains tous les éléments de succès. Grâce à la plus dure des tyrannies, les obstacles étaient brisés, les lois qu'il leur plaisait d'imposer toujours acceptées. Après dix ans de violences, de ruines, d'incendies, de massacres et de bouleversements, leur impuissance se révéla si éclatante qu'ils tombèrent sous la réprobation universelle. Le dictateur réclamé alors par la France entière fut obligé de rétablir la plus grande partie de ce qui avait été détruit.

La tentative des Jacobins pour refaire la société au nom de la raison pure, constitue une expérience du plus haut intérêt. L'occasion ne sera probablement pas donnée à l'homme de la répéter sur une pareille échelle.

Bien que la leçon ait été terrible, elle ne semble pas cependant suffisante à beaucoup d'esprits, puisque de nos jours encore, nous voyons les socialistes proposer de refaire de toutes pièces une société d'après leurs plans chimériques.

§ 3. — LES ILLUSIONS SUR LA VALEUR THÉORIQUE DES GRANDS PRINCIPES RÉVOLUTIONNAIRES.

Les principes fondamentaux sur lesquels la Révolution se basa pour édifier un droit nouveau sont contenus dans les Déclarations des Droits de l'Homme, formulées successivement en 1789, 1793 et 1795. Elles sont d'accord pour proclamer que : " Le principe de la souveraineté réside dans la nation. "

Les trois déclarations varient d'ailleurs sur plusieurs points, l'égalité notamment. Celle de 1789 dit simplement, article 1er : " Les hommes naissent et demeurent libres et égaux en droits. " Celle de 1793 va plus loin et assure, article 3 : " Tous les hommes sont égaux par la nature. " Celle de 1795 est plus modeste et dit, article 3 : " L'égalité consiste en ce que la loi est la même pour tous. " En outre, après avoir parlé des droits, la dernière Déclaration croit utile de parler des devoirs. Sa morale n'est autre que celle de l'Évangile. Article 2 : " Tous les devoirs de l'homme et du citoyen dérivent de ces deux principes gravés par la nature dans tous les cœurs : ne faites pas à autrui ce que vous ne voudriez pas qu'on vous fît ; faites constamment aux autres le bien que vous voudriez en recevoir. "

Les parties essentielles de ces proclamations, les seules qui aient réellement survécu, furent l'égalité et la souveraineté populaire.

Malgré la faiblesse de son contenu rationnel, le rôle de la devise républicaine " Liberté, égalité, fraternité " fut considérable.

Cette formule magique, restée gravée sur nos murs en attendant qu'elle le soit dans nos cœurs, a possédé réellement la puissance surnaturelle attribuée par les sorciers à certaines paroles.

En raison des espoirs nouveaux suscités par ses promesses, son pouvoir d'expansion fut considérable. Des milliers d'hommes se firent tuer pour elle. De nos jours encore, quand une révolution éclate quelque part dans le monde, la même formule est toujours invoquée.

Son choix fut très heureux. Elle appartient à cette catégorie de sentences imprécises, évocatrices de rêves, que chacun est libre d'interprêter au gré de ses désirs, de ses haines et de ses espérances. En matière de foi, le sens réel des mots importe assez peu, celui qu'on leur attache crée leur puissance.

Des trois principes de la devise révolutionnaire, l'égalité engendra le plus de conséquences. Nous verrons dans une autre partie de cet ouvrage que c'est à peu près le seul ayant survécu et dont les effets se manifestent encore.

Ce n'est pas assurément la Révolution qui introduisit l'idée d'égalité dans le monde. Sans même remonter aux républiques grecques, on peut remarquer que la théorie égalitaire avait été enseignée de la façon la plus nette par le christianisme et l'islamisme. Tous les hommes, sujets d'un même Dieu, étaient égaux devant lui, et jugés uniquement d'après leurs mérites. Le dogme de l'égalité des âmes devant le Créateur fut un dogme essentiel aussi bien chez les musulmans que chez les chrétiens.

Mais proclamer un principe ne suffit pas à le faire observer. L'Église chrétienne renonça vite à son égalité théorique, et les hommes de la Révolution n'en tinrent compte que dans leurs discours.

Le sens du terme égalité varie suivant les catégories de personnes qui en font usage. Il cache souvent des sentiments très contraires à son sens réel et représente alors l'impérieux besoin de n'avoir personne au-dessus de soi, joint au désir non moins vif d'en sentir au-dessous.

Chez les Jacobins de la Révolution, comme chez ceux de nos jours, le mot égalité traduisait simplement une haine jalouse de toutes les supériorités. Pour les effacer, ils prétendaient unifier les mœurs, les manières, les costumes, les situations. Tout despotisme, autre que celui exercé par eux, leur semblait odieux.

Ne pouvant éviter les inégalités naturelles qui les choquaient, ils les nièrent. La seconde Déclaration des Droits de l'Homme, celle de 1793, rappelée plus haut, affirme, contrairement à l'évidence, que :

" Tous les hommes sont égaux par la nature. "

Il semble bien que la soif ardente de l'égalité n'ait caché chez beaucoup d'hommes de la Révolution qu'un intense besoin d'inégalités. Napoléon fut obligé de rétablir pour eux les titres nobiliaires et les décorations. Après avoir montré que ce fut chez les plus farouches révolutionnaires qu'il trouva ses plus dociles instruments de règne, Taine ajoute :

CHAPITRE IV. LES ILLUSIONS PSYCHOLOGIQUES DE LA RÉVOLU...

" Tout de suite, sous leurs prêches de liberté et d'égalité, il a démêlé leurs instincts autoritaires, leur besoin de commander, de primer, même en sous-ordre, et par surcroît, chez la plupart d'entre eux, les appétits d'argent ou de jouissance. Entre le délégué du Comité de Salut public et le ministre, le préfet ou sous-préfet de l'Empire la différence est petite : c'est le même homme sous deux costumes, d'abord en carmagnole, puis en habit brodé. "

Le dogme de l'égalité eut pour première conséquence la proclamation, par la bourgeoisie, de la souveraineté populaire. Cette souveraineté demeura, du reste, très théorique pendant toute la durée de la Révolution.

Le principe d'égalité fut le legs durable de la Révolution. Les deux termes liberté et fraternité qui l'encadrent dans la devise républicaine eurent toujours une action très faible. On peut même dire qu'elle fut totalement nulle pendant toute la durée de la Révolution et de l'Empire, et ne servit qu'à orner les discours.

Leur influence ne fut guère plus grande ensuite. La fraternité n'a jamais été pratiquée, et de la liberté, les peuples se sont toujours peu souciés. Actuellement les ouvriers l'ont complètement abandonnée à leurs syndicats.

En résumé, bien que la devise républicaine ait été peu appliquée, elle eut une influence très grande. De la Révolution, il n'est guère resté dans l'âme populaire que les trois mots célèbres résumant son évangile et que ses armées propagèrent à travers l'Europe.

LIVRE II. LES INFLUENCES RATIONNELLES, AFFECTIVES, MYSTIQUES ET COLLECTIVES PENDANT LA RÉVOLUTION

CHAPITRE I. PSYCHOLOGIE DE L'ASSEMBLÉE CONSTITUANTE

§ 1. — INFLUENCES PSYCHOLOGIQUES INTERVENUES DANS LA RÉVOLUTION FRANÇAISE.

Dans la genèse de la Révolution aussi bien que dans sa durée, sont intervenus des éléments rationnels, affectifs, mystiques et collectifs régis chacun par des logiques différentes. C'est, je l'ai dit déjà, pour n'avoir pas su dissocier leurs influences respectives que tant d'historiens ont si mal interprété cette période.

L'élément rationnel généralement invoqué comme moyen d'explication, exerça en réalité l'action la plus faible. Il prépara la Révolution française mais se maintint seulement à ses débuts tant qu'elle resta exclusivement bourgeoise. Son action se manifesta dans beaucoup de mesures telles que les projets de réforme des impôts, la suppression des privilèges d'une noblesse inutile, etc.

Dès que la Révolution pénétra dans le peuple, l'influence de l'élément rationnel s'évanouit vite devant celle des éléments affectifs et collectifs. Quant aux éléments mystiques, soutiens de la foi révolutionnaire, ils fanatisèrent les armées et propagèrent à travers le monde la nouvelle croyance.

Nous verrons apparaître successivement dans les faits et dans la psychologie des individus ces diverses influences. La plus importante peut-être fut l'influence mystique. La Révolution ne se comprend bien, on ne saurait trop le répéter, que considérée comme la formation d'une croyance religieuse. Ce que nous avons dit ailleurs de toutes les croyances peut donc lui être également appliqué. En se reportant, par exemple, au précédent chapitre sur la Réforme, on verra qu'elle présente plus d'une analogie avec la Révolution.

Après avoir perdu beaucoup de temps à montrer la faible valeur rationnelle des croyances, les philosophes commencent aujourd'hui à mieux interpréter leur rôle. Ils ont bien été forcés de constater que seules, elles possèdent une influence suffisante pour transformer tous les éléments d'une civilisation.

Elles s'imposent hors de la raison et possèdent la puissance d'orienter les pensées et les sentiments dans une même direction. La raison pure n'eut jamais un tel pouvoir, ce n'est pas elle qui passionne les hommes.

La forme religieuse rapidement revêtue par la Révolution explique son pouvoir d'expansion et le prestige qu'elle exerça et exerce encore,

Peu d'historiens comprirent que ce grand mouvement devait être considéré comme la fondation d'une religion nouvelle. Le pénétrant Tocqueville est, je crois, le premier à l'avoir pressenti.

> " La Révolution française, dit-il, est une révolution politique qui a opéré à la manière et qui a pris en quelque chose l'aspect d'une révolution religieuse. Voyez par quels traits réguliers et caractéristiques, elle achève de ressembler à ces dernières : non seulement elle se répand au loin comme elles, mais, comme elles, elle y pénètre par la prédication et la propagande. Une révolution politique qui inspire le prosélytisme ; qu'on prêche aussi ardemment aux étrangers qu'on l'accomplit avec passion chez soi ; considérez quel nouveau spectacle. "

Le côté religieux de la Révolution étant admis, on s'explique facilement ses fureurs et ses dévastations. L'histoire nous les montre en effet accompagnant toujours la naissance des croyances. La Révolution devait donc, elle aussi, provoquer les intolérances et les violences qu'exigent de leurs adeptes les dieux triomphants. Elle a bouleversé l'Europe pendant vingt ans, ruiné la France, fait périr des millions d'hommes et coûté plusieurs invasions, mais ce n'est généralement qu'au prix de pareilles catastrophes qu'un peuple peut changer de croyances.

Si l'élément mystique est toujours le fondement ces croyances, certains éléments affectifs et rationnels s'y superposent bientôt. La croyance sert ainsi de groupement à des sentiments, des passions, des intérêts du domaine de l'affectif. La raison enveloppe ensuite le tout pour

CHAPITRE I. PSYCHOLOGIE DE L'ASSEMBLÉE CONSTITUANTE

tâcher de justifier des événements auxquels cependant elle ne prit aucune part.

Au moment de la Révolution, chacun, selon ses aspirations, habilla la croyance nouvelle d'un vêtement rationnel différent. Les peuples y virent seulement la suppression des hiérarchies et des despotismes religieux et politiques dont ils avaient si souvent souffert. Des écrivains comme Goethe, des penseurs comme Kant, s'imaginèrent y découvrir le triomphe de la raison. Des étrangers comme Humboldt venaient en France " pour respirer l'air de la liberté et assister aux funérailles du despotisme ".

Ces illusions intellectuelles ne durèrent pas longtemps. Le déroulement du drame révéla vite les vrais fondements du rêve.

§ 2. — DISSOLUTION DE L'ANCIEN RÉGIME. — RÉUNION DES ÉTATS GÉNÉRAUX.

Avant de se réaliser dans des actes, les révolutions s'ébauchent dans les pensées. Préparée par les causes étudiées plus haut, la Révolution française commence en réalité avec le règne de Louis XVI. Chaque jour plus mécontente et frondeuse, la bourgeoisie accumulait ses réclamations. Tout le monde appelait des réformes.

Louis XVI en comprenait bien l'utilité, mais il était trop faible pour les imposer à la noblesse et au clergé. Il ne put même pas soutenir ses ministres réformateurs Malesherbes et Turgot. Par suite des famines et de l'accroissement des impôts, la misère de toutes les classes grandissait, les grosses pensions obtenues par l'entourage du souverain faisaient un contraste choquant avec la détresse générale.

Les notables convoqués pour tâcher de remédier à la situation financière refusèrent l'égalité des impôts et accordèrent seulement d'insignifiantes réformes que le Parlement ne consentit même pas à enregistrer. Il fallut le dissoudre. Les Parlements de province firent cause commune avec celui de Paris et se virent également dispersés. Mais ils étaient les maîtres de l'opinion et la poussèrent partout à réclamer la réunion des États Généraux qui n'avaient pas été convoqués depuis près de deux siècles.

Elle fut décidée. Cinq millions de Français, dont 100.000 ecclésiastiques et 150.000 nobles, envoyèrent leurs représentants. Il y eut en tout 1.200 députés dont 578 du Tiers se composant surtout de magistrats, d'avocats et de médecins. Sur les 300 députés du clergé, 200, roturiers d'origine, étaient de cœur avec le Tiers contre la noblesse et le clergé.

Dès les premières réunions, on vit se manifester des conflits psychologiques entre les députés de conditions sociales inégales et par conséquent de mentalités différentes. Les costumes magnifiques des députés privilégiés contrastaient d'une façon humiliante avec la sombre tenue du Tiers-État.

À la première séance, les membres de la noblesse et du clergé se couvrirent, suivant la prérogative de leur caste, devant le roi. Ceux du Tiers voulurent les imiter, mais les privilégiés protestèrent. Le lendemain, de nouveaux conflits d'amour-propre éclatèrent. Les députés du Tiers-État invitèrent ceux de la noblesse et du clergé qui siégeaient dans des salles séparées à se réunir avec eux pour la vérification des pouvoirs. La noblesse refusa. Les pourparlers durèrent plus d'un mois. Finalement, les députés du Tiers, sur la proposition de l'abbé Sieyès, considérant qu'ils représentaient 95 p. 100 de la nation, se déclarèrent constitués en Assemblée nationale. La Révolution commencée allait dérouler son cours.

§ 3. — L'ASSEMBLÉE CONSTITUANTE.

La force d'une assemblée politique est faite surtout de la faiblesse de ses adversaires. Étonnée du peu de résistance qu'elle rencontrait et entraînée par l'ascendant de quelques orateurs, l'Assemblée constituante, dès ses débuts, parla et agit en souveraine. Elle s'arrogea notamment le pouvoir de décréter des impôts, grave atteinte aux prérogatives de la puissance royale.

La résistance de Louis XVI fut assez faible. Il fit simplement fermer la salle des Etats. Les députés se rendirent alors dans celle du Jeu de Paume et y prêtèrent le serment de ne pas se séparer jusqu'à ce que la Constitution du royaume fût établie.

La majorité des députés du clergé vint siéger avec eux. Le roi cassa la décision de l'Assemblée et ordonna aux députés de se retirer. Le marquis de Dreux-Brézé, grand maître des cérémonies, les ayant invités à exécuter l'ordre du souverain, le président de l'Assemblée déclara que la nation assemblée ne peut pas recevoir d'ordres, et Mirabeau répondit à l'envoyé du souverain que réunie par la volonté du peuple l'Assemblée ne sortirait que par la force des baïonnettes. Le roi céda encore.

Le 9 juin, la réunion des députés prenait le titre d'Assemblée Constituante. Pour la première fois depuis des siècles, le roi était forcé de reconnaître l'existence d'un nouveau pouvoir, jadis ignoré, celui du peuple représenté par ses élus. La monarchie absolue avait pris fin.

Se sentant de plus en plus menacé, Louis XVI appela autour de Versailles des régiments composés de mercenaires étrangers. L'Assemblée

CHAPITRE I. PSYCHOLOGIE DE L'ASSEMBLÉE CONSTITUANTE

demanda le retrait des troupes, Louis XVI refusa et renvoya Necker, le remplaçant par le maréchal de Broglie, réputé très autoritaire.

Mais l'Assemblée avait à son service d'habiles défenseurs. Camille Desmoulins et d'autres haranguaient partout la foule, l'appelant à la défense de la liberté. Ils firent sonner le tocsin, organisèrent une milice de 12.000 hommes, s'emparèrent aux Invalides de fusils et de canons et dirigèrent le 14 juillet des bandes armées sur la Bastille. La forteresse, à peine défendue, capitula en quelques heures. On y trouva sept prisonniers dont un idiot et quatre accusés de faux.

La Bastille, prison de bien des victimes de l'arbitraire, symbolisait pour beaucoup l'absolutisme royal, mais le peuple qui la démolit n'avait pas eu à en souffrir. On n'y enfermait guère que les gens de la noblesse.

L'influence exercée par la prise de cette forteresse s'est continuée jusqu'à nos jours. De graves historiens comme M. Rambaud assurent que " la prise de la Bastille est un fait culminant dans l'histoire non seulement de la France, mais de l'Europe entière, et qu'elle inaugurait une époque nouvelle de l'histoire du monde ".

Une telle crédulité est un peu excessive. L'importance de cet événement résidait uniquement dans ce fait psychologique que pour la première fois, il donnait au peuple une preuve évidente de la faiblesse d'une autorité, jadis très redoutée.

Quand le principe d'autorité est touché dans l'âme populaire, il se dissout très vite. Que ne pouvait-on exiger d'un roi incapable de défendre sa principale forteresse contre les attaques populaires ? Le maître considéré comme tout-puissant avait cessé de l'être.

La prise de la Bastille fut l'origine d'un de ces phénomènes de contagion mentale qui abondent dans l'histoire de la Révolution. Les troupes de mercenaires étrangers, bien que ne pouvant guère s'intéresser à ce mouvement, commencèrent à présenter des symptômes de mutinerie. Louis XVI en fut réduit à accepter leur dislocation. Il rappela Necker, se rendit à l'Hôtel de Ville, sanctionna par sa présence les faits accomplis, puis accepta de La Fayette, commandant la garde nationale, la nouvelle cocarde bleue, blanche et rouge, qui alliait les couleurs de la ville de Paris à celles du roi.

Si l'émeute dont résulta la prise de la Bastille ne peut être nullement considérée " comme un fait culminant dans l'histoire " elle marque cependant le moment précis où commence le gouvernement populaire. Le peuple armé interviendra désormais chaque jour dans les délibérations des assemblées révolutionnaires et pèsera lourdement sur leur conduite.

Cette intervention du peuple, conforme au dogme de sa souveraineté, a provoqué l'admiration respectueuse de beaucoup d'historiens de la Révolution. Une étude, même superficielle, de la psychologie des foules, leur eut facilement montré que l'entité mystique appelée par eux le peuple, traduisait simplement la volonté de quelques meneurs. Il ne faut donc pas dire : le peuple a pris la Bastille, attaqué les Tuileries, envahi la Convention, etc., mais bien : quelques meneurs ont réuni — généralement par l'intermédiaire des clubs — des bandes populaires qu'ils ont lancées sur la Bastille, les Tuileries, etc. Ce furent les mêmes foules qui, pendant toute la Révolution, attaquèrent ou défendirent les partis les plus contraires suivant les meneurs qui se trouvaient à leur tête. Une foule n'a jamais que l'opinion de ses chefs.

L'exemple constituant une des formes les plus puissantes de la suggestion, la prise de la Bastille devait être inévitablement suivie de la destruction d'autres forteresses. Beaucoup de châteaux furent considérés comme de petites Bastilles et pour imiter les Parisiens qui avaient détruit la leur, les paysans se mirent à les brûler. Ils le firent avec d'autant plus de frénésie que les demeures seigneuriales contenaient les titres des redevances féodales. Ce fut une sorte de Jacquerie.

L'Assemblée constituante si hautaine et si fière à l'égard du Roi, se montra, comme d'ailleurs toutes les assemblées révolutionnaires qui lui succédèrent, extrêmement pusillanime devant le peuple.

Espérant mettre fin aux désordres, elle adopta dans la nuit du 4 août, sur la proposition d'un membre de la noblesse, le comte de Noailles, l'abolition des droits seigneuriaux. Bien que cette mesure supprimât d'un seul coup les privilèges de la noblesse, elle fut votée avec des larmes et des embrassements. Pareil accès d'enthousiasme sentimental s'explique très bien en se souvenant à quel point les émotions sont contagieuses dans les foules, surtout dans les assemblées déprimées par la peur.

Si cette renonciation des nobles à leurs privilèges s'était produite quelques années plus tôt, la Révolution eût sans doute été évitée, mais elle s'effectua trop tard. Céder seulement quand on y est forcé ne fait qu'accroître les exigences de ceux auxquels on cède. En politique, il faut savoir prévoir et concéder longtemps avant d'y être obligé.

Louis XVI hésita pendant deux mois à ratifier les décisions prises par l'Assemblée dans la nuit du 4 août. Il s'était retiré à Versailles. Les meneurs y expédièrent alors une bande de 7 ou 8.000 hommes et femmes du peuple en lui assurant que la résidence royale contenait de grandes

CHAPITRE I. PSYCHOLOGIE DE L'ASSEMBLÉE CONSTITUANTE

provisions de pain. Les grilles du palais furent forcées, des gardes du corps tués, le Roi et toute sa famille ramenés à Paris au milieu d'une foule hurlante d'individus portant au bout de leurs piques les têtes des soldats massacrés. L'effroyable voyage dura six heures. Ces événements constituèrent ce qu'on a nommé les journées d'octobre.

Le pouvoir populaire grandissait et en réalité le Roi, tout comme l'Assemblée, se trouvait désormais dans les mains du peuple, c'est-à-dire à la merci des clubs et de leurs meneurs. Ce pouvoir populaire devait dominer pendant près de dix ans et la Révolution va devenir presque uniquement son œuvre. Tout en proclamant que le peuple constituait le seul souverain, l'Assemblée était très embarrassée par des émeutes qui dépassaient de beaucoup ses prévisions théoriques. Elle s'imagina que tout rentrerait dans l'ordre en fabriquant une constitution destinée à assurer le bonheur éternel des hommes.

On sait que pendant toute la durée de la Révolution, une des principales occupations des assemblées fut de faire, défaire et refaire des constitutions. Les théoriciens leur attribuaient, comme aujourd'hui encore, le pouvoir de transformer les sociétés. L'Assemblée ne pouvait donc faillir à cette tâche. En attendant, elle publia une déclaration solennelle des droits de l'homme résumant ses principes.

Constitution, proclamations, déclarations et discours n'eurent pas la plus légère action ni sur les mouvements populaires, ni sur les dissentiments qui grandissaient chaque jour au sein de l'Assemblée. Celle-ci subissait de plus en plus l'ascendant du parti avancé, appuyé sur les clubs. Des meneurs influents : Danton, Camille Desmoulins, plus tard Marat et Hébert, excitaient violemment la populace par leurs harangues et leurs journaux. On descendait rapidement la pente conduisant aux extrêmes.

Pendant tous ces désordres, les finances ne s'amélioraient pas. Définitivement convaincue que les discours philanthropiques ne modifieraient pas leur état lamentable, voyant d'ailleurs la banqueroute menaçante, l'Assemblée décréta, le 2 novembre 1789, la confiscation des biens d'Église. Leurs revenus, y compris les dîmes prélevées sur les fidèles, étaient d'environ 200 millions et leur valeur estimée à trois milliards. Ils se trouvaient répartis entre quelques centaines de prélats, abbés de cour, etc., possédant le quart de la France. Ces biens, qualifiés désormais domaines nationaux, formèrent la garantie des assignats dont la première émission fut de 400 millions. Le public les accepta d'abord, mais ils se multiplièrent tellement sous la Convention et le Directoire qui en émirent pour 45 milliards, qu'un assignat de 100 livres finit par valoir seulement quelques sous.

Stimulé par son entourage, le faible Louis XVI essayait, mais vainement, de lutter contre les décrets de l'Assemblée constituante en refusant de les sanctionner.

Sous l'influence des suggestions journalières des meneurs et de la contagion mentale, le mouvement révolutionnaire se propageait partout indépendamment de l'Assemblée et parfois même contre elle.

Dans les villes et les villages se formaient des municipalités révolutionnaires protégées par des gardes nationales locales. Celles des villes voisines commencèrent à s'entendre pour se défendre au besoin. Ainsi se constituèrent des fédérations fondues bientôt ou une seule qui envoya 14.000 gardes nationaux à Paris, au Champ-de-Mars le 14 juillet 1790. Le Roi y jura de maintenir la Constitution décrétée par l'Assemblée nationale.

Malgré ce vain serment, il devenait plus évident chaque jour qu'aucun accord n'était possible entre les principes héréditaires de la monarchie et ceux proclamés par l'Assemblée.

Se sentant complètement impuissant, le roi ne songea plus qu'à fuir. Arrêté à Varennes et ramené à Paris comme un prisonnier, il fut enfermé aux Tuileries. L'Assemblée, quoique toujours royaliste, le suspendit de ses pouvoirs et décida d'assumer seule la charge du gouvernement.

Jamais souverain ne s'était trouvé dans une situation aussi difficile que Louis XVI au moment de sa fuite. Le génie d'un Richelieu eût à peine suffi pour en sortir. L'unique élément de défense sur lequel il pouvait s'appuyer, l'armée, lui avait fait, dès le début, entièrement défaut.

Sans doute, pendant toute la durée de la Constituante, l'immense majorité des Français et l'Assemblée étant restés royalistes, le souverain, en acceptant une monarchie libérale, se serait peut-être maintenu au pouvoir. Louis XVI aurait donc eu, semble-t-il, peu de chose à faire pour s'entendre avec l'Assemblée.

Peu de chose, assurément, mais avec sa structure mentale, ce peu de chose lui était rigoureusement impossible. Toutes les ombres de ses ancêtres se seraient dressées devant lui s'il avait consenti à modifier le mécanisme de la monarchie léguée par tant d'aïeux. Alors même d'ailleurs qu'il l'eût tenté, jamais la résistance de sa famille, du clergé, de la noblesse et de la Cour, n'aurait pu être surmontée.

Les anciennes castes sur lesquelles s'appuyait lai monarchie, noblesse et clergé, étaient alors presque aussi puissantes que le monarque lui-même. Toutes les fois qu'il eut l'air de céder aux injonctions de l'Assemblée, ce fut contraint par la force et simplement pour lâcher de gagner du temps.

CHAPITRE I. PSYCHOLOGIE DE L'ASSEMBLÉE CONSTITUANTE

Ses appels à l'étranger représentent la résolution d'un homme désespéré qui a vu tous ses appuis naturels s'effondrer.

Il se faisait, la reine surtout, les plus étranges illusions sur l'aide possible de l'Autriche, rivale de la France depuis des siècles. Si elle acceptait, fort mollement, de venir au secours du roi, ce n'était qu'avec l'espoir d'une grosse récompense. Mercy faisait entendre qu'on demanderait, comme rétribution, l'Alsace, les Alpes et la Navarre.

Les meneurs des clubs trouvant l'Assemblée trop royaliste, lancèrent le peuple sur elle. Une pétition fut signée invitant l'Assemblée à convoquer un nouveau pouvoir constituant pour procéder au jugement de Louis XVI.

Restée malgré tout monarchiste et trouvant que la Révolution prenait un caractère par trop démagogique, l'Assemblée résolut de se défendre contre les agissements de la populace. Un bataillon de la garde nationale, commandé par La Fayette, fut envoyé au Champ-de-Mars, où la foule s'était réunie, pour la disperser. Une cinquantaine de manifestants furent tués.

L'Assemblée ne persista pas longtemps dans ses velléités de résistance. Redevenue très craintive devant le peuple, elle accrut son arrogance avec le Roi, lui retirant chaque jour quelques parcelles de ses prérogatives et de son autorité. Il n'était plus guère qu'un simple fonctionnaire chargé d'exécuter les volontés qu'on lui signifiait.

L'Assemblée s'était imaginée pouvoir exercer l'autorité qu'elle retirait au Roi, mais une telle tâche était infiniment au-dessus de ses ressources. Un pouvoir trop morcelé, reste toujours sans force. Je ne connais rien de plus terrible, disait Mirabeau, que l'autorité souveraine de six cents personnes. "

Après s'être flattée de concentrer tous les pouvoirs et les exercer à la façon de Louis XIV, l'Assemblée n'en exerça bientôt plus aucun.

À mesure que son autorité faiblissait, l'anarchie grandissait. Les meneurs ne cessaient de soulever le peuple. L'émeute devenait la seule puissance.

Chaque jour, l'Assemblée était envahie par de bruyantes et impérieuses délégations, procédant par voie de menaces et de sommations.

Tous ces mouvements populaires, auxquels, sous l'influence de la peur, l'Assemblée obéissait toujours, n'avaient rien, je le répète, de spontané. Ils représentaient simplement des manifestations de pouvoirs nouveaux : les clubs et la Commune, qui s'étaient formés à côté de celui de l'Assemblée.

Le plus puissant de ces clubs fut celui des Jacobins, qui en créa vite plus de cinq cents en province, recevant de lui le mot d'ordre. Son rôle demeura prépondérant pendant toute la durée de la Révolution. Après avoir été le maître de l'Assemblée, il devint celui de la France et ne compta qu'un seul rival, la Commune insurrectionnelle, dont le pouvoir ne s'exerçait d'ailleurs qu'à Paris.

La faiblesse de l'Assemblée nationale et toutes ses défaillances lui avaient valu une grande impopularité. Elle en prit conscience et, se reconnaissant chaque jour plus impuissante, décida de hâter la confection de la nouvelle Constitution afin de pouvoir se dissoudre. Son dernier acte, fort maladroit, fut de décréter qu'aucun Constituant ne pourrait être réélu à la Législative. Les membres de cette dernière se trouvèrent donc privés de l'expérience acquise par leurs prédécesseurs.

La Constitution fut terminée le 3 septembre 1791 et acceptée le 13 par le Roi auquel l'Assemblée avait rendu ses pouvoirs.

Cette Constitution organisait un gouvernement représentatif, déléguait le pouvoir législatif à des députés élus par le peuple, et le pouvoir exécutif au Roi à qui elle reconnaissait le droit de veto contre les décrets de l'Assemblée. De nouvelles divisions en départements étaient substituées aux anciennes provinces. Les vieux impôts abolis et remplacés par des contributions directes et indirectes, encore en vigueur aujourd'hui.

L'Assemblée, qui venait de changer les divisions du territoire et bouleverser toute l'antique organisation sociale, se crut assez puissante pour transformer également l'organisation religieuse du pays. Elle prétendit, notamment, faire élire les membres du clergé par le peuple, et les soustraire ainsi à l'influence de leur chef suprême, le Pape.

Cette constitution civile du clergé fut l'origine de luttes et de persécutions religieuses qui se prolongèrent jusqu'au Consulat. Les deux tiers des prêtres refusèrent le serment qu'on exigeait d'eux.

Pendant les trois années que dura la Constituante, la Révolution eut des résultats considérables. Le principal, peut-être, fut de commencer à transférer au Tiers-État les richesses des classes privilégiées. On suscita ainsi, en même temps que des intérêts à défendre, de fervents adhérents au nouveau régime. Une révolution ayant pour appui des satisfactions d'appétits acquiert, par cela même, une grande force.

CHAPITRE I. PSYCHOLOGIE DE L'ASSEMBLÉE CONSTITUANTE

Le Tiers-État, qui avait supplanté la noblesse et les paysans qui avaient acheté les biens nationaux, se rendaient facilement compte que le rétablissement de l'ancien régime les dépouillerait de tous ces avantages. Défendre énergiquement la Révolution était pour eux défendre leur nouvelle fortune.

Et c'est pourquoi l'on vit pendant une partie de la Révolution près de la moitié des départements se soulever vainement contre le despotisme qui les accablait. Les républicains triomphèrent de toutes les oppositions. Ils étaient très forts ayant à défendre non seulement un idéal nouveau, mais encore des intérêts matériels. Nous verrons l'action de ces deux facteurs se prolonger pendant toute la Révolution et contribuer fortement à l'établissement de l'empire.

CHAPITRE II. PSYCHOLOGIE DE L'ASSEMBLÉE LÉGISLATIVE

§ 1. — LES ÉVÉNEMENTS POLITIQUES PENDANT LA DURÉE DE L'ASSEMBLÉE LÉGISLATIVE.

Avant d'examiner les caractéristiques mentales de l'Assemblée législative, résumons brièvement les événements politiques considérables qui marquèrent sa courte existence d'une année. Ils jouèrent naturellement un grand rôle sur ses manifestations psychologiques.

Très monarchiste, l'Assemblée législative ne songeait pas plus que la précédente à détruire la royauté. Le Roi lui paraissait un peu suspect, mais elle espérait cependant pouvoir le garder.

Malheureusement pour lui, Louis XVI réclamait sans cesse l'intervention de l'étranger. Enfermé aux Tuileries, défendu seulement par ses gardes suisses, le timide souverain flottait entre des influences contraires. Il pensionnait des journaux destinés à modifier l'opinion, mais les obscurs folliculaires qui les rédigeaient ignoraient totalement l'art d'agir sur l'âme des foules. Leur seul moyen de persuasion consistait à menacer de la potence tous les partisans de la Révolution et à prédire l'invasion d'une armée pour délivrer le roi.

La royauté ne comptait plus que sur les cours étrangères. Les nobles émigraient. La Prusse, l'Autriche, la Russie nous menaçaient d'une guerre d'envahissement. La Cour favorisait leurs menées.

À la coalition des rois contre la France, le club des Jacobins proposa

CHAPITRE II. PSYCHOLOGIE DE L'ASSEMBLÉE LÉGISLATIVE

d'opposer la ligue des peuples contre les rois. Les Girondins avaient alors, avec les Jacobins, la direction du mouvement révolutionnaire. Ils provoquèrent l'armement des masses. 600.000 volontaires furent équipés. La Cour accepta un ministère girondin. Dominé par lui, Louis XVI fut obligé de proposer à l'Assemblée une guerre contre l'Autriche. Elle fut votée immédiatement.

En la déclarant, le Roi n'était pas sincère. La Reine révélait aux Autrichiens nos plans de campagne et le secret des délibérations du Conseil.

Les débuts de la lutte furent désastreux. Plusieurs colonnes, prises de panique, se débandèrent. Stimulée par les clubs, persuadée, justement d'ailleurs, que le Roi conspirait avec l'étranger, la population des faubourgs se souleva. Ses meneurs, les Jacobins, et surtout Danton, l'envoyèrent porter, le 20 juin, à l'Assemblée, une pétition menaçant le Roi de révocation. Puis, elle envahit les Tuileries et invectiva le souverain.

La fatalité poussait Louis XVI vers son tragique destin. Alors que les menaces des Jacobins contre la royauté avaient indigné beaucoup de départements, on apprenait l'arrivée d'une armée prussienne sur les frontières de la Lorraine.

L'espoir du Roi et de la Reine concernant le concours à obtenir de l'étranger était bien chimérique. Marie-Antoinette se faisait de complètes illusions, aussi bien sur la psychologie des Autrichiens que sur celle des Français. Voyant la France terrorisée par quelques énergumènes, elle supposa pouvoir également, au moyen de menaces, terrifier les Parisiens et les ramener sous l'autorité du Roi. Inspiré par elle, Fersen s'entremit pour faire publier le manifeste du duc de Brunswick menaçant Paris d'une " subversion totale si l'on touchait la famille du roi ".

L'effet produit fut diamétralement contraire à celui espéré. Le manifeste souleva l'indignation contre le monarque jugé complice, et augmenta son impopularité. Il était, dès ce jour, marqué pour l'échafaud.

Entraînés par Danton, les délégués des sections installèrent à l'Hôtel de Ville une Commune insurrectionnelle, qui arrêta le commandant de la garde nationale, dévoué au Roi fit sonner le tocsin, ameuta les gardes nationaux et les lança, avec la populace, le 10 août, sur les Tuileries. Les bataillons appelés par Louis XVI se débandèrent. Il n'y eut bientôt plus, pour le défendre, que les Suisses et quelques gentilshommes. Presque tous furent tués. Resté seul, le Roi se réfugia auprès de l'Assemblée. La foule demanda sa déchéance. La Législative décréta sa suspension et laissa une future Assemblée, la Convention, statuer sur son sort.

§ 2. — CARACTÉRISTIQUES MENTALES DE L'ASSEMBLÉE LÉGISLATIVE.

L'Assemblée législative, formée d'hommes nouveaux, présente au point de vue psychologique un intérêt tout spécial. Peu d'assemblées offrirent à un pareil degré les caractéristiques des collectivités politiques.

Elle comprenait sept cent cinquante députés divisés en royalistes purs, royalistes constitutionnels, républicains, Girondins et Montagnards. Les avocats et les hommes de lettres formaient la majorité. On y voyait aussi, mais en petit nombre, quelques évêques constitutionnels, des officiers supérieurs, des prêtres et de rares savants.

Les conceptions philosophiques des membres de cette Assemblée semblent assez rudimentaires. Plusieurs étaient imbus des idées de Rousseau préconisant le retour à l'état de nature. Mais tout comme leurs prédécesseurs, ils furent dominés surtout par l'antiquité grecque et latine. Caton, Brutus, Gracchus, Plutarque, Marc-Aurèle, Platon, constamment invoqués, fournissent des images. Quand les orateurs veulent injurier Louis XVI, ils l'appellent Caligula.

En souhaitant détruire la tradition, ils étaient révolutionnaires, mais en prétendant revenir à un passé lointain, ils se montraient fort réactionnaires. Toutes les théories eurent d'ailleurs assez peu d'influence sur leur conduite. La raison apparaît sans cesse dans les discours, mais jamais dans les actes. Ils furent toujours dominés par ces suggestions affectives et mystiques dont nous avons tant de fois déjà montré la force.

Les caractéristiques psychologiques de l'Assemblée législative sont celles de la Constituante, mais plus accentuées encore. Elles se résument en quatre mots impressionnabilité, mobilité, pusillanimité et faiblesse.

La mobilité et l'impressionnabilité se révèlent dans les variations constantes de leur conduite. Un jour, ils échangent de bruyantes invectives et des coups. Le lendemain, on les voit " se jeter dans les bras les uns des autres avec des torrents de larmes. " Ils applaudissent vivement à une adresse demandant la punition de ceux qui pétitionnent pour la déchéance du roi, et dans la même journée accordent les honneurs de la séance à une délégation venant réclamer cette déchéance.

La pusillanimité et la faiblesse de l'Assemblée devant les menaces était complète. Bien que royaliste, elle vota la suspension du roi et, sur les exigences de la Commune, le lui livra avec sa famille pour les faire interner au Temple.

CHAPITRE II. PSYCHOLOGIE DE L'ASSEMBLÉE LÉGISLATIVE

Grâce à sa faiblesse, elle se montra aussi incapable que la Constituante d'exercer aucun pouvoir et se laissa dominer par la Commune et les clubs que dirigeaient des meneurs influents : Hébert, Tallien, Rossignol, Marat, Robespierre, etc.

Jusqu'en Thermidor 1794, la Commune insurrectionnelle constitua le principal pouvoir de l'État et se conduisit exactement comme si on l'avait chargée de gouverner Paris.

Ce fut elle qui exigea l'emprisonnement de Louis XVI dans la tour du Temple, alors que l'Assemblée voulait l'interner dans le palais du Luxembourg. Ce fut elle encore qui remplit les prisons de suspects et ordonna ensuite de les égorger.

On sait avec quels raffinements de cruauté une poignée de 150 bandits, payés 24 livres par jour, guidés par quelques membres de la Commune, exterminèrent en quatre journées 1.200 personnes environ. C'est ce qu'on appela les massacres de Septembre. Le maire de Paris, Pétion, reçut avec égards la bande des assassins et leur fit verser à boire. Quelques Girondins protestèrent un peu, mais les Jacobins restèrent silencieux.

L'Assemblée terrorisée affecta d'abord d'ignorer les massacres, qu'encourageaient d'ailleurs plusieurs de ses membres influents : Couthon et Billaud-Varenne notamment. Lorsqu'elle se décida enfin à les blâmer, ce fut sans oser essayer d'en empêcher la continuation.

Consciente de son impuissance, l'Assemblée législative finissait quinze jours plus tard par se dissoudre pour faire place à la Convention.

Son œuvre fut évidemment néfaste, non dans les intentions, mais dans les actes. Royaliste, elle abandonna la monarchie ; humanitaire, elle laissa s'accomplir les massacres de Septembre ; pacifiste, elle lança la France dans une guerre redoutable, montrant ainsi qu'un gouvernement faible finit toujours par couvrir la patrie de ruines.

L'histoire des deux premières assemblées révolutionnaires prouve une fois de plus à quel point les événements portent en eux des enchaînements rigoureux. Ils constituent un engrenage de nécessités dont nous pouvons quelquefois choisir la première mais qui ensuite évoluent hors de notre volonté. Nous sommes libres d'une décision et impuissants sur ses conséquences.

Les premières mesures de l'Assemblée constituante furent rationnelles et volontaires, mais les conséquences qui suivirent échappèrent à toute volonté, à toute raison et à toute prévision.

Quels sont les hommes de 89 qui auraient osé vouloir ou prévoir la mort de Louis XVI, les guerres de Vendée, la Terreur, la guillotine en permanence, l'anarchie, puis le retour final à la tradition et à l'ordre par la main de fer d'un soldat ?

Dans ce déroulement d'événements qu'entraînèrent les premiers actes des assemblées révolutionnaires, le plus frappant peut-être furent la naissance et le développement du gouvernement des foules.

Derrière les faits que nous avons rappelés : prise de la Bastille, envahissement du palais de Versailles, massacres de Septembre, attaque des Tuileries, meurtre des gardes suisses, déchéance et emprisonnement du Roi, on découvre facilement les lois de la psychologie des foules et de leurs meneurs.

Nous allons voir maintenant le pouvoir de la multitude s'exercer de plus en plus, asservir tous les autres et finalement les remplacer.

CHAPITRE III. PSYCHOLOGIE DE LA CONVENTION

§ 1. — LA LÉGENDE DE LA CONVENTION.

L'histoire de la Convention n'est pas seulement fertile en documents psychologiques. Elle montre aussi l'impossibilité où se trouvent les témoins d'une époque, et même leurs premiers successeurs, de porter des jugements exacts sur les événements auxquels ils ont assisté et sur les hommes qui les entourèrent.

Plus d'un siècle s'est écoulé depuis la Révolution et on commence à peine à formuler des jugements un peu précis, quoique souvent incertains encore, sur cette période.

On n'y parvient pas seulement grâce aux documents nouveaux extraits des archives mais aussi parce que les légendes enveloppant d'un nuage prestigieux la sanglante épopée, s'évanouissent progressivement devant le recul du temps.

La plus tenace peut-être fut celle qui auréola jadis les personnages auxquels nos pères avaient attaché cette épithète glorieuse " Les géants de la Convention ".

Les luttes de la Convention contre la France soulevée et l'Europe en armes produisirent une telle impression que les héros de cette lutte formidable semblaient appartenir à une race de Titans supérieure à la nôtre.

L'épithète de géants sembla justifiée tant que les événements de cette période furent confondus en un seul bloc. Envisageant comme enchaînées des circonstances simplement simultanées, on confondait l'œuvre des armées républicaines avec celle de la Convention. La gloire des premières rejaillit sur la seconde et servit d'excuse aux hécatombes de la Terreur, aux férocités de la guerre civile, à la dévastation de la France.

Sous le regard pénétrant de la critique moderne, le bloc hétérogène s'est lentement dissocié. Les armées de la République ont conservé le même prestige, mais il fallut bien reconnaître que les hommes de la Convention, absorbés uniquement par des luttes intestines, restèrent fort étrangers à leurs succès. Deux ou trois membres au plus d'un des Comités de l'Assemblée s'occupèrent des armées et si elles vainquirent, ce fut, en plus de leur nombre et du talent de jeunes généraux, grâce à l'enthousiasme dont une foi nouvelle les avait animées.

Dans un prochain chapitre, consacré aux armées révolutionnaires, nous montrerons comment elles purent triompher de l'Europe en armes. Elles partirent imprégnées des idées de liberté, d'égalité formant alors un évangile nouveau, et arrivées aux frontières qui devaient les retenir si longtemps, elles conservèrent une mentalité spéciale, fort différente de celle du gouvernement, qu'elles ignorèrent d'abord et méprisèrent ensuite.

Très étranger à leurs victoires, les Conventionnels se contentaient de légiférer au hasard suivant les injonctions des meneurs qui les dirigeaient et prétendaient régénérer la France au moyen de la guillotine.

C'est grâce à ces vaillantes armées pourtant que l'histoire de la Convention se transforma en une apothéose frappant d'un religieux respect plusieurs générations et qui s'efface à peine aujourd'hui.

En étudiant dans ses détails la psychologie des " géants " de la Convention, on les a vus très vite s'affaisser. Ils furent généralement d'une extrême médiocrité. Leurs plus fervents défenseurs officiels, tels que M. Aulard, sont obligés eux-mêmes de le reconnaître.

Voici comment s'exprime cet écrivain dans son *Histoire de la Révolution française* :

" On a dit que la génération qui, de 1789 à 1799, fit de si grandes et de si terribles choses fut une génération de géants ou, en style plus simple, que ce fut une génération plus distinguée que la précédente ou la suivante. C'est une illusion rétrospective. Les citoyens qui formèrent les groupes, soit municipaux et jacobins, soit nationaux, par lesquels s'opéra la Révolution, ne semblent avoir été supérieurs ni en lumières ni en talents aux Français du temps de Louis XV ou aux Français du temps de Louis-Philippe. Ceux dont l'histoire a retenu les noms parce qu'ils partirent sur

CHAPITRE III. PSYCHOLOGIE DE LA CONVENTION

la scène parisienne ou parce qu'ils furent les plus brillants orateurs des diverses assemblées révolutionnaires, étaient-ils exceptionnellement doués ? Mirabeau mérite, jusqu'à un certain point, le nom de tribun de génie. Mais les autres, Robespierre, Danton, Vergniaud, avaient-ils vraiment plus de talent que nos orateurs actuels, par exemple ? En 1793, au temps de prétendus " géants ", Mme Roland écrivait dans ses mémoires : " La France était comme épuisée d'hommes ; c'est une chose vraiment surprenante que leur disette dans cette révolution, il n'y a guère eu que des pygmées. "

Si, après avoir considéré individuellement les Conventionnels, on les examine en corps, on peut dire qu'ils ne brillèrent ni par l'intelligence, ni par la vertu, ni par le courage. Jamais réunion d'hommes ne manifesta une pusillanimité pareille. Ils n'avaient de bravoure que dans les discours ou contre des dangers lointains. Cette Assemblée, si fière et si menaçante en paroles, devant les rois, fut peut-être la plus craintive et la plus docile des collectivités politiques que le monde ait connues. On la voit soumise servilement aux ordres des clubs et de la Commune, tremblante devant les délégations populaires qui l'envahissaient chaque jour et subissant les injonctions des émeutiers, jusqu'à leur livrer les plus brillants de ses membres. La Convention donna au monde l'attristant spectacle de voter, sous les injonctions populaires, des lois tellement absurdes, qu'elle était obligée de les annuler dès que l'émeute avait quitté la salle.

Peu d'Assemblées firent preuve d'une telle faiblesse. Lorsqu'on voudra montrer jusqu'où peut tomber un gouvernement populaire, il faudra rappeler l'histoire de la Convention.

§ 2. — INFLUENCE DU TRIOMPHE DE LA RELIGION JACOBINE.

Parmi les causes qui donnèrent à la Convention sa physionomie spéciale, une des plus importantes fut la fixation définitive de la religion révolutionnaire. Le dogme, d'abord en voie de formation, se trouve définitivement constitué.

Il se composait d'un agrégat d'éléments un peu disparates. La nature, les droits de l'homme, la liberté, l'égalité, le contrat social, la haine des tyrans, la souveraineté populaire, forment les chapitres d'un évangile indiscutable pour ses fidèles. Les vérités nouvelles possèdent des apôtres sûrs de leur puissance et, comme les croyants de tous les âges, ils vont tenter de l'imposer au monde par la force. De l'opinion des infidèles, ils n'ont pas à se soucier. Tous méritent d'être exterminés.

La haine des hérétiques ayant toujours été, comme nous l'avons montré à propos de la Réforme, une caractéristique irréductible des grandes croyances, on s'explique très bien l'intolérance de la religion jacobine.

Cette même histoire de la Réforme nous a prouvé qu'entre croyances voisines, la lutte est toujours très vive. Aussi, ne faut-il pas s'étonner de voir, dans la Convention, les Jacobins combattre avec fureur d'autres républicains dont la foi différait à peine de la leur.

La propagande des nouveaux apôtres fut énergique. Pour catéchiser la province, on lui envoya de zélés disciples escortés de guillotines. Les inquisiteurs de la nouvelle foi ne transigeaient pas avec l'erreur. Comme le disait Robespierre : " Ce qui constitue la république, c'est la destruction de tout ce qui lui est opposé. " Peu importe que le pays refuse d'être régénéré, on le régénérera malgré lui : " Nous ferons un cimetière de la France, assurait Carrier, plutôt que de ne pas la régénérer à notre manière.

La politique jacobine dérivée de la foi nouvelle était fort simple. Elles consistait en une sorte de socialisme égalitaire, géré par une dictature ne tolérant aucune opposition.

D'idées pratiques en rapport avec les nécessités économiques et la vraie nature de l'homme, les théoriciens qui gouvernent la France n'en ont aucune. La guillotine et les discours leur suffisent. Ces derniers sont enfantins :

> " Jamais de faits, dit Taine, rien que des abstractions, des enfilades de sentences sur la Nature, la raison, le peuple, les tyrans, la liberté, sortes de ballons gonflés et entre-choqués inutilement dans l'espace. Si l'on ne savait pas que tout cela aboutit à des effets pratiques et terribles, on croirait à un jeu de logique, à des exercices d'école, à des parades d'académie, à des combinaisons d'idéologie. "

Les théories des Jacobins se réduisirent pratiquement à une tyrannie absolue. Il leur semblait évident qu'à l'État souverain devaient obéir sans discussion des citoyens rendus égaux en conditions et en fortunes.

Le pouvoir, dont ils s'investirent eux-mêmes, était bien supérieur à celui des monarques qui les avaient précédés. Ils taxaient le prix des marchandises et s'arrogeaient le droit de s'emparer de la vie et des propriétés des citoyens.

CHAPITRE III. PSYCHOLOGIE DE LA CONVENTION

Leur confiance dans la vertu régénératrice de la foi révolutionnaire était telle, qu'après avoir déclaré la guerre aux rois, ils la déclarèrent aux dieux. Un calendrier fut fondé dont les saints étaient bannis. Ils créèrent une divinité nouvelle, la Raison, dont le culte se célébrait à Notre-Dame avec des cérémonies d'ailleurs identiques à celles du culte catholique, sur l'autel même de la " ci-devant Sainte Vierge ". Ce culte dura jusqu'au jour où Robespierre lui substitua une religion personnelle dont il se constitua le grand prêtre.

Devenus les seuls maîtres de la France, les Jacobins et leurs disciples purent la saccager impunément bien que n'ayant jamais été en majorité nulle part.

Leur nombre n'est pas facile à déterminer exactement. On sait seulement qu'il fut toujours très faible. Taine l'évalue à cinq mille pour Paris, sur sept cent mille habitants ; pour Besançon, à trois cents sur trente mille, et, pour la France entière, à trois cent mille.

Restés, suivant l'expression de l'auteur que je viens de citer, " une petite féodalité de brigands, superposée à la France conquise ", ils la dominèrent, malgré leur nombre restreint, pour plusieurs raisons. D'abord, parce que leur foi les douait d'une puissance considérable. Ensuite, parce qu'ils représentaient le gouvernement et que, depuis des siècles, les Français obéissaient à qui commandait. Enfin, parce que les renverser était, croyait-on, ramener l'ancien régime, fort redouté des nombreux acquéreurs de biens nationaux. Il fallut que leur tyrannie devint effroyable pour que tant de départements aient osé se soulever.

Le premier de ces motifs du pouvoir jacobin fut très important. Dans la lutte entre croyances fortes et croyances faibles, le succès n'appartient jamais à ces dernières. La croyance forte crée des volontés fortes qui dominent toujours les volontés faibles. Si les Jacobins finirent cependant eux-mêmes par périr, c'est que l'accumulation de leurs violences avait réuni en faisceau des milliers de volontés faibles dont le total l'emporta sur leur volonté forte.

Certes, les Girondins, poursuivis par les Jacobins avec tant de haine, avaient aussi des croyances bien établies, mais dans la lutte qu'ils soutinrent, se dressait contre eux leur éducation, le respect de certaines traditions et du droit des gens ne gênant nullement leurs adversaires.

" La plupart des sentiments des Girondins, écrit Émile Ollivier, étaient délicats, généreux ; ceux de la tourbe jacobine étaient bas, grossiers, brutaux, cruels. Le nom de Vergniaud, rapproché de celui du " divin " Marat, mesure la distance, nul moyen de la combler ! "

Dominant d'abord la Convention par la supériorité de leur talent et de leur éloquence, les Girondins tombèrent vite sous la domination des Montagnards, énergumènes sans valeur, pensant très peu, mais agissant toujours et sachant exciter les passions de la populace. C'est la violence et non le talent qui impressionne les Assemblées.

§ 3. — LES CARACTÉRISTIQUES MENTALES DE LA CONVENTION.

Outre les caractères communs à toutes les assemblées, il en est d'autres, créés par les influences de milieu et de circonstances, qui donnent aux diverses réunions d'hommes une physionomie spéciale. La plupart des caractères observés dans la Constituante et la Législative vont se retrouver, mais exagérés encore, dans la Convention.

Cette Assemblée comprenait environ sept cent cinquante députés dont un peu plus d'un tiers avaient appartenu à la Constituante ou à la Législative. En terrorisant la population, les Jacobins réussirent à être maîtres des élections. La plupart des électeurs (8 millions sur 7) préférèrent s'abstenir.

Comme professions, l'Assemblée renfermait une grande majorité d'hommes de loi : avocats, notaires, huissiers, anciens magistrats, et quelques littérateurs.

La mentalité de la Convention ne fut pas homogène. Or, une assemblée composée d'individus de caractères très différents se scinde rapidement en plusieurs groupes. La Convention en contint bientôt trois : la Gironde, la Montagne et la Plaine. Les monarchistes constitutionnels avaient à peu près disparu.

La Gironde et la Montagne, partis extrêmes, étaient formées d'une centaine de membres chacun, qui devinrent successivement les dirigeants. Dans la Montagne, figuraient les membres les plus avancés : Couthon, Hérault de Séchelles, Danton, Camille Desmoulins, Marat, Collot d'Herbois, Billaud-Varenne, Barras, Saint-Just, Fouché, Tallien, Carrier, Robespierre, etc. Dans la Gironde, se trouvaient Brissot, Pétion, Condorcet, Vergniaud, etc.

Les cinq cents autres membres de l'Assemblée, c'est-à-dire la grande majorité, constituaient ce qu'on nommait la Plaine.

Cette dernière formait une masse flottante, silencieuse, indécise,

CHAPITRE III. PSYCHOLOGIE DE LA CONVENTION

timide, prête à suivre toutes les impulsions et à se déplacer sons le coup des excitations du moment. Elle écoutait indifféremment le plus fort des deux groupes précédents. Après avoir obéi aux Girondins, elle se laissa entraîner par les Montagnards quand ces derniers triomphèrent de leurs adversaires. C'était une conséquence naturelle de la loi citée plus haut qui condamne invariablement les volontés faibles à subir les volontés fortes.

L'influence des grands manieurs d'hommes, se manifeste à un haut degré pendant toute l'existence de la Convention. Elle fut constamment conduite par une minorité violente d'esprits bornés, à laquelle des convictions intenses donnaient une grande force.

Une minorité brutale et hardie conduira toujours une majorité craintive et irrésolue. Ceci explique la marche constante vers les extrêmes observée dans toutes les assemblées révolutionnaires. L'histoire de la Convention vérifie une fois encore cette loi d'accélération étudiée dans un autre chapitre.

Les Conventionnels devaient donc fatalement passer de la modération à des violences de plus en plus accentuées. Ils en arrivèrent finalement à se décimer eux-mêmes. Des cent quatre-vingts Girondins qui dirigeaient d'abord la Convention, cent quarante furent tués ou mis en fuite, et finalement sur une foule craintive de représentants asservis, régna seul le plus fanatique des terroristes, Robespierre.

Ce fut pourtant parmi les cinq cents membres de la majorité si incertaine et si flottante, constituant la Plaine, que se trouvaient l'expérience et l'intelligence. Les comités techniques, auxquels sont dues les œuvres utiles de la Convention, se recrutèrent dans son sein.

Assez indifférents à la politique, les membres de la Plaine demandaient avant tout qu'on ne s'occupât pas d'eux. Enfermés dans les comités, ils se montraient le moins possible à l'Assemblée, et c'est pourquoi les séances de la Convention ne comprenaient que le tiers à peine des députés.

Malheureusement, comme cela arrive si souvent, ces hommes intelligents et honnêtes étaient complètement dépourvus de caractère, et la peur qui les domina toujours leur fit voter les pires mesures commandées par des maîtres redoutés.

La Plaine vota donc tout ce qu'on lui ordonna de voter, la création d'un tribunal révolutionnaire, la Terreur, etc. C'est avec son concours que la Montagne écrasa la Gironde, que Robespierre fit périr les Hébertistes et les Dantonistes. Comme tous les faibles, elle suivait les forts. Les doux philanthropes qui la composaient et constituaient la majorité de l'Assemblée contribuèrent à causer, par leur pusillanimité, les excès effroyables de la Convention.

La note psychologique dominante de la Convention fut une horrible peur. C'est surtout par peur qu'on se faisait couper réciproquement la tête, dans l'espoir incertain de conserver la sienne.

Une telle peur était d'ailleurs bien compréhensible. Les malheureux délibéraient au milieu des huées et des vociférations des tribunes. À chaque instant, de véritables sauvages armés de piques envahissaient l'Assemblée, et la plupart des membres n'osaient plus assister aux séances. Quand ils s'y rendaient par hasard, ce n'était que pour se taire et voter suivant les ordres des Montagnards en nombre trois fois moindre pourtant.

La peur qui dominait ces derniers, quoique moins visible, était aussi profonde. Ils ne faisaient pas seulement périr leurs ennemis par un étroit fanatisme, mais aussi par la conviction que leur existence était menacée. Les juges du tribunal révolutionnaire ne tremblaient pas moins. Ils auraient voulu acquitter Danton, la veuve de Camille Desmoulins et bien d'autres. Ils ne l'osèrent pas.

Mais ce fut surtout quand Robespierre devint le seul maître que le fantôme de la peur opprima l'Assemblée. On a dit avec raison qu'un regard du maître faisait maigrir ses collègues d'épouvante. Sur leurs visages se lisaient " la pâleur de la crainte ou l'abandon du désespoir ".

Tous redoutaient Robespierre et Robespierre les redoutait tous. C'est par peur des conspirations contre lui qu'il faisait couper les têtes, et par peur aussi qu'on lui permettait de les faire couper.

Les mémoires des Conventionnels montrent bien quel effroyable souvenir, ils conservèrent de cette sombre époque. Interrogé vingt ans plus tard, dit Taine, sur le but véritable, sur la pensée intime du Comité de Salut public, Barrère répondit :

> " Nous n'avions qu'un seul sentiment, celui de notre conservation, qu'un désir, celui de conserver notre existence, que chacun de nous croyait menacée. On faisait guillotiner le voisin pour que le voisin ne vous fît pas guillotiner vous-même. "

L'histoire de la Convention constitue un des plus frappants exemples que l'on puisse donner du rôle des meneurs et de celui de la peur sur une assemblée.

CHAPITRE IV. LE GOUVERNEMENT DE LA CONVENTION

§ 1. — RÔLE DES CLUBS ET DE LA COMMUNE PENDANT LA CONVENTION.

Pendant toute la durée de son existence, la Convention fut gouvernée par les meneurs des clubs et de la Commune.

Nous avons déjà montré leur influence sur les précédentes assemblées. Elle devint prépondérante durant la Convention. L'histoire de cette dernière est en réalité celle des clubs et de la Commune qui la dominèrent. Ils n'asservirent pas seulement la Convention mais encore la France. De nombreux petits clubs de province, dirigés par celui de la capitale, surveillaient les magistrats, dénonçaient les suspects et se chargeaient d'exécuter tous les ordres révolutionnaires.

Quand les clubs ou la Commune avaient décidé certaines mesures, ils les faisaient voter séance tenante à l'Assemblée. Si cette dernière résistait, ils lui expédiaient leurs délégations, c'est-à-dire des bandes armées choisies dans la plus basse populace. Elles apportaient des injonctions toujours servilement obéies. La Commune se sentait si forte qu'elle en vint à exiger de la Convention l'expulsion immédiate des députés qui lui déplaisaient.

Alors que la Convention se composait d'hommes généralement instruits, les membres de la Commune et des clubs comprenaient une majorité de petits boutiquiers, manœuvres, ouvriers, incapables d'opinions personnelles et toujours conduits par leurs meneurs : Danton, Camille Desmoulins, Robespierre, etc.

Des deux pouvoirs, clubs et Commune insurrectionnelle, cette dernière exerça le plus d'action à Paris parce qu'elle s'était constitué une armée révolutionnaire. Elle tenait sous ses ordres quarante-huit comités de gardes nationaux, ne demandant guère qu'à tuer, saccager et surtout piller.

La tyrannie dont la Commune écrasa Paris fut épouvantable. C'est ainsi, par exemple, qu'elle avait délégué à un certain savetier du nom de Chalandon, le droit de surveillance sur une partie de la capitale, droit impliquant la faculté d'envoyer au Tribunal révolutionnaire, et par conséquent à la guillotine, tous ceux qu'il suspectait. Certaines rues se trouvèrent ainsi dépeuplées par lui.

La Convention lutta d'abord un peu contre la Commune, mais n'essaya pas longtemps de lui résister. Le point culminant du conflit se produisit quand la Convention, ayant voulu faire arrêter Hébert, âme de la Commune, celle-ci lui envoya des bandes menaçantes qui la sommèrent d'expulser les Girondins ayant provoqué cette mesure. Devant son refus, la Commune la fit assiéger le 2 juin 1793, par son armée révolutionnaire, sous les ordres de Hanriot. Terrifiée, l'Assemblée livra vingt-sept de ses membres. La Commune lui expédia aussitôt une délégation pour la féliciter ironiquement d'avoir obéi.

Après la chute des Girondins, la Convention se soumit complètement aux injonctions de la Commune devenue toute-puissante. Celle-ci lui fit décréter la levée d'une armée révolutionnaire suivie d'un tribunal et d'une guillotine chargés de parcourir la France pour exécuter sommairement les suspects.

Vers la fin de son existence seulement, après la chute de Robespierre, la Convention parvint à se soustraire au joug de la Commune et du club des Jacobins. Elle fit fermer ce dernier et guillotiner ses membres influents.

Malgré de telles sanctions, les meneurs continuèrent à exciter la populace et à la lancer sur la Convention. En germinal et en prairial, elle subit de véritables sièges. Les délégations armées réussirent même à faire voter le rétablissement de la Commune et la convocation d'une nouvelle Assemblée, mesures que la Convention se hâta d'annuler dès que les insurgés se furent retirés. Honteuse de sa peur, elle fit venir des régiments qui opérèrent le désarmement des faubourgs et près de dix mille arrestations. Vingt-six chefs du mouvement furent passés par les armes, six députés ayant pactisé avec l'émeute, guillotinés.

CHAPITRE IV. LE GOUVERNEMENT DE LA CONVENTION

En fait, la Convention n'eut que des velléités de résistance. Quand elle n'était pas menée par les clubs et la Commune, elle obéissait au comité de Salut public et votait sans discussion ses décrets.

" La Convention, écrit H. Williams, qui ne parlait de rien moins que de faire traduire à ses pieds tous les princes et tous les rois de l'Europe, chargés de chaînes, était faite prisonnière dans son propre sanctuaire par une poignée de mercenaires. "

§ 2. — LE GOUVERNEMENT DE LA FRANCE PENDANT LA CONVENTION. LA TERREUR.

Dès qu'elle fut réunie en septembre 1792, la Convention commença par décréter l'abolition de la royauté, et, malgré les hésitations d'un grand nombre de ses membres qui savaient la province royaliste, proclama la république.

Intimement persuadée qu'une semblable proclamation transformerait l'univers civilisé, elle institua une ère et un calendrier nouveaux. L'an I de cette ère marquait l'aurore d'un monde où régnerait seule la raison. Il fut inauguré par le jugement de Louis XVI, mesure qu'ordonna la Commune, mais que la majorité de la Convention ne souhaitait pas.

À ses débuts, en effet, cette Assemblée était gouvernée par des éléments relativement modérés, les Girondins. Le président et les secrétaires avaient été choisis parmi les plus connus de ces derniers. Robespierre, qui devait plus tard devenir le maître absolu de la Convention, possédait à ce moment tellement peu d'influence, qu'il n'obtint que six voix pour la présidence tandis que Pétion en réunit deux cent trente-cinq.

Les Montagnards n'eurent donc d'abord qu'une autorité très restreinte. Plus tard seulement naquit leur puissance. Il ne resta plus alors aucune place pour les modérés dans la Convention.

Malgré leur minorité, les Montagnards trouvèrent le moyen d'obliger l'Assemblée à faire le procès de Louis XVI. L'obtenir était pour eux à la fois une victoire sur les Girondins, la condamnation de tous les rois et un divorce définitif entre le nouveau régime et l'ancien.

Pour provoquer ce procès, ils manœuvrèrent fort habilement, lançant sur la Convention des pétitions de province et une délégation de la Commune insurrectionnelle de Paris, qui exigèrent le jugement.

Suivant cette caractéristique commune aux assemblées de la Révolution de plier devant les menaces et d'exécuter toujours le contraire de ce qu'elles souhaitaient, la Convention n'osa pas résister. Elle décida donc le procès.

Les Girondins, qui individuellement n'auraient pas voulu la mort du roi, une fois réunis, la votèrent par crainte. Espérant sauver sa propre tête, le duc d'Orléans, cousin de Louis XVI, la vota également. Si, en montant sur l'échafaud, le 21 janvier 1793, Louis XVI avait eu cette vision de l'avenir que nous attribuons aux dieux, il aurait vu l'y suivre tour à tour la plupart des Girondins dont la faiblesse n'avait pas su le défendre.

Envisagée uniquement au point de vue de l'utilité pure, l'exécution du roi fut un des actes maladroits de la Révolution. Elle engendra la guerre civile et arma contre nous l'Europe. Au sein de la Convention, cette mort suscita des luttes intestines qui amenèrent finalement le triomphe des Montagnards et l'expulsion des Girondins.

Les mesures prises sous l'influence des Montagnards finirent par devenir si despotiques, que soixante départements, comprenant l'Ouest et le Midi, se révoltèrent. L'insurrection ayant à sa tête plusieurs députés expulsés aurait peut-être triomphé, si la participation compromettante des royalistes au mouvement n'avait fait craindre le retour de l'ancien régime. À Toulon, en effet, les insurgés acclamaient Louis XVI.

La guerre civile ainsi déchaînée dura pendant la plus grande partie de la Révolution. Elle fut d'une sauvagerie extrême. Vieillards, femmes, enfants, tout était massacré, les villages et les moissons incendiés. En Vendée seulement, le nombre des tués a été évalué, suivant les auteurs, entre cinq cent mille et un million.

À la guerre civile se joignit bientôt la guerre étrangère. Les Jacobins s'imaginèrent remédier à tous ces maux en créant une nouvelle Constitution. Ce fut d'ailleurs une tradition dans toutes les assemblées révolutionnaires de croire à la vertu magique des formules. Cette conviction de rhéteurs n'a jamais été influencée en France par l'insuccès des expériences.

> " Une foi robuste, écrit un des grands admirateurs de la Révolution, M. Rambaud, soutenait la Convention dans ce labeur ; elle croyait fermement que lorsqu'elle aurait formulé en une loi les principes de la Révolution, ses ennemis seraient confondus, bien plus, convertis, et que l'avènement de la justice désarmerait les insurgés. "

Pendant sa durée, la Convention rédigea deux Constitutions celle de 1793 ou de l'an I et celle de 1795, dite de l'an III. La première ne fut

CHAPITRE IV. LE GOUVERNEMENT DE LA CONVENTION

jamais appliquée, une dictature absolue la remplaça bientôt ; la seconde créa le Directoire.

La Convention renfermait un assez grand nombre de légistes et d'hommes d'affaires qui comprirent très vite l'impossibilité du gouvernement par une assemblée nombreuse. Ils l'amenèrent à se diviser en petits comités ayant chacun une existence indépendante : comités d'affaires, de législation, de finances, d'agriculture, des arts, etc. Ces comités préparaient les lois que l'Assemblée votait généralement les yeux fermés.

Grâce à eux, l'œuvre de la Convention ne fut pas purement destructrice. Ils provoquèrent des mesures très utiles : création de grandes écoles, établissement du système métrique, etc. La majorité des membres de l'Assemblée se réfugiait, nous l'avons dit déjà, dans ces comités pour éviter les luttes politiques où aurait été exposée leur tête.

Au-dessus de ces comités d'affaires, étrangers à la politique, se trouvait le Comité de Salut public, institué en avril 1793, et composé de neuf membres. Dirigé d'abord par Danton, puis en juillet de la même année par Robespierre, il parvint graduellement à absorber tous les pouvoirs, y compris celui de donner des ordres aux ministres et aux généraux. Carnot y dirigeait les opérations de la guerre, Cambon les finances, Saint-Just et Collot d'Herbois la politique générale.

Si les lois votées par les comités techniques furent souvent très sages et constituent l'œuvre durable de la Convention, celles que votait en corps l'Assemblée sous les menaces des délégations qui l'envahissaient avaient un caractère d'absurdité manifeste.

Parmi ces lois les moins utiles à l'intérêt public ou l'intérêt même de la Convention, on peut citer celles du maximum, votée en septembre 1793, prétendant taxer le prix des vivres et qui n'eut d'autre résultat que d'établir une persistante disette ; la destruction des sépultures royales de Saint-Denis, le jugement de la Reine, la dévastation systématique de la Vendée par l'incendie, l'établissement du Tribunal révolutionnaire, etc.

La Terreur fut le grand moyen de gouvernement de la Convention. Commencée en septembre 1793, elle régna sur la France pendant dix mois, c'est-à-dire jusqu'à la mort de Robespierre. Vainement quelques Jacobins : Danton, Camille Desmoulins, Hérault de Séchelles, etc., proposèrent-ils d'essayer la clémence. L'unique résultat de cette proposition fut d'envoyer ses auteurs à l'échafaud. Seule, la lassitude de l'opinion publique mit fin à ce honteux régime.

Les luttes successives des partis dans la Convention et sa marche vers les extrêmes éliminaient progressivement les hommes importants qui y avaient joué un rôle. Finalement, elle tomba sous la domination exclusive de Robespierre.

Pendant que la Convention désorganisait et ravageait la France, nos armées remportaient de brillantes victoires. Elles s'étaient emparées de la rive gauche du Rhin, de la Belgique et de la Hollande. Le traité de Bâle consacra ces conquêtes.

Nous avons déjà dit et y reviendrons bientôt, qu'il fallait séparer entièrement l'œuvre des armées républicaines de celle de la Convention. Les contemporains surent très bien faire cette distinction oubliée aujourd'hui.

Lorsque la Convention disparut, le 26 octobre 1795, après trois ans de règne, cette Assemblée était entourée d'un mépris universel. Jouet perpétuel des caprices populaires, elle n'avait pas réussi à pacifier la France, et l'avait plongée dans l'anarchie. L'opinion qu'elle inspira est parfaitement résumée dans une lettre écrite en juillet 1799 par le chargé d'affaires de Suède, le baron Drinckmann :

> " J'ose espérer que jamais un peuple ne sera gouverné par la volonté de scélérats plus imbéciles et plus cruels que la France ne l'a été depuis le commencement de sa nouvelle liberté. "

§ 3. — FIN DE LA CONVENTION.— ORIGINES DU DIRECTOIRE.

À la fin de son existence, la Convention, toujours confiante dans la puissance des formules, fabriqua une nouvelle Constitution, celle de l'an III, destinée à remplacer celle de 1793 qui n'avait d'ailleurs jamais fonctionné. Le pouvoir législatif devait être partagé entre un conseil dit des Anciens, composé de deux cent cinquante membres et un conseil de jeunes, composé de cinq cents membres. Le pouvoir exécutif confié à un Directoire de cinq membres nommés par les Anciens sur la présentation des Cinq-Cents et renouvelé chaque année par l'élection de l'un d'eux.

Il était spécifié que les deux tiers des membres de la nouvelle Assemblée seraient choisis parmi les anciens députés de la Convention. Cette mesure prudente fut peu efficace, car dix départements seulement restèrent fidèles aux Jacobins.

Pour éviter des élections de royalistes, la Convention avait décidé le bannissement à perpétuité des émigrés.

L'annonce de cette constitution ne produisit sur le public aucun des effets attendus. Elle n'eut pas d'action sur les émeutes populaires conti-

CHAPITRE IV. LE GOUVERNEMENT DE LA CONVENTION

nuant à se succéder. Une des plus importantes fut celle qui, le 5 octobre 1795, menaça la Convention. Les meneurs avaient lancé sur cette Assemblée une véritable armée. Devant de pareilles provocations, la Convention se décida enfin à la défense, fit venir des troupes et en confia le commandement à Barras.

Bonaparte, qui commençait à surgir de l'ombre, fut chargé de la répression. Avec un pareil chef, elle fut énergique et rapide. Vigoureusement mitraillés auprès de l'église Saint-Roch, les insurgés s'enfuirent en laissant quelques centaines de morts sur place. Cet acte de fermeté auquel la Convention était si peu habituée, ne fut dû qu'à la célérité des opérations militaires, car pendant qu'elles s'exécutaient, les insurgés avaient envoyé des délégués à l'Assemblée qui, comme d'habitude, se montra toute disposée à leur céder.

La répression de cette émeute constitua le dernier acte important de la Convention. Le 26 octobre. 1795, elle déclara sa mission terminée et fit place au Directoire.

Nous avons fait ressortir plusieurs des enseignements psychologiques que fournit le gouvernement de la Convention. Un des plus frappants est l'impuissance de la violence à dominer longtemps les âmes.

Jamais gouvernement ne posséda d'aussi redoutables moyens d'action, et cependant malgré la guillotine en permanence, malgré les délégués envoyés en province escortés du bourreau, malgré ses lois draconiennes, la Convention eut à lutter perpétuellement contre des émeutes, des insurrections et des conspirations. Les villes, les départements, les faubourgs de Paris se soulevaient, sans cesse, bien que les têtes tombassent par milliers.

Cette Assemblée, qui se croyait souveraine, combattait des forces invisibles, fixées dans les âmes et que les contraintes matérielles ne dominent pas. De ces moteurs cachés, elle ne comprit jamais la puissance et lutta vainement contre eux. Les forces invisibles finirent par triompher.

CHAPITRE V. LES VIOLENCES RÉVOLUTIONNAIRES

§ 1. — RAISONS PSYCHOLOGIQUES DES VIOLENCES RÉVOLUTIONNAIRES.

Nous avons montré au cours des chapitres précédents que les théories révolutionnaires constituaient une foi nouvelle.

Humanitaires et sentimentales, elles exaltaient la liberté et la fraternité. Mais, comme dans beaucoup de religions, on observa une contradiction complète entre les doctrines et les actes. En pratique, aucune liberté ne fut tolérée et la fraternité se vit remplacée par de furieux massacres.

Cette opposition entre les principes et la conduite résulte de l'intolérance qui accompagne toutes les croyances. Une religion peut être imprégnée d'humanitarisme et de mansuétude, mais ses sectateurs voulant toujours l'imposer par la force, elle aboutit nécessairement à des violences.

Les cruautés de la Révolution constituent donc des conséquences inhérentes à la propagation des dogmes. L'Inquisition, les guerres de religion, la Saint-Barthélemy, la révocation de l'Édit de Nantes, les Dragonnades, les persécutions des Jansénistes, etc., sont de la même famille que la Terreur et dérivées des mêmes sources psychologiques.

Louis XIV n'était certes pas un roi cruel et cependant, sous l'impulsion de sa foi, il chassa de la France plusieurs centaines de milliers de

CHAPITRE V. LES VIOLENCES RÉVOLUTIONNAIRES

protestants après en avoir fait fusiller et envoyer aux galères un nombre considérable.

Les méthodes de persuasion adoptées par tous les croyants ne résultent nullement de la crainte que pourraient inspirer les dissidents. Protestants et jansénistes étaient bien peu dangereux sous Louis XIV. L'intolérance provient surtout de la violente indignation éprouvée par un esprit, certain de détenir des vérités éclatantes, contre des hommes qui les nient et sont sûrement de mauvaise foi. Comment supporter l'erreur quand on possède la force nécessaire pour l'extirper ?

Ainsi ont raisonné les croyants de tous les âges. Ainsi raisonnaient Louis XIV et les hommes de la Terreur. Ces derniers, eux aussi, étaient des convaincus possesseurs de vérités qu'ils croyaient évidentes, et dont le triomphe devait régénérer l'humanité. Pouvaient-ils se montrer plus tolérants pour leurs adversaires que ne l'avaient été l'Église et les rois envers les hérétiques ?

Il faut bien croire que la terreur est une méthode considérée comme nécessaire par tous les croyants puisque, depuis l'origine des âges, les codes religieux se sont invariablement basés sur elle. Pour faire observer leurs prescriptions, ils cherchent à terrifier par la menace d'un enfer éternel plein de tortures.

Les apôtres de la croyance jacobine se conduisirent donc comme leurs pères et employèrent les mêmes méthodes. Des événements semblables venant à se répéter encore, nous verrions se reproduire des actes identiques. Si une croyance nouvelle, le socialisme par exemple, ou toute autre, triomphait demain, elle serait condamnée à employer des procédés de propagande semblables à ceux de l'inquisition et de la Terreur.

Mais la Terreur jacobine, considérée seulement comme résultant d'un mouvement religieux, serait incomplètement connue. Autour d'une croyance religieuse qui triomphe viennent s'annexer, ainsi que nous l'avons vu pour la Réforme, une foule d'intérêts individuels indépendants de cette croyance. La Terreur fut dirigée par quelques apôtres fanatiques, mais à côté d'un petit nombre de prosélytes ardents dont l'étroite cervelle rêvait de régénérer l'univers, se trouvaient beaucoup d'hommes qui y virent seulement le moyen de s'enrichir. Ils se rallièrent très facilement ensuite au premier général victorieux promettant de les laisser jouir du produit de leurs pillages.

" Les terroristes de la Révolution, écrit Albert Sorel, y recourent parce qu'ils entendront demeurer au pouvoir et qu'ils seront incapables de s'y maintenir autrement. Ils l'emploieront à leur propre salut et la motiveront, après coup, sur le salut de l'État. Avant d'être un système de gouvernement, elle en sera un moyen, et le système ne sera inventé que pour justifier le moyen. "

On peut donc pleinement souscrire au jugement suivant sur la Terreur porté par Émile Ollivier dans le livre consacré par lui à la Révolution.

" La Terreur a été surtout une Jacquerie, un pillage régularisé, la plus vaste entreprise de vol qu'aucune association de malfaiteurs ait jamais organisée. "

§ 2. — LES TRIBUNAUX RÉVOLUTIONNAIRES.

Les tribunaux révolutionnaires constituèrent le principal moyen d'action de la Terreur. En dehors de celui de Paris, créé à l'instigation de Danton et qui, un an après, envoyait son fondateur à la guillotine, la France en fut couverte.

" 178 tribunaux, écrit Taine, dont 40 sont ambulants, prononcent, dans toutes les parties du territoire, des condamnations à mort, qui sont exécutées sur place et à l'instant. Du 16 avril 1793 au 9 thermidor au II, celui de Paris fait guillotiner 2.625 personnes, et les juges de province travaillent aussi bien que les juges de Paris. Dans la seule petite ville d'Orange, ils font guillotiner 331 personnes. Dans la seule ville d'Arras, ils font guillotiner 299 hommes et 93 femmes... Dans la seule ville de Lyon, la commission révolutionnaire avoue 1.684 exécutions... On évalue le nombre de ces meurtres à 17.000, parmi lesquels 1.200 femmes dont plusieurs octogénaires. "

Si le tribunal révolutionnaire de Paris fit seulement 2.625 victimes, il ne faut pas oublier que tous les suspects avaient déjà été massacrés sommairement pendant les journées de septembre.

Le tribunal révolutionnaire de Paris, simple instrument du Comité de Salut public, se bornait en réalité, comme le fit justement remarquer Fouquier-Tinville dans son procès, à exécuter des ordres. Il s'entourait à son début de quelques formes légales qui ne subsistèrent pas longtemps. Interrogatoire, défense, témoins, tout finit par être supprimé. La preuve morale, c'est-à-dire la simple suspicion, suffisait pour condamner. Le

CHAPITRE V. LES VIOLENCES RÉVOLUTIONNAIRES

président se contentait généralement de poser une vague question à l'accusé. Pour obtenir plus de rapidité encore, Fouquier-Tinville avait proposé de faire installer la guillotine dans l'enceinte même du tribunal.

Ce tribunal envoyait indistinctement à l'échafaud tous les accusés arrêtés par la haine des partis et constitua bientôt, entre les mains de Robespierre, l'instrument de la plus sanglante tyrannie. Lorsque Danton, un de ses fondateurs, devint sa victime, il demanda justement pardon à Dieu et aux hommes, avant de monter sur l'échafaud, d'avoir contribué à une telle création.

Rien ne trouvait grâce devant lui, ni le génie de Lavoisier, ni la douceur de Lucile Desmoulins, ni le mérite de Malesherbes. " Tant de talents, écrivait Benjamin Constant, massacrés par les plus lâches et les plus bêtes des hommes ! "

Pour trouver quelques excuses au Tribunal révolutionnaire, il faut revenir à notre conception de la mentalité religieuse des Jacobins qui le fondèrent et le dirigèrent. Ce fut une œuvre comparable dans son esprit et dans son but à celle de l'Inquisition. Les hommes lui fournissant ses victimes, Robespierre, Saint-Just et Couthon croyaient être les bienfaiteurs du genre humain en supprimant tous les infidèles, ennemis de la foi qui allait régénérer le monde.

Les exécutions pendant la Terreur ne portèrent pas uniquement sur des membres de l'aristocratie et du clergé, puisque 4.000 paysans et 3.000 ouvriers furent guillotinés.

Étant donnée l'émotion produite de nos jours par une exécution capitale, on pourrait croire que celles de beaucoup de personnes à la fois devaient émouvoir considérablement. Or l'habitude avait tellement émoussé la sensibilité qu'on n'y faisait plus grande attention. Les mères menaient leurs enfants voir les guillotinades comme elles les conduisent aujourd'hui à un théâtre de marionnettes.

Le spectacle quotidien des exécutions avait également donné aux hommes de cette époque une grande indifférence pour la mort. Tous montèrent à l'échafaud avec beaucoup de calme, les Girondins gravirent ses degrés en chantant la Marseillaise.

Cette résignation résultait de la loi de l'habitude qui amortit très vite les émotions. À en juger par les mouvements royalistes se reproduisant chaque jour, la perspective de la guillotine n'effrayait plus. Les choses se passaient comme si la Terreur n'avait terrorisé personne. Elle n'est d'ailleurs un procédé psychologique efficace qu'à la condition de ne pas durer. La vraie terreur réside beaucoup plus dans les menaces que dans leur réalisation.

§ 3. — LA TERREUR EN PROVINCE.

Les exécutions des tribunaux révolutionnaires en province ne représentent qu'une partie des massacres opérés pendant la Terreur. L'armée révolutionnaire, composée de vagabonds et de brigands, parcourait la France en pillant et massacrant. Sa façon de procéder est bien indiquée dans le passage suivant emprunté à Taine :

> " À Bédouin, ville de 2.000 âmes, où des inconnus ont abattu l'arbre de la Liberté, 433 maisons démolies ou incendiées, 16 guillotinés, 47 fusillés, tous les autres habitants expulsés, réduits à vivre ou vagabonds dans la montagne et à s'abriter dans des cavernes qu'ils creusent en terre. "

Le sort des malheureux envoyés devant les tribunaux révolutionnaires n'était pas meilleur. Les simulacres de jugement avaient été bientôt supprimés. À Nantes, Carrier fit noyer, fusiller, mitrailler au gré de sa fantaisie près de 5.000 personnes, hommes, femmes et enfants.

Les détails de ces massacres figurèrent au Moniteur après la réaction de Thermidor. J'en relève ici quelques-uns :

> " J'ai vu, dit Thomas, après la prise de Noirmoutier, brûler vifs des hommes, des femmes, des vieillards..., violer des femmes, des filles de quatorze à quinze ans, les massacrer ensuite et jeter de baïonnettes en baïonnettes de tendres enfants qui étaient à côté de leurs mères étendus sur le carreau. "
>
> (*Moniteur* du 21 décembre 1794.)

Dans le même numéro, on lit une déposition d'un sieur Julien racontant comment Carrier obligeait ses victimes à creuser leur fosse et les faisait enterrer vives. Le numéro du 15 octobre 1794 contient un rapport de Merlin de Thionville prouvant que le capitaine du bâtiment le *Destin* avait reçu l'ordre d'embarquer pour les noyer quarante et une victimes : " parmi lesquelles un aveugle âgé de soixante-dix-huit ans, douze femmes, douze filles, quinze enfants, dont dix de six à dix ans et cinq à la mamelle. "

Au cours du procès de Carrier (*Moniteur* du 30 décembre 1794), il fut

CHAPITRE V. LES VIOLENCES RÉVOLUTIONNAIRES

établi qu'il " avait donné l'ordre de noyer et fusiller les femmes et les enfants et prescrit au général Haxo de faire exterminer tous les habitants de la Vendée et d'incendier leurs habitations ".

Carrier éprouvait, comme tous les massacreurs, une joie intense à voir souffrir ses victimes.

> " Dans le département où j'ai donné la chasse aux prêtres, disait-il, jamais je n'ai tant ri, éprouvé plus de plaisir qu'en leur voyant faire leurs grimaces en mourant. " (*Moniteur* du 22 décembre 1794.)

On fit le procès de Carrier pour donner satisfaction à la réaction de Thermidor. Mais les massacres de Nantes s'étaient répétés dans bien d'autres villes. Fouché avait fait périr deux mille personnes à Lyon, et tant d'habitants furent tués à Toulon que la population était tombée de vingt-neuf mille, à sept mille en quelques mois.

Il faut bien dire à la décharge de Carrier. Fréron, Fouché, et de tous ces sinistres personnages, qu'ils étaient incessamment stimulés par le Comité de Salut public. Carrier en donna la preuve dans son procès.

> " Je conviens, dit-il (*Moniteur* du 24 décembre 1794), qu'on a fusillé 150 ou 200 prisonniers par jour, mais c'était par ordre de la commission. J'ai informé la Convention qu'on fusillait des brigands par centaines, elle a applaudi à cette lettre, elle en a ordonné l'insertion au Bulletin. Que faisaient alors ces députés qui maintenant s'acharnent contre moi ? Ils applaudissaient. Pourquoi me continuait-on alors ma mission ? J'étais alors le sauveur de la patrie et maintenant je suis un homme sanguinaire. "

Malheureusement pour lui, Carrier ignorait, comme il le fit remarquer dans le même discours, que sept à huit personnes seulement menaient la Convention. Rien n'était plus exact, mais comme l'Assemblée terrorisée approuvait tout ce qu'ordonnaient ces sept ou huit personnes, on ne pouvait rien répondre à l'argumentation de Carrier. Il méritait assurément d'être guillotiné, mais toute la Convention le méritait avec lui puisqu'elle avait approuvé les massacres.

La défense de Carrier, justifiée par les lettres du Comité où les représentants en mission étaient sans cesse stimulés, montre que les violences de la Terreur résultèrent bien d'un système combiné et nullement, comme on l'a prétendu quelquefois, d'initiatives individuelles.

Le besoin de destruction ne s'assouvit pas seulement sur les personnes pendant la Terreur, mais encore sur les choses. Le vrai croyant est toujours iconoclaste. Arrivé au pouvoir, il détruit avec un même zèle les ennemis de sa foi et les images, temples et symboles rappelant la croyance combattue.

On sait que le premier acte de l'empereur Théodose, converti à la religion chrétienne, fut de faire abattre la plupart des temples érigés depuis six mille ans sur les bords du Nil. Ne nous étonnons donc pas de voir les chefs de la Révolution s'en prendre aux monuments et œuvres d'art qui constituaient pour eux les vestiges d'un passé abhorré.

Les statues, manuscrits, vitraux et objets d'orfèvrerie furent brisés avec acharnement. Lorsque Fouché, futur duc d'Otrante sous Napoléon, et ministre sous Louis XVIII, fut envoyé comme commissaire de la Convention dans la Nièvre, il ordonna la démolition des tours des châteaux et des clochers des églises, parce qu'ils " blessaient l'égalité ".

Le vandalisme révolutionnaire s'exerça même sur les tombeaux. À la suite d'un rapport de Barrère à la Convention, les magnifiques tombes royales de Saint-Denis, parmi lesquelles figurait l'admirable mausolée de Henri II, par Germain Pilon, furent broyées, les cercueils vidés, le corps de Turenne envoyé au Muséum comme curiosité, après qu'un gardien en eut extrait toutes les dents pour les vendre. La moustache et la barbe d'Henri IV furent arrachées.

On ne peut évidemment voir sans tristesse des hommes éclairés, consentir à la destruction du patrimoine artistique de la France. Pour les excuser, il faut se souvenir que les fortes croyances sont génératrices des pires excès, et aussi que la Convention, presque journellement envahie par des émeutes, s'inclinait toujours devant les volontés populaires.

Le sombre récit de toutes ces dévastations ne montre pas seulement la puissance du fanatisme, mais aussi ce que deviennent les hommes libérés des liens sociaux et le pays qui tombe entre leurs mains.

CHAPITRE VI. LES ARMÉES DE LA RÉVOLUTION

§ 1. — LES ASSEMBLÉES RÉVOLUTIONNAIRES ET LES ARMÉES.

Si l'on ne connaissait des assemblées révolutionnaires, et notamment de la Convention, que leurs dissensions intérieures, leurs faiblesses et leurs violences, elles auraient laissé un bien sombre souvenir.

Cependant, même pour ses ennemis, cette sanglante époque possède toujours un incontestable prestige résultant du succès des armées. Lorsque la Convention se sépara, la France était en effet agrandie de la Belgique et des territoires situés sur la rive gauche du Rhin.

En considérant la Convention comme un bloc, il est équitable de mettre à son actif les victoires des armées de la France, mais si on dissocie ce bloc pour étudier séparément chacun des éléments qui le composent, leur indépendance apparaît nettement. On constate alors que la Convention eut en vérité une faible part dans les événements militaires. Les armées à la frontière, les assemblées révolutionnaires à Paris, formèrent deux mondes qui s'influencèrent très peu et pensèrent fort différemment.

Nous avons vu la Convention, gouvernement très faible, changer d'idée chaque jour, suivant les impulsions populaires, et donner l'exemple d'une profonde anarchie. Ne dirigeant rien, mais étant constamment dirigée, comment eût-elle pu agir sur les armées ?

Complètement absorbée par ses querelles intestines, l'Assemblée avait abandonné toutes les questions militaires à un comité spécial que régissait à peu près seul Carnot et dont le véritable rôle fut de fournir des vivres et des munitions aux troupes. Le mérite de Carnot consista en outre à diriger les 752.000 hommes dont la France disposait vers des points stratégiquement utiles, à recommander aux généraux l'offensive et une sévère discipline.

L'unique participation de l'Assemblée à la défense du pays fut de décréter des levées en masse. Devant les nombreux ennemis menaçant la France, aucun gouvernement n'aurait pu se soustraire à une telle mesure. Pendant quelque temps, l'Assemblée envoya en outre aux armées des représentants chargés de faire guillotiner quelques généraux, mais elle y renonça assez vite.

En fait, son intervention resta toujours très faible. Les armées, grâce à leur nombre, à leur enthousiasme, à une tactique improvisée par de jeunes généraux, se tirèrent victorieusement d'affaire toutes seules. Elles vainquirent à côté de la Convention et tout à fait en dehors d'elle.

§ 2. — LA LUTTE DE L'EUROPE CONTRE LA RÉVOLUTION.

Avant d'énumérer les divers facteurs psychologiques qui contribuèrent au succès des armées révolutionnaires, il est utile de rappeler brièvement la façon dont s'établit et se développa la lutte de l'Europe contre la Révolution.

Au début de cette dernière, les souverains étrangers envisageaient avec satisfaction les difficultés de la monarchie française considérée depuis longtemps comme une puissance rivale. Le roi de Prusse croyant la France très affaiblie songeait à s'agrandir à ses dépens, aussi proposa-t-il à l'empereur d'Autriche d'aider Louis XVI, à la condition de recevoir comme indemnité la Flandre et l'Alsace. Les deux souverains signèrent en février 1792, un traité d'alliance contre nous. Les Français prévinrent l'attaque en déclarant la guerre à l'Autriche, sous l'influence des Girondins.

L'armée française subit au début plusieurs échecs. Les alliés pénétrèrent en Champagne et parvinrent à 200 kilomètres de Paris. La bataille de Valmy gagnée par Dumouriez les obligea à se retirer.

Bien que 300 Français et 200 Prussiens seulement eussent été tués dans le combat ses conséquences furent très importantes. Avoir fait reculer une armée réputée invincible donna une grande hardiesse aux jeunes

CHAPITRE VI. LES ARMÉES DE LA RÉVOLUTION

troupes révolutionnaires et partout elles prirent l'offensive. En quelques semaines, les soldats de Valmy avaient chassé les Autrichiens de la Belgique et y étaient accueillis en libérateurs.

Mais c'est surtout sous la Convention que la guerre prit une extension considérable. Au commencement de 1793, l'Assemblée déclara la Belgique réunie à la France. Il en résulta une lutte avec l'Angleterre, qui se prolongea pendant vingt-deux ans.

Réunis à Anvers en avril 1793, les représentants de l'Angleterre, de la Prusse et de l'Autriche, résolurent de démembrer la France. Les Prussiens devaient s'emparer de l'Alsace et de la Lorraine ; les Autrichiens de la Flandre et de l'Artois ; les Anglais de Dunkerque. L'ambassadeur autrichien proposait d'écraser la Révolution par la terreur " en exterminant la presque totalité de la partie dirigeante de la nation ". Devant de pareilles déclarations, il n'y avait qu'à vaincre ou périr.

Pendant cette première coalition, de 1793 à 1797, la France eut à combattre sur toutes ses frontières, des Pyrénées jusqu'au Nord.

Au début, elle perdit ses premières conquêtes et subit plusieurs revers. Les Espagnols s'emparèrent de Perpignan et de Bayonne, les Anglais de Toulon, les Autrichiens de Valenciennes. C'est alors que la Convention, vers la fin de 1793, ordonna une levée en masse de tous les Français de 18 à 40 ans et put envoyer aux frontières neuf armées formant un total d'environ 750.000 hommes. On fondit ensemble les anciens régiments de l'armée royale avec les bataillons de volontaires et de réquisitionnés.

Les alliés sont repoussés, Maubeuge débloqué à la suite de la victoire de Wattignies gagnée par Jourdan. Hoche dégage la Lorraine. La France prend l'offensive, reconquiert la Belgique et la rive gauche du Rhin. Jourdan bat les Autrichiens à Fleurus, les rejette sur le Rhin, occupe Cologne et Coblentz.

La Hollande est envahie. Les souverains alliés se résignent à demander la paix et reconnaissent à la France ses conquêtes.

Nos succès furent favorisés par ce fait que les ennemis ne s'engageaient jamais bien à fond, préoccupés du partage de la Pologne auxquels ils procédèrent de 1793 à 1795. Chacun voulait être présent au démembrement pour obtenir davantage. Ce motif avait déjà fait reculer le roi de Prusse en 1792 après Valmy.

Les hésitations des alliés et leur méfiance réciproque nous furent très avantageuses. Si, durant l'été de 1793, les Autrichiens avaient marché sur Paris, nous étions, dit le général Thiébault, " perdus cent fois pour une ".

Eux seuls nous ont sauvés en nous donnant le temps de faire des soldats, des officiers et des généraux.

Après le traité de Bâle, la France n'eut plus sur le continent d'adversaires importants que les Autrichiens. C'est alors que le Directoire fît attaquer l'Autriche et l'Italie où elle possédait le Milanais. Bonaparte fut chargé de cette campagne. Après une année de luttes, d'avril 1796 à avril 1797, il contraignait les derniers ennemis de la France à demander la paix.

§ 3. — FACTEURS PSYCHOLOGIQUES ET MILITAIRES AYANT DÉTERMINÉ LE SUCCÈS DES ARMÉES RÉVOLUTIONNAIRES.

Pour saisir les causes du succès des armées révolutionnaires, il faut retenir le prodigieux enthousiasme, l'endurance et l'abnégation de ces soldats en guenilles et souvent sans chaussures. Tout imprégnés des principes révolutionnaires, ils se sentaient les apôtres d'une religion nouvelle, destinée à régénérer le monde.

L'histoire des armées de la Révolution rappelle tout à fait celle des nomades d'Arabie, qui, fanatisés par l'idéal de Mahomet, se transformèrent en armées redoutables et conquirent rapidement une partie du vieux monde romain. Une foi analogue dota les soldats républicains d'un héroïsme et d'une intrépidité que n'ébranlait aucun revers. Lorsque la Convention fit place au Directoire, ils avaient libéré la patrie et reporté chez l'ennemi la guerre d'invasion. À cette époque, il ne restait plus de vraiment républicains en France que les soldats.

La foi étant contagieuse et la Révolution se présentant comme une ère nouvelle, plusieurs des peuples envahis, opprimés par l'absolutisme de leurs rois, reçurent les envahisseurs en libérateurs. Les habitants de la Savoie accouraient devant les soldats français. À Mayence la foule les accueillait avec enthousiasme, plantait des arbres de la liberté et formait une Convention à l'imitation de celle de Paris.

Tant que les armées de la Révolution se heurtèrent à des peuples courbés sous le joug de monarques absolus et n'ayant aucun idéal personnel à défendre, le succès fut relativement aisé. Mais quand elles entrèrent en conflit avec d'autres hommes, possesseurs d'un idéal aussi fort que le leur, le triomphe devint beaucoup plus difficile.

L'idéal nouveau de liberté et d'égalité capable de séduire des peuples, dénués de convictions précises et souffrant du despotisme de leurs maîtres, devait rester naturellement sans action sur ceux possédant un idéal puis-

CHAPITRE VI. LES ARMÉES DE LA RÉVOLUTION

sant fixé depuis longtemps dans les âmes. Pour cette raison, Bretons et Vendéens, dont les sentiments religieux et monarchiques étaient très forts, luttèrent pendant plusieurs années avec succès contre les armées de la République.

En mars 1793, les insurrections de la Vendée et de la Bretagne s'étaient étendues à dix départements. Vendéens dans le Poitou, Chouans en Bretagne, mirent sur pied 80.000 hommes.

Les conflits entre idéals contraires, c'est-à-dire entre croyances où la raison ne saurait intervenir étant toujours impitoyables, la lutte avec la Vendée prit immédiatement ce caractère de sauvagerie féroce observé toujours dans les guerres de religion. Elle se prolongea jusqu'à la fin de 1795, époque à laquelle Hoche pacifia la Vendée. Cette pacification était la simple conséquence de l'extermination à peu près complète de ses défenseurs.

> " Après deux années de guerre civile, écrit Molinari la Vendée ne présentait plus qu'un effroyable monceau de ruines. Environ 900.000 individus, hommes, femmes, enfants, vieillards avaient péri, et le petit nombre de ceux qui avaient survécu au massacre trouvaient à peine de quoi s'alimenter et s'abriter. Les champs étaient dévastés, les enclos détruits, les maisons incendiées. "

En dehors de leur foi qui les rendit si souvent invincibles, les soldats de la Révolution eurent encore l'avantage de voir à leur tête des généraux remarquables, pleins d'ardeur et formés sur les champs de bataille.

La plupart des anciens chefs de l'armée ayant, en qualité de nobles, émigré, on dut organiser un nouveau corps d'officiers. Il en résulta que ceux doués d'aptitudes militaires innées, eurent l'occasion de les montrer et franchirent tous les grades dans l'espace de quelques mois. Hoche, par exemple, caporal en 1789, était général de division et commandant d'armée à l'âge de vingt-cinq ans. L'extrême jeunesse de ces chefs leur donnait un esprit d'offensive auquel les armées ennemies n'étaient pas habituées. Sélectionnés d'après leur seul mérite, n'étant gênés par aucune tradition, aucune routine, ils réussirent vite à créer une tactique en rapport avec les nécessités nouvelles.

Aux soldats sans expérience opposés à de vieilles troupes de métier, dressées suivant les méthodes partout en usage depuis la guerre de Sept ans, on ne pouvait demander de manœuvres compliquées.

Les attaques se firent simplement par grandes masses. Grâce au nombre d'hommes que les généraux commandaient, les vides considérables provoqués par ce procédé efficace mais barbare, pouvaient être rapidement comblés.

Les masses profondes attaquant l'ennemi à la baïonnette déroutèrent vite des troupes habituées à des méthodes plus ménagères de la vie des soldats. La lenteur du tir à cette époque rendait la tactique française d'un emploi relativement facile. Elle triompha mais au prix de pertes énormes. On a calculé que, de 1792 à 1800, l'armée française laissa sur les champs de bataille plus du tiers de ses effectifs (700.000 hommes sur 2 millions).

Examinant dans cet ouvrage les événements au point de vue psychologique, nous continuons à dégager des faits les conséquences qu'ils comportent.

L'étude des foules révolutionnaires à Paris et aux armées offre des tableaux bien différents mais d'une interprétation facile.

Nous avons prouvé que les foules, inaptes au raisonnement, obéissent uniquement à des impulsions les transformant sans cesse, mais nous avons vu aussi qu'elles sont très susceptibles d'héroïsme, que l'altruisme est souvent développé chez elles et qu'on trouve facilement des milliers d'hommes prêts à se faire tuer pour une croyance.

Des caractères psychologiques si divers doivent nécessairement conduire à des actes dissemblables et même absolument contraires suivant les circonstances. L'histoire de la Convention et de ses armées nous en fournit la preuve. Elle montre des foules composées d'éléments voisins agissant si différemment à Paris et à la frontière qu'on pourrait croire qu'il ne s'agit pas du même peuple.

À Paris, les foules sont désordonnées, violentes, meurtrières et manifestent des exigences changeantes qui rendent tout gouvernement impossible.

Aux armées, le tableau est entièrement différent. Les mêmes multitudes d'inadaptés, encadrés par l'élément régulier du peuple paysan et travailleur, canalisés par la discipline militaire, entraînés par l'enthousiasme contagieux, supportent héroïquement les privations, méprisent les périls et contribuent à former le bloc fabuleux qui triompha des plus redoutables troupes de l'Europe.

Ces faits figurent parmi ceux qu'il faudra toujours invoquer pour montrer la force d'une discipline. Elle transforme les hommes. Libérés de son influence, peuples et armées deviennent des hordes barbares.

CHAPITRE VI. LES ARMÉES DE LA RÉVOLUTION

Cette vérité s'oublie chaque jour davantage. Méconnaissant les lois fondamentales de la logique collective, on cède de plus en plus aux mobiles impulsions populaires au lieu d'apprendre à les diriger.

Il faut montrer aux multitudes les voies à suivre. Ce n'est pas elles qui doivent les tracer.

CHAPITRE VII. PSYCHOLOGIE DES CHEFS DE LA RÉVOLUTION

§ 1. — MENTALITÉ DES HOMMES DE LA RÉVOLUTION. RÔLE DES CARACTÈRES VIOLENTS ET DES CARACTÈRES FAIBLES.

On juge avec son intelligence, on se guide avec son caractère. Pour bien connaître un homme, il faut séparer ces deux éléments.

Pendant les grandes périodes d'action — et les mouvements révolutionnaires appartiennent naturellement à de telles périodes — le caractère prend toujours le premier rang.

Ayant décrit, au cours de plusieurs chapitres, les diverses mentalités qui prédominent dans les temps troublés, nous n'avons pas à y revenir maintenant. Elles constituent des types généraux que modifie naturellement la personnalité héréditaire et acquise de chacun.

Nous avons vu le rôle joué par l'élément mystique dans la mentalité jacobine et le fanatisme féroce auquel il conduisit les sectateurs de la nouvelle foi.

Nous avons montré aussi que tous les membres des assemblées ne furent pas des fanatiques. Ceux-ci constituèrent même une minorité, puisque dans la plus sanguinaire des assemblées de la Révolution, la grande majorité se composait d'hommes timides et modérés, au caractère neutre. Avant Thermidor, les membres de ce groupe votèrent par crainte avec les violents et, après Thermidor, avec les modérés.

En temps de révolution, comme d'ailleurs à toutes les époques, ces

CHAPITRE VII. PSYCHOLOGIE DES CHEFS DE LA RÉVOLUTION

caractères neutres, obéissant aux impulsions les plus contraires, sont toujours les plus nombreux. Ils sont aussi dangereux en réalité que les violents. La force des derniers s'appuie sur la faiblesse des premiers.

Dans toutes les révolutions, et en particulier la nôtre, on voit une petite minorité d'esprits bornés, mais décidés, dominer impérieusement une immense majorité d'hommes, très intelligents parfois, mais dépourvus de caractère.

À côté des apôtres fanatiques et des caractères faibles, surgissent toujours en révolution des individus ne songeant qu'à profiter d'elle. Ils furent nombreux pendant la Révolution française. Leur but était simplement d'utiliser les circonstances pour s'enrichir. Tels Barras, Tallien, Fouché, Barrère et bien d'autres. Leur politique consistait uniquement à se mettre au service du plus fort contre le plus faible.

Dès le début de la Révolution, ces arrivistes, comme on dirait aujourd'hui, étaient nombreux. C'est ce qui faisait écrire à Camille Desmoulins, en 1792 : " Notre Révolution n'a ses racines que dans l'égoïsme et dans les amours-propres de chacun, de la combinaison desquels s'est composé l'intérêt général. "

Si on ajoute aux indications précédentes les observations résumées dans un autre chapitre sur les diverses formes de mentalités en temps de bouleversements politiques, on aura déjà une idée générale du caractère des hommes de la Révolution. Nous allons faire maintenant l'application des principes précédemment exposés, aux personnages les plus marquants de la période révolutionnaire.

§ 2. — PSYCHOLOGIE DES REPRÉSENTANTS EN MISSION.

À Paris, la conduite des membres de la Convention était toujours orientée, contenue ou excitée par l'action de leurs collègues et celle du milieu.

Pour bien les juger, on doit les observer abandonnés à eux-mêmes, sans contrôle et possédant, par conséquent, toute liberté. Tels furent justement les représentants envoyés en mission dans les départements par la Convention.

Le pouvoir de ces délégués était absolu. Aucune censure ne les gênait. Fonctionnaires et magistrats devaient leur obéir.

Un représentant en mission " réquisitionne, séquestre ou confisque ce que bon lui semble, taxe, emprisonne, déporte ou décapite qui bon lui semble et, dans sa circonscription, il est pacha ".

Se considérant tous comme des pachas, ils se montraient " traînés par des carrosses à six chevaux, entourés de gardes, assis à des tables somptueuses de trente couverts, mangeant au bruit de la musique avec un cortège d'histrions, de courtisanes et de prétoriens... ". À Lyon " la représentation solennelle de Collot d'Herbois ressemble a celle du Grand Turc. On ne parvient à son audience qu'après trois demandes itératives ; une file d'appartements précède son salon de réception, personne ne l'approche qu'à quinze pas de distance ".

On se figure la vanité immense de ces dictateurs pénétrant solennellement dans les villes, entourés de gardes et dont un geste suffisait à faire tomber les têtes.

Petits avocats sans causes, médecins sans clients, curés défroqués, robins ignorés, n'ayant connu auparavant qu'une pâle destinée, devenaient subitement égaux aux plus puissants tyrans de l'histoire. En guillotinant, noyant, mitraillant sans pitié, au hasard de leurs fantaisies, ils prenaient conscience de s'élever d'une humble condition au niveau de célèbres potentats.

Jamais Néron ni Héliogabale ne dépassèrent en tyrannie les représentants de la Convention. Des lois et des coutumes contenaient toujours un peu les premiers. Rien ne refrénait les seconds.

" Fouché, écrit Taine, lorgnette en main, regarde de sa fenêtre une boucherie de 210 Lyonnais. Collot, Laporte et Fouché font ripaille en grande compagnie les jours de fusillade et au bruit de la décharge se lèvent avec des cris d'allégresse, en agitant leurs chapeaux. "

Parmi les représentants en mission à mentalité meurtrière, on peut citer comme type l'ancien curé Lebon qui, devenu possesseur du pouvoir suprême, ravagea Arras et Cambrai. Son exemple, avec celui de Carrier, contribue à montrer ce que devient l'homme soustrait au joug de la tradition et des lois. La cruauté du féroce conventionnel se compliquait de sadisme ; l'échafaud était dressé sous ses fenêtres, de façon à ce que lui, sa femme et ses coadjuteurs pussent jouir du carnage. Au pied de la guillotine, on avait installé une buvette où venaient boire les sans-culottes. Pour les amuser, le bourreau groupait sur le pavé, en attitudes ridicules, les corps nus des décapités.

" La lecture des deux volumes de son procès imprimés à Amiens en 1795, peut être placée parmi les cauchemars. Durant vingt audiences, les survivants des hécatombes d'Arras et de Cambrai passent dans l'antique salle

CHAPITRE VII. PSYCHOLOGIE DES CHEFS DE LA RÉVOLUTION

du Bailliage, à Amiens, où l'on juge l'ex-conventionnel. Ce que racontent ces fantômes en deuil est inouï. Des rues entières dépeuplées ; des nonagénaires, des filles de seize ans égorgées après un jugement dérisoire ; la mort bafouée, insultée, enjolivée, dégustée ; les exécutions en musique ; des bataillons d'enfants recrutés comme garde de l'échafaud ; des débauches, un cynisme, des raffinements de satrape ivre ; un roman de Sade devenu épopée ; il semble, en assistant à ce déballage d'horreurs, que tout un pays, longtemps terrorisé, dégorge enfin son épouvante et prend la revanche de sa lâcheté en accablant le malheureux qui est là, bouc émissaire d'un régime abhorré et vaincu. "

La seule défense de l'ancien curé fut d'avoir obéi à des ordres. Les faits qui lui furent reprochés étaient connus depuis longtemps et la Convention ne les avait nullement blâmés.

J'ai signalé plus haut la vanité des représentants en mission revêtus instantanément d'un pouvoir supérieur à celui des plus puissants despotes, mais ce sentiment ne suffirait pas à expliquer leur férocité.

Elle provenait de sources diverses. Apôtres d'une foi sévère, les délégués de la Convention ne devaient, comme les inquisiteurs du Saint-Office, aucune pitié à leurs victimes. Dégagés en outre de tous les freins de la tradition et des lois, ils pouvaient donner cours aux plus sauvages instincts que l'animalité primitive laisse en nous.

La civilisation restreint ces instincts, mais ils ne meurent jamais. Le besoin de tuer, qui crée les chasseurs, en est le permanent indice. M. Cunisset-Carnot a montré, dans les lignes suivantes, l'emprise de ce penchant héréditaire qui, dans la poursuite du plus bénévole gibier, fait renaître, chez tout chasseur, le barbare.

" Le plaisir de tuer pour tuer est pour ainsi dire universel, il est le fond de la passion cynégétique, car il faut bien convenir qu'actuellement, dans les pays civilisés, le besoin de vivre n'est plus pour rien dans son expansion. En réalité, nous continuons un geste impérieusement imposé à nos sauvages aïeux par les nécessités de leur existence durant laquelle il fallait tuer ou mourir de faim, alors que plus rien ne le légitime aujourd'hui. Mais c'est ainsi, nous n'y pouvons rien, nous ne parviendrons sans doute jamais à rompre les chaînes de cet esclavage qui nous serrent depuis si longtemps. Nous ne pouvons nous empêcher de goûter un plaisir intense, passionnant souvent, à verser le sang des animaux vis-à-vis desquels, lorsque le goût de la chasse nous tient, nous arrivons à perdre tout sentiment de pitié. Les bêtes les plus douces, les plus jolies, les oiseaux chanteurs, charme de nos printemps, tombent sous notre plomb ou s'étranglent dans nos filets sans qu'un frémissement de pitié trouble notre plaisir de les voir terrorisés, sanglants, se débattre dans les horribles souffrances que nous leur infligeons, cherchant à fuir sur leurs pauvres pattes cassées ou agitant désespérément leurs ailes qui ne peuvent plus les soutenir... L'excuse, c'est la poussée de cet atavisme impérieux auquel les meilleurs d'entre nous n'ont pas la force de résister. "

En temps ordinaire, cet atavisme sanguinaire, contenu par la crainte des lois, ne peut s'exercer que sur des animaux. Quand les codes n'agissent plus, il s'applique immédiatement à l'homme, et c'est pourquoi tant de terroristes trouvèrent un plaisir intense à massacrer. Le mot de Carrier sur la joie qu'il éprouvait à contempler la figure de ses victimes pendant leur supplice est fort typique. Chez beaucoup de civilisés, la férocité est un instinct refréné, mais nullement supprimé.

§ 3. — DANTON ET ROBESPIERRE.

Danton et Robespierre représentent les deux principaux personnages de la Révolution. Je parlerai peu du premier, sa psychologie, d'ailleurs assez simple, étant fort connue. Surtout orateur de club, impulsif et violent, il se montra toujours prêt à exciter le peuple. Cruel seulement dans ses discours, il en regrettait souvent les effets. Dès le début, il brilla au premier rang alors que son futur rival Robespierre végétait presque au dernier.

À un moment donné, Danton devint l'âme de la Révolution, mais il était dépourvu de ténacité et de fixité dans la conduite. En outre, il avait des besoins, alors que Robespierre n'en possédait pas. Le fanatisme continu du dernier triompha des efforts intermittents du premier. Ce fut, néanmoins, un spectacle imprévu, de voir un aussi puissant tribun envoyé à l'échafaud par son pâle, venimeux et médiocre rival.

Robespierre, l'homme le plus influent de la Révolution et le plus étudié, reste cependant le moins expliqué. Difficilement se comprend l'influence prodigieuse qui lui donna le droit de vie et de mort, non seulement sur les ennemis de la Révolution, mais encore sur des collègues ne pouvant passer pour ennemis du régime.

On ne l'explique pas assurément en disant, avec Taine, que Robespierre était un cuistre perdu dans des abstractions, ni en affirmant, avec

CHAPITRE VII. PSYCHOLOGIE DES CHEFS DE LA RÉVOLUTION

Michelet, qu'il réussit à cause de ses principes, ni en répétant avec son contemporain, H. Williams, que " l'un des secrets de son gouvernement était de prendre, pour marchepied à son ambition, des hommes marqués d'opprobre ou souillés de crimes ".

Impossible de rechercher dans son éloquence les causes de ses succès. Le regard abrité par des lunettes, il lisait péniblement ses discours, composés d'abstractions froides et vagues. L'assemblée comptait des orateurs possédant un talent immensément supérieur, comme Danton et les Girondins, et ce fut pourtant Robespierre qui les fit périr.

Nous n'avons donc, en réalité, aucune explication acceptable de l'ascendant que le dictateur finit par acquérir. Sans influence à l'Assemblée nationale, il devint progressivement le maître aux Jacobins et à la Convention. " Lorsqu'il est arrivé au Comité de Salut public, il était déjà, dit Billaud-Varenne, l'être le plus important de la France. "

> " Son histoire, écrit Michelet, est prodigieuse, bien plus que celle de Bonaparte. On voit bien moins les fils et les rouages, les forces préparées. Ce qu'on voit, c'est un petit avocat avant tout homme de lettres. C'est un homme honnête et austère mais de piètre figure, d'un talent incolore, qui se trouve un matin soulevé, emporté par je ne sais quelle trombe. Rien de tel dans les Mille et une Nuits. En un moment, il va bien plus haut que le trône. Il est mis sur l'autel. Étonnante légende. "

Sans doute, les circonstances l'aidèrent considérablement. On se tournait vers lui comme vers le maître dont chacun éprouvait déjà le besoin. Mais alors il l'était déjà et c'est justement la cause de son ascension rapide qu'il s'agit de déterminer. Je supposerais volontiers chez lui l'existence d'une sorte de fascination personnelle qui nous échappe aujourd'hui. On peut faire valoir, à l'appui de cette hypothèse, ses succès féminins. Les jours où il prononce des discours, " les passages sont obstrués de femmes... il y en a sept ou huit cents dans les tribunes, et avec quels transports elles l'applaudissent... Aux Jacobins, quand il parle, il y a des sanglots d'attendrissement, des cris, des trépignements à faire crouler la salle... " Une jeune veuve, Mme de Chalabre, possédant quarante mille francs de rente, lui envoie des lettres incendiaires et veut absolument l'épouser.

Il ne faudrait pas chercher dans le caractère de Robespierre les causes de sa popularité. Tempérament hypocondriaque, intelligence médiocre, incapable de saisir les réalités, confiné dans les abstractions, astucieux et dissimulé, sa note dominante fut un orgueil excessif qui ne cessa de croître jusqu'à son dernier jour. Grand prêtre d'une foi nouvelle, il se croyait envoyé de Dieu sur la terre pour établir le règne de la vertu. On lui écrit " qu'il est le Messie que l'Être éternel a promis pour réformer toute chose ".

Rempli de prétentions littéraires, il polissait longuement ses discours. Sa jalousie profonde à l'égard des orateurs ou des gens de lettres, tels que Camille Desmoulins, causa leur mort.

> " Ceux qui furent particulièrement en butte à la rage du tyran, écrit l'auteur cité plus haut, ce furent les hommes de lettres. Contre eux, en Robespierre, la jalousie d'un confrère se mêlait à la fureur de l'oppresseur ; car la haine dont il les poursuivait s'animait moins de leur résistance à son despotisme que du talent dont ils avaient éclipsé le sien. "

Le mépris du dictateur pour ses collègues était immense et peu dissimulé. Donnant audience à Barras, à l'heure de sa toilette, il acheva de se raser, crachant du côté de son collègue, comme s'il n'existait pas, et dédaignant de répondre à ses questions. Il enveloppait d'un même dédain haineux les bourgeois et les députés. Seule la multitude trouvait grâce devant lui : " Quand le peuple souverain exerce le pouvoir, disait-il, il n'y a qu'à s'incliner. Dans tout ce qu'il fait, tout est vertu et vérité, rien ne peut être excès, erreur ou crime. "

Robespierre avait le délire des persécutions. S'il fit trancher tant de têtes, ce ne fut pas seulement en raison de sa mission d'apôtre, mais encore parce qu'il se croyait entouré d'ennemis et de conspirateurs. " Si grande que fût la lâcheté de ses collègues devant lui, écrit M. Sorel, la peur qu'il avait d'eux la dépassait encore. "

Sa dictature, absolue pendant cinq mois, est un frappant exemple de l'empire de certains meneurs. Qu'un tyran possesseur d'une armée fasse périr qui bon lui semble, on le comprend aisément. Mais qu'un homme seul réussisse à envoyer successivement à la mort un grand nombre de ses égaux, voilà qui ne s'explique pas facilement.

La puissance de Robespierre fut si complète qu'il put livrer au Tribunal révolutionnaire et par conséquent à l'échafaud, les plus illustres députés : Camille Desmoulins, Hébert, Danton et bien d'autres. Les brillants Girondins s'effondrèrent devant lui.

Il s'attaqua même à la redoutable Commune, fit guillotiner ses chefs et les remplaça par une Commune nouvelle, dévouée à ses ordres.

CHAPITRE VII. PSYCHOLOGIE DES CHEFS DE LA RÉVOLUTION

Afin de se débarrasser plus vite des hommes qui lui déplaisaient, il avait fait voter la loi de Prairial, qui permettait d'exécuter les simples suspects et grâce à laquelle il fit couper à Paris 1.373 têtes en quarante-neuf jours. En proie à une folle terreur, ses collègues ne couchaient plus chez eux. Une centaine de députés à peine assistaient aux séances. David disait " Je crois que nous ne resterons pas vingt membres de la Montagne. "

L'excès seul de sa confiance en sa force et dans la lâcheté des membres de la Convention perdit Robespierre. Ayant voulu leur faire voter une loi permettant d'envoyer les députés devant le Tribunal révolutionnaire, c'est-à-dire à l'échafaud, sans l'autorisation de l'Assemblée et sur l'ordre du comité qu'il dirigeait, plusieurs Montagnards conspirèrent avec quelques membres de la Plaine pour le renverser. Tallien, se sachant marqué pour une prochaine exécution et n'ayant par conséquent rien à perdre, l'accusa bruyamment de tyrannie. Robespierre voulut se défendre, en lisant un discours longtemps remanié, mais il apprit à ses dépens que s'il est possible de faire périr les hommes au nom de la logique, ce n'est pas avec elle que se conduit une assemblée. Les clameurs des conjurés couvrirent sa voix. Le cri " À bas le tyran ! " bientôt répété, grâce à la contagion mentale, par beaucoup des membres présents suffit pour le renverser. Sans perdre un instant, l'assemblée le décréta d'accusation.

La Commune ayant voulu le sauver, la Convention le mit hors la loi. Touché par cette formule magique, il était définitivement perdu.

> " Ce " hors la loi ", écrit H. Williams, produisait à cette époque sur un Français le même effet que le cri de la peste : celui qui en était l'objet devenait civilement excommunié, et il semblait qu'on dût être contaminé en passant dans l'air qu'il avait respiré. Tel fut l'effet qu'il produisit sur les canonniers qui braquaient leurs pièces contre la Convention. Sans avoir reçu d'autre ordre mais en entendant que la Commune était " hors la loi " ils tournèrent immédiatement leurs batteries. "

Robespierre et toute sa bande : Saint-Just, le président du Tribunal révolutionnaire, le maire de la Commune, etc., furent guillotinés le 10 thermidor au nombre de 21. Leur exécution fut suivie le lendemain d'une nouvelle fournée de 70 Jacobins et le surlendemain de 13. La Terreur, qui durait depuis dix mois, était terminée.

L'écroulement de l'édifice jacobin en Thermidor est un des plus curieux événements psychologiques de la période révolutionnaire. Aucun des Montagnards qui suscitèrent la chute de Robespierre n'avait en effet songé un seul instant qu'elle marquerait le terme de la Terreur.

Tallien, Barras, Fouché, etc. renversèrent Robespierre comme ils avaient déjà renversé Hébert, Danton, les Girondins et bien d'autres. Mais quand les acclamations de la foule leur apprirent que la mort de Robespierre était considérée comme mettant fin au régime de la Terreur, ils agirent comme si telle avait été leur intention. Ils y furent d'autant plus obligés d'ailleurs que la Plaine, c'est-à-dire la grande majorité de l'Assemblée, qui s'était laissée décimer par Robespierre, se révolta furieusement contre le régime que, tout en l'abhorrant, elle avait acclamé si longtemps. Rien n'est aussi terrible que les hommes ayant eu peur quand ils n'ont plus peur. La Plaine se vengea d'avoir été terrorisée par la Montagne en la terrorisant à son tour.

La servilité des collègues de Robespierre à la Convention ne reposait nullement sur des sentiments de sympathie à son égard. Le dictateur leur inspirait un insurmontable effroi, mais derrière les marques d'admiration et d'enthousiasme qu'ils lui prodiguaient par peur, se dissimulait une haine intense.

On s'en rend compte à la lecture des rapports insérés, après sa mort au Moniteur des 11, 15 et 29 août 1794 par divers députés et, notamment, celui " sur la conspiration des triumvirs, Robespierre, Couthon et Saint-Just ". Jamais esclaves n'invectivèrent davantage le maître tombé.

On y apprend que " ces monstres renouvelaient, depuis quelque temps, les plus horribles proscriptions de Marius et de Sylla ". Robespierre y est représenté comme un effroyable scélérat ; on assure que " comme Caligula, il n'eût pas tardé à vouloir que le peuple français adorât son cheval. Il cherchait la sécurité dans le supplice de tout ce qui pouvait éveiller un seul de ses soupçons ".

Ces rapports oublient d'ajouter, que le pouvoir de Robespierre ne s'appuyait nullement, comme celui de Sylla ou de Marius auxquels ils font allusion, sur une solide armée, mais simplement sur l'adhésion répétée des membres de la Convention. Sans leur extrême lâcheté, la puissance du dictateur n'aurait pas duré un seul jour.

Robespierre représente un des plus odieux tyrans de l'histoire, mais il se distingue de tous les autres par ce fait qu'il fut un tyran sans soldats.

On peut résumer ses doctrines en disant qu'il incarna plus que personne, sauf Saint-Just peut-être, la foi jacobine avec sa logique étroite, son mysticisme intense et son inflexible raideur. Il compte encore des panégyristes aujourd'hui. M. Hamel le qualifie de " martyr de Thermidor ". On a parlé de lui élever un monument. J'y souscrirai volontiers, considérant qu'il n'est pas inutile de conserver les traces de l'aveuglement des foules, et de l'extraordinaire platitude dont peut se montrer capable une assemblée, devant le meneur qui sait la manier. Sa statue rappellera les cris d'admiration et d'enthousiasme passionnés de la Convention acclamant les mesures du dictateur la menaçant le plus, la veille même du jour où elle allait le renverser.

§ 4. — FOUQUIER-TINVILLE, MARAT, BILLAUD-VARENNE, ETC.

Je réunis dans un même paragraphe quelques révolutionnaires rendus célèbres par le développement de leurs instincts sanguinaires. À leur férocité se joignaient d'autres sentiments, la peur et la haine, ne pouvant que la fortifier.

Fouquier-Tinville, accusateur public du Tribunal révolutionnaire, fut un des personnages qui laissèrent le plus sinistre souvenir. Ce magistrat, jadis réputé par sa douceur, et qui devint l'homme sanguinaire dont la mémoire réveille tant de répulsion, m'a déjà servi d'exemple dans d'autres ouvrages, pour montrer les transformations de certains caractères en temps de révolution.

Très besogneux au moment de la chute du régime monarchique, il avait tout à espérer d'un bouleversement social et rien à y perdre. C'était un de ces hommes que les périodes de désordre trouvent toujours prêtes à les soutenir.

La Convention lui avait abandonné ses pouvoirs. Il eut à se prononcer sur le sort de près de deux mille accusés, parmi lesquels la reine Marie-Antoinette, les Girondins, Danton, Hébert, etc. Il faisait exécuter tons les suspects qu'on lui désignait et trahissait sans scrupule ses anciens protecteurs. Dès que l'un d'eux tombait du pouvoir Camille Desmoulins, Danton, ou tout autre, il requérait contre lui.

Fouquier-Tinville possédait une âme très basse que la Révolution fit surgir. En temps normal, encadré par des règles professionnelles, sa destinée eût été celle d'un magistrat pacifique et ignoré. Ce fut justement le sort de son substitut au Tribunal révolutionnaire, Gilbert-Liendon. " Il eût dû, écrit M. Durel, inspirer la même horreur que son collègue, et cependant il a fini sa carrière dans la haute magistrature impériale. "

Un des grands bienfaits d'une société organisée est précisément de canaliser ces caractères dangereux que les freins sociaux seuls peuvent maintenir.

Fouquier-Tinville mourut sans comprendre sa condamnation, et, au point de vue révolutionnaire, rien ne la justifiait. N'avait-il pas simplement exécuté avec zèle les ordres de ses chefs ? Impossible de l'assimiler à ces représentants envoyés en province et qu'on ne pouvait surveiller. Les délégués de la Convention examinaient tous ses actes et les approuvèrent jusqu'au dernier jour. Si sa cruauté et sa façon sommaire de faire juger les prisonniers n'avaient été encouragées par ses chefs, il n'eût pas conservé son pouvoir. En condamnant Fouquier-Tinville, la Convention condamnait son affreux régime. Elle le comprit et envoya également à l'échafaud plusieurs des terroristes dont Fouquier-Tinville n'avait été que le fidèle agent d'exécution.

À côté de Fouquier-Tinville, on peut placer Dumas, qui présidait le Tribunal révolutionnaire, et se montra également d'une cruauté excessive, greffée d'ailleurs sur une peur intense. Il ne sortait pas sans deux pistolets chargés, se barricadait chez lui et ne parlait aux visiteurs qu'à travers un guichet. Sa méfiance à l'égard de tout le monde, y compris sa femme, était complète. Il fit même emprisonner cette dernière, et allait la faire exécuter quand advint Thermidor.

Parmi les personnages que la Convention mit en lumière, un des plus farouches fut Billaud-Varenne. On peut le considérer comme un type complet de férocité bestiale.

> " En ces heures de colères fécondes, d'angoisses héroïques, il reste calme, s'acquittant méthodiquement de sa besogne — et cette besogne est effroyable ; il parait, officiellement, aux massacres de l'Abbaye, félicite les égorgeurs et leur promet salaire ; sur quoi, il rentre chez soi, comme s'il revenait de la promenade. Le voici président le club des Jacobins, président la Convention, membre du Comité de Salut public, il traîne les Girondins à l'échafaud, il y traîne la reine, il y traîne son ancien patron, Danton, qui a dit de lui " Billaud a un poignard sous la langue. " Il approuve les canonnades de Lyon, les noyades de Nantes, les fournées d'Arras ; il organise l'impitoyable commission d'Orange : il est des lois de Prairial ; il stimule Fouquier-Tinville ; sur tous les décrets de mort, son nom se retrouve souvent le premier, il signe avant ses collègues, il est sans pitié, sans émotion, sans enthousiasme quand les autres s'effarent, hésitent, reculent, lui va son train, parlant par sentences ampoulées, " se-

CHAPITRE VII. PSYCHOLOGIE DES CHEFS DE LA RÉVOLUTION

couant sa crinière de lion " ; car pour mettre sa face impassible et froide en harmonie avec les exubérances qui l'entourent, il s'affuble maintenant d'une perruque jaune qui ferait rire sur toute autre tête que sur la tête sinistre de Billaud-Varenne. Quand Robespierre, Saint-Just et Couthon sont menacés à leur tour, il les abandonne, passe à l'adversaire, les pousse sous la hache... Pourquoi ? Dans quel but ? On ne sait pas il n'est ambitieux de rien ; il n'a désir ni d'argent ni de puissance. "

Je ne crois pas qu'il soit difficile de répondre au pourquoi de la citation précédente. La soif du meurtre, dont nous parlions plus haut, très répandue chez certains criminels, explique parfaitement la conduite de Billaud-Varenne. Les bandits de ce type tuent pour tuer, comme les chasseurs abattent le gibier, pour le simple plaisir d'exercer leurs instincts destructeurs. En temps ordinaire, les hommes doués de ces penchants homicides les refrènent généralement par crainte du gendarme et de la guillotine. Aux époques où ils peuvent leur donner libre cours, rien ne les arrête. Tel fut le cas de Billaud-Varenne et de bien d'autres.

La psychologie de Marat est un peu plus compliquée, non seulement parce qu'à son besoin de meurtre, se superposaient d'autres éléments : amour-propre jadis blessé, ambition, croyances mystiques, etc., mais encore parce qu'on peut le considérer comme un demi-aliéné atteint du délire des grandeurs et hanté par des idées fixes.

Il avait eu avant la Révolution de grandes prétentions scientifiques, mais personne n'attacha d'importance à ses divagations. Rêvant de places et d'honneurs, il n'avait obtenu qu'une situation très subalterne chez un grand seigneur. La Révolution lui ouvrit un avenir inespéré. Gonflé de haine contre l'ancienne société qui méconnut ses mérites, il se mit à la tête des plus violents. Après avoir glorifié publiquement les massacres de Septembre, il fonda un journal dénonçant tout le monde et réclamant sans cesse des exécutions.

Parlant constamment des intérêts du peuple, Marat en devint l'idole. La plupart de ses collègues, cependant, le méprisaient fort. Échappé au poignard de Charlotte Corday, il n'eût sûrement pas évité le couperet de la guillotine.

§ 5. — DESTINÉE DES CONVENTIONNELS QUI SURVÉCURENT À LA RÉVOLUTION.

À côté des Conventionnels dont la psychologie présente des caractères particuliers, il en est d'autres, Barras, Fouché, Tallien, Merlin de Thionville, etc., complètement dénués de croyances ou de principes, ne demandant qu'à s'enrichir.

Ils surent édifier sur la misère publique de brillantes fortunes. En temps ordinaire, on les aurait qualifiés de simples scélérats, mais aux périodes de révolution tout critérium du vice et de la vertu semble avoir disparu.

Si quelques rares Jacobins restèrent fanatiques, la plupart renoncèrent à leurs convictions dès qu'ils obtinrent richesses et honneurs en devenant les fidèles courtisans de Napoléon. Cambacérès qui, s'adressant à Louis XVI en prison, l'appelait Louis Capet, exigeait de ses familiers, sous l'Empire, d'être qualifié Altesse en public et Monseigneur dans l'intimité, montrant ainsi à quel sentiment d'envie correspondait le besoin d'égalité chez beaucoup de Jacobins.

> " La plupart des Jacobins, écrit M. Madelin, s'étaient fortement enrichis et possédaient comme Chabot, Bazire, Merlin, Barras, Boursault, Tallien, Barrère, etc., des châteaux et des terres. Ceux qui n'étaient pas encore enrichis devaient l'être bientôt... Dans le seul Comité de l'an III, état-major du parti thermidorien, on trouve un futur prince, 13 futurs comtes, 5 futurs barons, 7 futurs sénateurs de l'Empire, 6 futurs conseillers d'État et à côté d'eux à la Convention, on rencontre, du futur duc d'Otrante au futur comte Regnault, 50 démocrates qui avant quinze ans posséderont titres, armoiries, panaches, carrosses, dotations, majorats, hôtels et châteaux. Fouché mourra avec quinze millions. "

Les privilèges si décriés de l'ancien régime se trouvèrent ainsi rétablis au profit de la bourgeoisie. Pour arriver à ce résultat, il avait fallu ruiner la France, incendier des provinces entières, multiplier les supplices, plonger d'innombrables familles dans le désespoir, bouleverser l'Europe et faire périr les hommes par centaines de mille sur les champs de bataille.

En terminant ce chapitre consacré à la psychologie de divers personnages de la Révolution, nous rappellerons ce que nous avons dit des jugements possibles sur les hommes de cette période.

CHAPITRE VII. PSYCHOLOGIE DES CHEFS DE LA RÉVOLUTION

Si le moraliste est obligé de se montrer sévère à l'égard de certaines individualités, parce qu'il les juge d'après les types qu'une société doit respecter pour se maintenir, le psychologue n'est pas tenu à la même rigueur. Son but est de comprendre et devant une compréhension complète, la critique s'évanouit.

L'âme humaine est un bien fragile mécanisme et les marionnettes qui s'agitent sur le théâtre de l'histoire savent rarement résister aux forces puissantes qui les poussent. L'hérédité, le milieu, les circonstances, sont d'impérieux maîtres. Nul ne peut dire avec certitude quelle eût été sa conduite, à la place des hommes dont il essaie d'interpréter les actions.

LIVRE III. LA LUTTE ENTRE LES INFLUENCES ANCESTRALES ET LES PRINCIPES RÉVOLUTIONNAIRES

CHAPITRE I. LES DERNIÈRES CONVULSIONS DE L'ANARCHIE. LE DIRECTOIRE.

§ 1. — PSYCHOLOGIE DU DIRECTOIRE.

Les diverses assemblées révolutionnaires ayant été composées en partie des mêmes hommes, on pourrait croire leur psychologie bien voisine.

Aux époques ordinaires, il en serait ainsi, la constance du milieu déterminant celle des caractères. Mais lorsque les circonstances changent rapidement comme sous la Révolution, les caractères doivent se transformer pour s'y adapter. Tel fut justement le cas du Directoire.

Cette dernière forme de gouvernement se composait d'Assemblées distinctes : deux nombreuses, celles des diverses catégories de députés, et une très restreinte, celle des cinq directeurs.

Les Assemblées de députés rappelèrent fort par leur faiblesse la Convention. Elles n'avaient plus à obéir aux émeutes populaires refrénées avec énergie par les Directeurs, mais elles cédaient sans discussion aux injonctions dictatoriales de ces derniers.

Les premiers députés élus étaient généralement modérés. Tout le monde se montrait alors excédé de la tyrannie jacobine. La nouvelle Assemblée rêvait de relever les ruines dont la France était couverte et d'établir un régime de gouvernement libéral sans violence.

Mais par une de ces fatalités, qui fut une loi de la Révolution et montre combien le déroulement des événements est parfois supérieur aux volontés des hommes, on peut dire que les députés, malgré leurs bonnes intentions, firent toujours, comme leurs prédécesseurs, le contraire de ce qu'ils voulaient faire. Ils souhaitaient d'être modérés et se montrèrent violents, ils désiraient éliminer l'influence des Jacobins, et se laissèrent conduire par eux, ils rêvaient de réparer les ruines et ne réussirent qu'à en accumuler d'autres, ils aspiraient à la paix religieuse et finirent par persécuter et massacrer les prêtres avec plus de rigueur que pendant la Terreur.

La psychologie de la petite assemblée formée par les cinq directeurs fut très différente de celle des assemblées de députés. Aux prises avec les difficultés de chaque jour, les directeurs étaient obligés de les résoudre, alors que les grandes assemblées, sans contact avec les réalités, n'avaient que des aspirations.

La pensée dominante des directeurs était très simple. Fort indifférents aux principes, ils voulaient avant tout rester les maîtres. Pour y arriver, ils n'hésitèrent pas à recourir aux mesures les plus illégales et les plus violentes, annulant même les élections d'un grand nombre de départements lorsqu'elles les gênaient.

Se sentant incapables de réorganiser la France, ils l'abandonnèrent à elle-même. Par leur despotisme, ils parvinrent à la dominer, mais ne la gouvernèrent jamais. Or, ce qui manquait le plus au pays à ce moment-là, c'était d'être gouverné.

La Convention a laissé dans l'histoire la réputation d'un gouvernement fort, et le Directoire celle d'un gouvernement faible. Le contraire est exact. C'est le Directoire qui fut le gouvernement fort.

On expliquerait psychologiquement cette différence entre le gouvernement du Directoire et celui des assemblées précédentes en faisant observer qu'une réunion de 6 ou 700 personnes peut bien avoir des élans d'enthousiasme contagieux comme dans la nuit du 4 août, ou même des accès de volonté énergique comme celui de lancer un défi à tous les rois. Mais de telles impulsions sont trop peu durables pour posséder quelque force. Un comité de cinq membres, facilement dominé par la volonté d'un seul, est beaucoup plus susceptible de résolutions continues, c'est-à-dire de persévérance dans une ligne régulière de conduite.

Le gouvernement du Directoire se montra toujours incapable de gouverner, mais de volonté forte il ne manqua jamais. Rien ne le contenant, ni le respect de la légalité, ni les égards pour les citoyens, ni l'amour de l'intérêt public, il put faire peser sur la France un despotisme que, depuis le commencement de la Révolution, aucun gouvernement, y compris la Terreur, n'avait rendu aussi écrasant.

Bien qu'utilisant des méthodes analogues à celles de la Convention et

CHAPITRE I. LES DERNIÈRES CONVULSIONS DE L'ANARCHIE. LE...

dirigeant la France de la façon la plus tyrannique, le Directoire, pas plus que la Convention, ne parvint jamais à être le maître.

Ce fait, déjà signalé précédemment, prouve une fois encore l'impuissance des contraintes matérielles à dominer les forces morales. On ne saurait trop redire que le véritable guide de l'homme est l'armature morale édifiée par ses aïeux.

Habitués à vivre dans une société organisée, étayée sur des codes et des traditions respectés, nous nous représentons difficilement l'état d'une nation privée d'une telle armature. De notre milieu, nous ne voyons le plus souvent que les côtés gênants, oubliant facilement qu'une société n'est possible qu'à la condition d'imposer certaines entraves et que l'attirail des lois, des mœurs, des coutumes, constitue un frein aux instincts naturels de barbarie ne périssant jamais tout entiers.

L'histoire de la Convention et du Directoire qui en fut la suite, montre clairement à quel degré de désordre peut tomber une nation privée de son ancienne structure, et n'ayant plus pour guide que les artificielles combinaisons d'une raison trop courte.

§ 2. — GOUVERNEMENT DESPOTIQUE DU DIRECTOIRE. RENAISSANCE DE LA TERREUR.

Dans le but de détourner l'attention, d'occuper l'armée et de se créer des ressources, par le pillage de pays voisins, les Directeurs décidèrent de reprendre les guerres de conquêtes qui avaient réussi à la Convention.

Elles continuèrent pendant tout leur règne. Les armées, surtout en Italie, en retirèrent un riche butin.

Quelques-unes des populations envahies se montrèrent assez simples pour supposer ces invasions faites dans leur intérêt. Elles ne mirent pas longtemps à découvrir que toutes les opérations militaires accompagnaient de contributions écrasantes, de pillages des églises, des caisses publiques, etc.

Les conséquences finales de cette politique de conquête furent la formation d'une nouvelle coalition contre la France prolongée jusqu'en 1801.

Indifférents à l'état du pays et incapables de le réorganiser, les Directeurs se préoccupaient surtout de lutter contre les conspirations sans cesse renaissantes afin de garder le pouvoir.

Cette tâche suffisait à occuper leurs loisirs car les partis politiques ne désarmaient pas. L'anarchie était devenue telle, que tout le monde réclamait une main assez puissante pour rétablir l'ordre. Chacun sentait, y compris les Directeurs, que le régime républicain ne pouvait plus durer.

Les uns rêvaient de rétablir la royauté, d'autres le régime terroriste, d'autres songeaient à un général. Seuls les acquéreurs des biens nationaux redoutaient un changement de régime.

L'impopularité du Directoire grandissait chaque jour et lorsque en mai 1797 arriva le renouvellement du tiers de l'Assemblée, la plupart des élus étaient hostiles au régime.

Les Directeurs ne se trouvèrent pas embarrassés pour si peu. Ils annulèrent les élections de quarante-neuf départements : 154 des nouveaux députés furent invalidés et expulsés, 53 condamnés à la déportation. Parmi ces derniers figuraient les noms les plus illustres de la Révolution : Portalis, Carnot, Tronson du Coudray, etc.

Pour intimider les électeurs, des commissions militaires condamnèrent à mort, un peu au hasard, cent soixante personnes et en expédièrent à la Guyane trois cent trente dont la moitié mourut rapidement. Les émigrés et les prêtres rentrés en France se virent violemment expulsés. C'est ce qu'on appela le coup d'État de Fructidor.

Ce coup d'État, qui frappait surtout les modérés, ne fut pas d'ailleurs le seul et un autre le suivit bientôt. Les Directeurs, trouvant les députés jacobins trop nombreux à la suite de nouveaux votes, cassèrent les élections d'une soixantaine d'entre eux.

Ce qui précède montre le tempérament tyrannique des membres du Directoire, mais il apparaît plus nettement encore dans le détail de leurs mesures. Les nouveaux maîtres se révélèrent aussi sanguinaires que les plus féroces conventionnels de la Terreur. La guillotine n'était plus établie en permanence, mais remplacée par la déportation dans des conditions laissant aux victimes peu de chance de survivre. Expédiées à Rochefort dans des cages de fer grillagées exposées à toutes les intempéries, elles étaient ensuite entassées sur des bateaux.

> " Dans l'entrepont de la *Décade* et de la *Bayonnaise,* dit Taine, les malheureux encagés, suffoqués par le manque d'air et la chaleur torride, rudoyés, volés, meurent de faim ou d'asphyxie et la Guyane achève l'œuvre de la traversée des 193 apportés par la *Décade*, il en reste 39 au bout de 22 mois ; des 120 apportés par la *Bayonnaise,* il en reste 1. "

Constatant partout une renaissance catholique et s'imaginant que le clergé conspirait contre eux, les Directeurs firent déporter ou envoyer au

CHAPITRE I. LES DERNIÈRES CONVULSIONS DE L'ANARCHIE. LE...

bagne, en une seule année, 1.448 prêtres, sans parler d'un grand nombre fusillés sommairement. La Terreur était en réalité complètement rétablie.

Le despotisme autocratique du Directoire s'exerça également dans toutes les branches de l'administration, notamment les finances. C'est ainsi qu'ayant besoin de six cents millions, il fit voter par des députés, toujours dociles, un impôt progressif dont on ne retira d'ailleurs que douze millions. Ayant voulu récidiver un peu plus tard, il décréta un emprunt forcé de cent millions qui eut pour résultat la fermeture des ateliers, l'arrêt des affaires, le renvoi des domestiques. Ce fut seulement au prix de ruines complètes que quarante millions purent être obtenus.

Pour s'assurer la domination en province, le Directoire fit voter une loi dite des otages, d'après laquelle une liste d'otages, responsables de tous les délits, était dressée dans chaque commune.

On comprend quelles haines provoquait un pareil régime. À la fin de 1799, 14 départements se trouvaient en révolte et 46 prêts à se soulever. Si le Directoire avait duré, la dissolution de la société eût été complète.

Cette dissolution était du reste fort avancée. Finances, administration, tout s'écroulait. Les recettes du Trésor, constituées par des assignats tombés au centième de leur valeur nominale, demeuraient à peu près nulles. Les rentiers et les officiers ne parvenaient plus à se faire payer.

La France donnait alors aux voyageurs l'impression d'une contrée ravagée par la guerre et abandonnée de ses habitants. Les ponts, les digues, les édifices écroulés rendaient toute circulation impossible. Les routes, désertées depuis longtemps, étaient infestées de brigands. On ne pouvait parcourir certains départements qu'en achetant des sauf-conduits aux chefs de bande. L'industrie et le commerce se trouvaient ruinés. À Lyon, 13.000 ateliers sur 15.000 avaient dû se fermer. Lille, Le Havre, Bordeaux, Lyon, Marseille, etc., semblaient des villes mortes. La misère et la famine se montraient générales.

La désorganisation morale n'apparaissait pas moindre. Le luxe, la soif des plaisirs, les dîners, les parures, les ameublements formaient l'apanage d'une société nouvelle composée uniquement d'agioteurs, de fournisseurs aux armées, de financiers véreux enrichis par le pillage. Ils donnèrent à Paris cet aspect superficiel de luxe et de gaité qui illusionna tant d'historiens sur cette époque, où un faste insolent côtoyait une misère générale.

La chronique du Directoire, telle que la racontent les livres, contribue à montrer de quelles inexactitudes est tissée la trame de l'histoire. Le théâtre s'est emparé de cette époque dont les modes sont imitées encore. Elle a laissé le souvenir d'une période joyeuse où tout renaissait après le sombre drame de la Terreur. En réalité pourtant, le régime du Directoire ne valut pas mieux que celui de la Terreur et fut aussi sanguinaire. Il avait fini par inspirer tant de haines que les Directeurs, sentant l'impossibilité de durer, cherchaient eux-mêmes le dictateur capable de les remplacer et aussi de les protéger.

§ 3. — L'AVÈNEMENT DE BONAPARTE.

Nous venons de voir qu'à la fin du Directoire, l'anarchie et la désorganisation étaient telles que tout le monde réclamait désespérément l'homme énergique capable de rétablir l'ordre. Dès 1795, plusieurs députés avaient songé un instant à relever la royauté. Louis XVIII, ayant eu la maladresse de proclamer qu'il restaurerait intégralement l'ancien régime, rendrait les propriétés à leurs premiers maîtres et punirait les hommes de la Révolution, on s'en était détourné immédiatement. L'expédition insensée de Quiberon acheva d'aliéner au futur souverain ses partisans. Les royalistes firent preuve, pendant toute la durée de la Révolution, d'une incapacité et d'une étroitesse d'esprit justifiant la plupart des mesures de rigueur prises contre eux.

La monarchie étant impossible, il fallut bien chercher un général. Un seul existait dont le nom s'imposa Bonaparte. La campagne d'Italie venait de l'illustrer. Après la traversée des Alpes, il avait marché de victoire en victoire, pénétré à Milan et à Venise et obtenu partout d'importantes contributions de guerre. Il se dirigeait sur Vienne et n'en était plus qu'à vingt-cinq lieues, lorsque l'empereur d'Autriche se décida à demander la paix.

Mais si grand que fût son renom, le jeune général ne le jugeait pas encore suffisant. Pour l'accroître, il persuada au Directoire qu'on ébranlerait la puissance de l'Angleterre par l'invasion de l'Égypte, et, en mai 1798, il s'embarquait à Toulon.

Ce besoin d'augmenter son prestige partait d'une conception psychologique très sûre, fort bien expliquée par lui à Sainte-Hélène

> " Les généraux les plus influents et les plus éclairés pressèrent longtemps le général d'Italie de faire un mouvement et de se mettre à la tête de la République ; il s'y refusa : il n'était pas encore assez fort pour marcher tout seul. Il avait sur l'art de gouverner et sur ce qu'il fallait à une grande nation, des idées si différentes des hommes de la Révolution et des assemblées, que, ne pouvant agir seul, il craignait de compromettre son carac-

CHAPITRE I. LES DERNIÈRES CONVULSIONS DE L'ANARCHIE. LE...

tère. Il se détermina à partir pour l'Égypte, mais résolu de reparaître si les circonstances venaient à rendre sa présence nécessaire ou utile. "

Bonaparte ne séjourna pas longtemps en Égypte. Rappelé par des amis, il débarqua à Fréjus et l'annonce de son retour provoqua un enthousiasme universel. On illuminait partout. La France collaborait d'avance au coup d'État préparé par lui avec Sieyès, deux Directeurs et les principaux ministres. Le complot fut organisé en trois semaines. Son exécution, le 18 brumaire, s'accomplit avec une extrême facilité.

Tous les partis éprouvèrent une joie immense à être débarrassés des bandes sinistres qui opprimaient et exploitaient le pays depuis si longtemps.

Les Français allaient subir sans doute un régime despotique mais il ne pouvait être aussi intolérable que celui supporté depuis tant d'années.

L'histoire du coup d'État de brumaire justifie bien ce que nous avons déjà répété relativement à l'impossibilité de porter des jugements exacts sur les événements en apparence les plus connus et attestés par le plus de témoins.

On sait quelles étaient, il y a une trentaine d'années, les idées sur le coup d'État de brumaire. On le jugeait comme un crime commis par l'ambition d'un homme appuyé sur son armée. En fait, l'armée n'y joua aucun rôle. La petite troupe qui expulsa les rares députés récalcitrants n'était pas composée de militaires mais des gendarmes mêmes de l'Assemblée. Le véritable auteur du coup d'État fut le gouvernement lui-même, avec la complicité de la France entière.

§ 4. — CAUSES DE LA DURÉE DE LA RÉVOLUTION.

Si on limitait la Révolution au temps nécessaire pour la conquête de ses principes fondamentaux : égalité devant la loi, libre accession aux charges publiques, souveraineté populaire, contrôle des dépenses, etc., on pourrait dire qu'elle dura seulement quelques mois. Vers le milieu de 1789, tout cela était obtenu, et pendant les années qui suivirent rien n'y fut ajouté. Cependant, la Révolution continua beaucoup plus longtemps.

Restreignant sa durée aux dates admises par les historiens officiels, nous la voyons persister jusqu'à l'avènement de Bonaparte, soit environ dix ans. Pourquoi cette période de désorganisation et de violences survit-elle à l'établissement des nouveaux principes ? Il ne faut pas en chercher la cause dans la guerre étrangère qui, à plusieurs reprises, par suite de la division des alliés et nos victoires, aurait pu être rapidement terminée. On ne doit pas la chercher davantage dans la sympathie des Français pour le gouvernement révolutionnaire. Jamais régime ne fut plus haï et plus méprisé que celui des Assemblées. Par leurs révoltes aussi bien que par des votes répétés, une grande partie de la nation montra l'horreur profonde qu'elles inspiraient.

Ce dernier point, l'aversion de la France pour son régime révolutionnaire, méconnu pendant longtemps, a été bien mis en évidence par les historiens récents. L'auteur du dernier livre paru sur la Révolution, M. Madelin, a parfaitement résumé leur opinion dans les termes suivants :

" Dès 1793, un parti peu nombreux s'est emparé de la France, de la Révolution et de la République. Maintenant, les trois quarts de la France aspirent à ce que la Révolution soit arrêtée ou plutôt délivrée de ses odieux exploiteurs ; mais ceux-ci tiennent le malheureux pays par mille moyens... Comme il leur faut la Terreur pour régner, ils frappent quiconque semble à un moment donné vouloir s'opposer à la Terreur, fussent-ils les meilleurs serviteurs de la Révolution. "

Jusqu'à la fin du Directoire, le gouvernement fut exercé par des Jacobins désireux seulement de conserver, avec le pouvoir, les richesses accumulées grâce aux meurtres et aux pillages, et prêts à livrer la France à qui leur en garantirait la libre possession. S'ils négocièrent le coup d'État de brumaire avec Napoléon, ce fut uniquement parce qu'ils n'avaient pu obtenir la réalisation de leurs souhaits avec Louis XVIII.

Mais alors comment expliquer qu'un gouvernement si tyrannique et si honni ait pu subsister plusieurs années ?

Ce ne fut pas seulement parce que la religion révolutionnaire subsistait encore dans les âmes, ni parce qu'il s'imposa au moyen des persécutions et des violences, mais surtout, comme je l'ai dit déjà, à cause du grand intérêt qu'une partie importante de la population avait à le maintenir.

Ce point est fondamental. Si la Révolution était restée une religion théorique, elle aurait probablement peu duré. Mais la croyance qui venait d'être fondée était vite sortie du domaine de la théorie pure.

La Révolution ne s'était pas bornée en effet à dépouiller la monarchie, la noblesse et le clergé de leur pouvoir gouvernemental. En faisant passer entre les mains de la bourgeoisie et de nombreux paysans les emplois et les richesses des anciennes classes privilégiées, elle les avait, du même coup, transformés en défenseurs obstinés du régime. Tous les acquéreurs

CHAPITRE I. LES DERNIÈRES CONVULSIONS DE L'ANARCHIE. LE...

des biens dont venaient d'être dépouillés la noblesse et le clergé avaient obtenu terres et châteaux à vil prix et redoutaient fort que le retour de la monarchie les obligeât à une restitution générale.

C'est en grande partie pour ces raisons qu'un gouvernement qui, à une époque normale, n'eût jamais été supporté, put durer jusqu'à ce qu'un maître rétablît l'ordre en promettant de maintenir les conquêtes non seulement morales, mais surtout matérielles de la Révolution. Bonaparte réalisant ces souhaits se vit accueillir avec enthousiasme. Des conquêtes matérielles contestables et des principes théoriques encore fragiles, furent incorporés par lui dans les institutions et dans les codes. C'est une erreur de dire que la Révolution se termina avec son avènement. Loin de la détruire, il la consolida.

CHAPITRE II. LE RÉTABLISSEMENT DE L'ORDRE. LA RÉPUBLIQUE CONSULAIRE.

§ 1. — COMMENT L'ŒUVRE DE LA RÉVOLUTION FUT CONSOLIDÉE PAR LE CONSULAT.

L'histoire du Consulat est également riche en matériaux psychologiques. Elle montre tout d'abord combien l'œuvre d'une individualité forte est supérieure à celle des collectivités. À l'anarchie sanglante, dans laquelle se débattait la République depuis dix ans, Bonaparte fit immédiatement succéder l'ordre. Ce qu'aucune des quatre assemblées de la Révolution n'avait pu réaliser, malgré les plus violentes oppressions, un seul homme l'accomplit en un temps très court.

Son autorité mit immédiatement fin à toutes les insurrections parisiennes, aux tentatives de restauration monarchique et refit l'unité morale de la France, profondément divisée par des haines intenses.

Bonaparte remplaça le despotisme collectif inorganisé, par un despotisme individuel parfaitement organisé. Tout le monde y gagna, car sa tyrannie fut infiniment moins lourde que celle supportée depuis dix ans. Il faut bien croire d'ailleurs qu'elle gêna peu de monde puisqu'on la vit acceptée avec un immense enthousiasme.

On ne saurait aujourd'hui répéter avec d'anciens historiens que Bonaparte renversa la République. Il conserva d'elle au contraire tout ce qui pouvait être gardé et ne l'eût jamais été sans lui, en fixant dans les institutions et les codes les parties viables de l'œuvre révolutionnaire : abolition des privilèges, égalité devant la loi, etc. Le gouvernement consulaire continua, du reste, à se qualifier de République.

Il est infiniment probable que sans le Consulat, une restauration monarchique terminant le Directoire, aurait effacé la plus grande partie de l'œuvre le la Révolution. Qu'on suppose, en effet, Bonaparte rayé de l'histoire. Personne n'imagine, je pense, que devant la lassitude universelle, le Directoire aurait duré. Il eût été sûrement renversé par une des conspirations royalistes qui se tramaient chaque jour et Louis XVIII fût vraisemblablement monté sur le trône. Sans doute, il devait y monter seize ans plus tard, mais pendant cette période, Napoléon avait inculqué une telle force aux principes de la Révolution, en les fixant dans les coutumes et les lois, que le souverain restauré n'osa pas y toucher, ni restituer aux émigrés leurs biens.

Tout autres eussent été les choses avec Louis XVIII succédant immédiatement au Directoire. C'est l'absolutisme de l'ancien régime qu'il eût ramené avec lui, et pour l'abolir, de nouvelles révolutions auraient été nécessaires. On sait qu'une simple tentative de retour au passé renversa Charles X.

De la tyrannie de Bonaparte, il serait un peu naïf de s'indigner. Sous l'ancien régime, les Français avaient supporté toutes les tyrannies et la République en avait imposé de beaucoup plus dures encore. Le despotisme était alors un état normal ne soulevant de protestations, que lorsqu'il s'accompagnait de désordre.

Une loi constante de la psychologie des foules nous les montre créant l'anarchie, puis recherchant le maître qui les en fera sortir. Bonaparte fut ce maître.

§ 2. — LA NOUVELLE ORGANISATION DE LA FRANCE PAR LE CONSULAT.

En arrivant au pouvoir, Bonaparte assumait une colossale tâche. Tout étant en ruines, il fallait tout refaire. Dès le lendemain du coup d'État de Brumaire, il rédigea presque seul la Constitution destinée à lui donner le pouvoir absolu nécessaire pour réorganiser le pays et dominer les factions. En un mois, elle fut terminée.

Cette Constitution, dite de l'an VIII, subsista avec de faibles changements, jusqu'à la fin de son règne. Le pouvoir exécutif était attribué à trois consuls, dont deux seulement possédaient voix consultative. Le premier consul, Bonaparte, se trouvait donc le seul maître. Il nommait les ministres, les conseillers d'État, les ambassadeurs, les magistrats, les fonctionnaires et décidait de la guerre ou de la, paix. Il possédait également le pouvoir législatif, puisque à lui seul revenait l'initiative des lois soumises ensuite à trois Assemblées le Conseil d'État, le Tribunat et le Corps législatif. Une quatrième Assemblée, le Sénat, jouait le rôle assez effacé de gardien de la Constitution.

Si despote qu'il fût et surtout le devint, Bonaparte s'entourait toujours de conseils avant de prendre la moindre mesure. Le Corps législatif ne se montra pas très influent sous son règne, mais il ne signait aucun arrêté sans l'avoir discuté avec le Conseil d'État. Ce conseil composé des hommes les plus instruits préparait les lois, présentées ensuite au Corps législatif, lequel pouvait les juger très librement puisque le vote était secret. Présidé par Bonaparte le Conseil d'État constituait une sorte de tribunal souverain jugeant même les actes des ministres [1].

Le nouveau maître avait grande confiance dans son Conseil parce qu'il se composait surtout de légistes éminents parlant chacun suivant sa spécialité. Il était trop psychologue pour ne pas se méfier extrêmement des grandes assemblées incompétentes d'origine populaire, dont le funeste rôle lui était apparu pendant toute la durée de la Révolution.

Voulant gouverner pour le peuple, mais jamais avec son concours, Bonaparte ne lui accorda aucune part dans le gouvernement, lui réservant seulement le droit de voter, une fois pour toutes, pour ou contre l'adoption de la nouvelle constitution. Il n'eut recours au suffrage universel que dans de rares circonstances. Les membres du Corps législatif se recrutaient eux-mêmes et n'étaient pas élus par le peuple.

En créant une Constitution destinée uniquement à fortifier son pouvoir, le Premier Consul n'avait pas l'illusion qu'elle servirait à refaire le pays. Aussi, en même temps que sa rédaction entreprenait-il la tâche énorme de la réorganisation administrative, judiciaire et financière de la France. Les différents pouvoirs furent centralisés à Paris. Chaque département était dirigé par un préfet assisté d'un conseil général ; l'arrondissement par un sous-préfet assisté d'un conseil d'arrondissement ; la commune, par un maire assisté d'un conseil municipal. Tous étaient nommés par les ministres, et non par l'élection comme sous la République.

Ce système, qui créait l'omnipotence de l'État et une centralisation puissante, fut conservé par tous les régimes et subsiste encore aujourd'hui. La centralisation étant, malgré ses inconvénients évidents, le seul moyen

CHAPITRE II. LE RÉTABLISSEMENT DE L'ORDRE. LA RÉPUBLIQU...

d'éviter les tyrannies locales dans un pays profondément divisé s'est toujours maintenue.

Cette organisation, basée sur une connaissance approfondie de l'âme des Français, créa immédiatement la tranquillité et l'ordre inconnus depuis si longtemps.

Pour achever la pacification des esprits, les proscrits furent rappelés, les églises rendues aux fidèles.

Continuant à reconstruire l'édifice, Bonaparte s'occupa également de la rédaction d'un code. Sa plus grande partie se composa de coutumes empruntées à l'ancien régime. C'était, comme on l'a dit, une sorte de " transaction entre le droit nouveau et le droit ancien ".

Devant l'œuvre énorme accomplie en si peu de temps par le Premier Consul, on comprend que pour la réaliser, il ait d'abord eu besoin d'une Constitution lui accordant un absolu pouvoir. Si toutes les mesures avec lesquelles il refit la France avaient dû être soumises à des assemblées d'avocats, jamais il ne l'eût sortie du désordre.

La Constitution de l'an VIII transformait évidemment la République en une monarchie, au moins aussi absolue que celle de droit divin de Louis XIV. Étant la seule adaptée aux besoins du moment, elle représentait une nécessité psychologique.

§ 3. — ÉLÉMENTS PSYCHOLOGIQUES QUI DÉTERMINÈRENT LE SUCCÈS DE L'ŒUVRE DU CONSULAT.

Toutes les forces extérieures qui agissent sur les hommes : forces économiques, historiques, géographiques, etc., se transforment finalement en forces psychologiques. Ce sont ces dernières qu'il faut connaître pour bien gouverner. Les assemblées révolutionnaires les ignorèrent complètement. Bonaparte sut les manier.

Les diverses assemblées, la Convention notamment, se composaient de partis en lutte. Napoléon comprit, que pour les dominer, il ne devait être l'homme d'aucun d'eux. Sachant très bien que la valeur d'un pays est disséminée entre les intelligences supérieures des divers partis, il tâcha de les utiliser tous. Ses agents de gouvernement : ministres, préfets, magistrats, etc., étaient pris indifféremment parmi les libéraux, les royalistes, les jacobins, etc., en tenant compte seulement de leurs capacités.

Tout en acceptant la collaboration d'hommes de l'ancien régime, Bonaparte eut soin de bien marquer qu'il entendait maintenir les principes fondamentaux de la Révolution. Beaucoup de royalistes se rallièrent néanmoins au nouveau régime.

Une des œuvres les plus remarquables du Consulat, au point de vue psychologique, fut le rétablissement de la paix religieuse. La France était beaucoup plus divisée encore par les dissentiments religieux que par les dissentiments politiques. La destruction systématique d'une partie de la Vendée avait presque complètement terminé la lutte à main armée, mais sans pacifier les esprits. Un seul homme, le chef de la chrétienté, pouvant favoriser cette pacification, Bonaparte n'hésita pas à traiter avec lui. Son Concordat fut l'œuvre d'un véritable psychologue, sachant que les forces morales ne se combattent pas avec la violence et combien il est dangereux de les persécuter. Tout en ménageant le clergé, il sut cependant le placer sous sa domination. Faisant nommer et rétribuer les évêques par l'État, il en restait le maître.

La transaction religieuse de Napoléon avait une portée qui échappe encore à nos Jacobins modernes. Aveuglés par leur étroit fanatisme, ils n'ont pas compris que détacher l'Église du gouvernement, c'est créer un État dans l'État et qu'ils se trouveront un jour en présence d'une caste redoutable, dirigée par un maître hors de France, et nécessairement hostile à la France. Donner à des ennemis la liberté qu'ils ne possédaient pas est fort dangereux. Jamais Napoléon, ni même aucun des souverains catholiques l'ayant précédé, n'eussent consenti à rendre le clergé indépendant de l'État comme il l'est devenu aujourd'hui.

Les difficultés de Bonaparte, premier consul, dépassèrent beaucoup celles qu'il eut à surmonter après son couronnement. Seule sa connaissance approfondie des hommes lui permit d'en triompher. Le futur maître était loin de l'être encore. Plusieurs départements restaient soulevés. Le brigandage persistait, le Midi était ravagé par les luttes de partisans. Bonaparte consul avait à manier Talleyrand, Fouché et plusieurs généraux se croyant ses égaux. Ses frères eux-mêmes conspiraient contre son pouvoir. Napoléon empereur ne rencontra plus aucun parti devant lui, alors que comme consul il les avait tous et devait tenir une balance égale entre eux. Cette tâche devait être fort difficile, puisque depuis un siècle bien peu de gouvernements l'ont réalisée.

La réussite d'une telle entreprise exigeait un très subtil mélange de finesse, de fermeté et de diplomatie. Ne se sentant pas encore assez puissant, Bonaparte consul prit pour règle, suivant son expression, " de gouverner les hommes comme le plus grand nombre veut l'être ". Devenu empereur, il lui arriva souvent de les gouverner selon son propre idéal.

CHAPITRE II. LE RÉTABLISSEMENT DE L'ORDRE. LA RÉPUBLIQU...

Nous sommes loin aujourd'hui de l'époque où des historiens, singulièrement aveugles, et de grands poètes possédant plus de talent que de psychologie, s'élevèrent en accents indignés contre le coup d'État de Brumaire. Il fallait de profondes illusions pour assurer : " que la France était belle au grand soleil de Messidor ", et d'autres illusions, non moins vives, pour parler de cette période comme le fit Victor Hugo. Nous avons vu que le " Crime de Brumaire " eut pour complices enthousiastes non seulement le gouvernement lui-même, mais la France entière qu'il libérait de l'anarchie.

On peut se demander comment des hommes intelligents jugèrent si mal une période de l'histoire pourtant si claire. C'est sans doute parce qu'ils voyaient les événements à travers leurs convictions et, nous savons quelles transformations subit la vérité, pour l'homme confiné dans le champ de la croyance. Les faits les plus lumineux s'obscurcissent, et l'histoire des événements devient celle de ses rêves.

Le psychologue désireux de comprendre l'époque dont nous venons de tracer brièvement l'esquisse ne peut le faire que si, n'étant attaché à aucun parti, il se trouve dégagé des passions qui sont l'âme des partis. Il n'aura jamais la pensée de récriminer contre un passé créé par tant d'impérieuses nécessités. Napoléon, sans doute, nous a coûté fort cher ; son épopée se termina par deux invasions et nous devions en subir une troisième, dont aujourd'hui encore nous supportons les conséquences, lorsque le prestige qu'il exerçait du fond du tombeau conduisit sur le trône l'héritier de son nom.

Tous ces événements ont un enchaînement contenu dans leurs origines. Ils représentent la rançon de ce phénomène capital dans l'évolution d'un peuple un changement d'idéal. L'homme ne put jamais essayer de rompre brusquement avec ses aïeux sans bouleverser profondément le cours de son histoire.

---

1. Napoléon faisait naturellement souvent triompher sa volonté au Conseil d'État, mais pas toujours. En une circonstance rapportée dans *le Mémorial de Sainte-Hélène*, il fut seul de son avis et accepta celui de la majorité dans les termes suivants : " Messieurs, on prononce ici par la majorité, demeuré seul, je dois céder ; mais je déclare que, dans ma conscience, je ne cède qu'aux formes. Vous m'avez réduit au silence, mais nullement convaincu. "

   Un autre jour, l'Empereur, interrompu trois fois dans l'expression de son opinion, s'adressant à celui qui venait de lui couper la parole, lui dit avec vivacité : " Monsieur, je n'ai point encore fini, je vous prie de me laisser continuer. Après tout, il me semble qu'ici chacun a bien le droit de dire son opinion. "

... " L'Empereur, contre l'opinion commune, était si peu absolu et tellement facile avec son conseil d'État, qu'il lui arriva plus d'une fois de remettre en discussion ou même d'annuler une décision prise, parce qu'un des membres lui avait donné depuis, en particulier, des raisons nouvelles, ou s'était appuyé sur ce que son opinion personnelle à lui, l'Empereur, avait influé sur la majorité. "

CHAPITRE III.
CONSÉQUENCES POLITIQUES DU CONFLIT ENTRE LES TRADITIONS ET LES PRINCIPES RÉVOLUTIONNAIRES PENDANT UN SIÈCLE

§ 1. — LES CAUSES PSYCHOLOGIQUES DES MOUVEMENTS RÉVOLUTIONNAIRES QUI SE SONT CONTINUÉS EN FRANCE.

En étudiant dans un prochain chapitre l'évolution des idées révolutionnaires depuis un siècle, nous verrons qu'elles se propagèrent assez lentement à travers les diverses couches de la nation pendant plus de cinquante ans.

Durant toute cette période, la grande majorité du peuple et de la bourgeoisie les repoussa et leur diffusion s'opéra seulement par un nombre fort restreint d'apôtres. L'influence en fut cependant suffisante pour provoquer, grâce surtout aux fautes des gouvernements, plusieurs révolutions. Nous les résumerons après avoir étudié les influences psychologiques, qui leur donnèrent naissance.

L'histoire de nos bouleversements politiques depuis un siècle suffirait à prouver, si nous l'ignorions encore, que les hommes sont gouvernés par leur mentalité beaucoup plus que par les institutions qu'on prétend leur imposer.

Nos révolutions successives furent les conséquences des luttes entre deux parties de la nation de mentalité différente. L'une religieuse et monarchique dominée par de longues influences ancestrales, l'autre subissant les mêmes influences, mais leur donnant une forme révolutionnaire.

Dès les débuts de la Révolution, la lutte entre mentalités contraires se manifesta nettement. Nous avons vu que malgré une répression effroyable, les insurrections et les conspirations durèrent jusqu'à la fin du Directoire. Elles montrent combien les traditions du passé avaient laissé de profondes racines dans l'âme populaire. À un certain moment, 60 départements se révoltèrent, contre le régime nouveau et ne furent contenus que par des massacres répétés sur une vaste échelle.

Établir une sorte de transaction, entre l'ancien régime et les idées nouvelles, représente le plus difficile des problèmes qu'eut à résoudre Bonaparte. Il lui fallut trouver des institutions pouvant convenir aux deux mentalités qui divisaient la France. Il y réussit, nous l'avons vu, par des mesures conciliantes et aussi en habillant de noms nouveaux des choses très anciennes.

Son règne est une des rares périodes de notre histoire où l'unité mentale de la France fut complète.

Cette unité ne put lui survivre. Dès le lendemain de sa chute, tous les anciens partis reparurent et subsistèrent jusqu'à nos jours. Les uns se rattachant aux influences traditionnelles, les autres les repoussant avec force.

Si ce long conflit s'était exercé entre croyants et indifférents, il n'aurait pas duré, car l'indifférence est toujours tolérante, mais la lutte eut lieu, en réalité, entre des croyances contraires. L'Église laïque prit vite une allure religieuse et son prétendu rationalisme devint, surtout aujourd'hui, une forme, à peine atténuée, de l'esprit clérical le plus étroit. Or, nous avons constaté qu'aucune conciliation n'est possible entre croyances religieuses dissemblables. Les cléricaux au pouvoir ne pouvaient donc pas se montrer plus tolérants pour les libres penseurs que ne le sont à leur tour, aujourd'hui, ces derniers envers eux.

À ces divisions, déterminées par les différences de croyances, se superposèrent celles résultant des conceptions politiques dérivées de ces croyances.

Beaucoup d'âmes simples crurent pendant longtemps que la véritable histoire de France commençait avec l'an I de la République. Ce concept rudimentaire disparaît un peu cependant aujourd'hui. Les plus rigides révolutionnaires eux-mêmes y renoncent [1] et veulent bien reconnaître maintenant que le passé fut autre chose qu'une époque de barbarie noire dominée par de basses superstitions.

L'origine religieuse de la plupart des croyances politiques en France anime leurs adeptes d'une haine inextinguible qui frappe toujours d'étonnement les étrangers.

CHAPITRE III. CONSÉQUENCES POLITIQUES DU CONFLIT ENTR...

" Rien n'est plus clair, rien n'est plus certain, écrit M. Barret-Wendell, dans son livre sur la France, que ce fait : non seulement les royalistes, les révolutionnaires et les bonapartistes se sont toujours fait une opposition mortelle, mais même, étant donnée l'ardeur passionnée du caractère français, ils ont toujours eu les uns pour les autres une profonde horreur intellectuelle. Les hommes qui croient posséder la vérité ne peuvent s'empêcher d'affirmer que ceux qui ne pensent pas comme eux sont les suppôts de l'erreur.

Chaque parti vous dira gravement que les avocats de la cause adverse sont affligés d'une épaisse stupidité ou consciemment malhonnêtes. Et cependant, lorsque vous rencontrez ces derniers, qui vous disent exactement les mêmes choses de leurs détracteurs, vous ne pouvez pas faire autrement que de reconnaître, en toute bonne foi, qu'ils ne sont ni stupides ni malhonnêtes... "

Cette exécration réciproque des croyants de chaque parti, a toujours facilité chez nous le renversement des gouvernements et des ministères. Les partis en minorité ne refusent jamais de s'allier contre celui triomphant. On sait qu'un grand nombre de socialistes révolutionnaires n'ont été élus à la Chambre actuelle, que grâce au concours de monarchistes, toujours aussi peu intelligents qu'à l'époque de la Révolution.

Nos divergences religieuses et politiques ne constituent pas les seules causes de dissensions en France. Elles sont entretenues par des hommes possédant cette mentalité particulière, précédemment décrite sous le nom de mentalité révolutionnaire. Nous avons vu chaque époque présenter toujours un certain nombre d'individus prêts à se révolter contre l'ordre de choses établi, quel que soit cet ordre, alors même qu'il réaliserait tous leurs souhaits.

L'intolérance des partis en France et leur désir de s'emparer du pouvoir, sont encore favorisés par cette conviction, si répandue depuis la Révolution, que les sociétés peuvent être refaites avec des lois. L'État moderne, quel que soit son chef, a hérité, aux yeux des multitudes et de leurs meneurs, de la puissance mystique attribuée aux anciens rois, alors qu'ils constituaient une incarnation de la volonté divine. Le peuple n'est pas seul animé de cette confiance dans la puissance du gouvernement. Tous nos législateurs le sont également [2].

Légiférant sans trêve, les politiciens n'arrivent pas à comprendre que les institutions étant des effets et non des causes, ne renferment en elles-mêmes aucune vertu. Héritiers de la grande illusion révolutionnaire, ils ne voient pas que l'homme est créé par un passé dont nous sommes impuissants à refaire les bases.

La lutte entre les principes divisant la France, maintenue depuis plus d'un siècle, se continuera sans doute longtemps encore et nul ne saurait prévoir les nouveaux bouleversements qu'elle pourra engendrer. Sans doute, si les Athéniens d'avant notre ère avaient deviné que leurs dissensions sociales amèneraient l'asservissement de la Grèce, ils y auraient renoncé, mais comment l'eussent-ils prévu ? M. Guiraud l'écrit justement : " Une génération d'hommes se rend compte très rarement de la besogne qu'elle accomplit. Elle prépare l'avenir ; mais cet avenir est souvent le contraire de ce qu'elle voulait ".

§ 2. — RÉSUMÉ DES MOUVEMENTS RÉVOLUTIONNAIRES EN FRANCE PENDANT UN SIÈCLE.

Les causes psychologiques des mouvements révolutionnaires en France depuis un siècle venant d'être expliquées, il suffira maintenant de présenter un tableau sommaire de nos révolutions successives.

Les souverains coalisés ayant vaincu Napoléon, ramenèrent la France à ses anciennes limites et mirent sur le trône Louis XVIII, seul souverain alors possible.

Par une charte spéciale, le nouveau roi accepta d'être un monarque constitutionnel avec régime représentatif. Il reconnaissait toutes les conquêtes de la Révolution : le Code civil, l'égalité devant la loi, la liberté des cultes, l'irrévocabilité de la vente des biens nationaux, etc. Le droit de suffrage était cependant limité aux contribuables payant un certain chiffre d'impôt.

Cette Constitution libérale fut combattue par les ultra-royalistes. Anciens émigrés, ils voulaient la restitution des biens nationaux et le rétablissement de leurs anciens privilèges.

Craignant qu'une pareille réaction n'entraînât une nouvelle révolution, Louis XVIII en fut réduit à dissoudre la Chambre. Les élections ayant nommé des députés modérés, il put continuer à gouverner avec les mêmes principes, comprenant fort bien que vouloir ramener les Français à l'ancien régime, serait les faire s'insurger.

Malheureusement, sa mort, en 1824, porta au trône Charles X, ancien comte d'Artois. Très borné, incapable de comprendre le monde nouveau qui l'entourait, et se vantant de n'avoir pas modifié ses idées depuis 1789, il prépara une série de lois réactionnaires : indemnité d'un milliard aux

CHAPITRE III. CONSÉQUENCES POLITIQUES DU CONFLIT ENTR...

émigrés, loi du sacrilège, rétablissement du droit d'aînesse, prépondérance du clergé, etc.

La majorité des députés se montrant chaque jour plus contraire à ses projets, il édicta, en 1830, des Ordonnances dissolvant la Chambre, supprimant la liberté de la presse et préparant la restauration de l'ancien régime.

L'effet fut immédiat. Cet acte autocratique détermina une coalition des chefs de tous les partis. Républicains, bonapartistes, royalistes libéraux s'unirent pour soulever la population parisienne. Quatre jours après la publication des Ordonnances, les insurgés étaient maîtres de la capitale et Charles X fuyait vers l'Angleterre.

Les meneurs du mouvement : Thiers, Casimir-Perier, Lafayette, etc., appelèrent à Paris Louis-Philippe, dont le peuple ignorait l'existence, et le firent nommer roi des Français.

Placé entre l'indifférence du peuple et l'hostilité de la noblesse, restée fidèle à la dynastie légitime, le nouveau roi s'appuya principalement sur la bourgeoisie. Une loi électorale ayant réduit les électeurs à moins de deux cent mille, cette classe prit une part exclusive au gouvernement.

La situation du souverain n'était pas facile. Il avait à lutter simultanément contre les légitimistes partisans d'Henri V, petit-fils de Charles X ; contre les bonapartistes reconnaissant comme chef Louis-Napoléon, neveu de l'Empereur, et enfin contre les républicains.

Par leurs sociétés secrètes, analogues aux clubs de la Révolution, ceux-ci provoquèrent, de 1830 à 1840, de nombreuses émeutes, d'ailleurs facilement réprimées.

De leur côté, les légitimistes et les cléricaux ne cessaient pas leurs intrigues. La duchesse de Berry, mère d'Henri V, essaya vainement de soulever la Vendée. Quant au clergé, ses exigences finirent par le rendre si intolérable qu'une insurrection éclata, au cours de laquelle l'archevêché de Paris fut dévasté.

Les républicains ne constituaient pas un parti bien dangereux, parce que la Chambre était avec le roi dans sa lutte contre eux. Le ministre Guizot, partisan d'un pouvoir énergique, déclarait deux choses indispensables pour gouverner : " La raison et le canon. " Le célèbre homme d'État s'illusionnait sûrement un peu sur le rôle de la raison.

Malgré ce " gouvernement fort " qui, en réalité, ne l'était guère, les républicains, les socialistes surtout, continuaient à s'agiter. Un des plus influents, Louis Blanc, prétendait imposer au gouvernement le devoir de procurer du travail à tous les citoyens. Le parti catholique, dirigé par

Lacordaire et Montalembert, s'unissait aux socialistes — comme aujourd'hui en Belgique — pour combattre le gouvernement.

Une campagne en faveur de la réforme électorale aboutit, en 1848, à une nouvelle émeute, qui renversa par surprise Louis-Philippe.

Sa chute était beaucoup moins justifiable que celle de Charles X. On avait bien peu de chose à lui reprocher. Il se méfiait sans doute du suffrage universel, mais la Révolution française s'en était plus d'une fois autant méfiée. Louis-Philippe n'étant pas comme le Directoire un gouvernement absolu, n'aurait pu, ainsi que ce dernier, casser à volonté les élections gênantes.

Un gouvernement provisoire s'installa à l'Hôtel de Ville pour remplacer le monarque renversé. Il proclama la République, établit le suffrage universel et décréta que le peuple allait procéder à l'élection d'une Assemblée nationale, composée de neuf cents membres.

Dès le début de son existence, le gouvernement se trouva, lui aussi, en butte à des manœuvres socialistes et à des émeutes.

On vit alors se manifester de nouveau les phénomènes psychologiques observés pendant la première Révolution. Il se forma des clubs dont les meneurs lançaient de temps en temps le peuple sur l'Assemblée, pour des motifs quelconques généralement dénués du moindre bon sens : obliger, par exemple, le gouvernement à soutenir une insurrection en Pologne, etc.

Dans l'espoir de satisfaire les socialistes, chaque jour plus exigeants et bruyants, l'Assemblée organisa des ateliers nationaux où les ouvriers étaient occupés à divers travaux. On y compta 100.000 hommes coûtant plus d'un million par semaine à l'État.

Leur prétention d'être payés sans travailler obligea l'Assemblée à la fermeture des ateliers.

Cette mesure fut l'origine d'une formidable insurrection. 50.000 ouvriers se révoltèrent. L'Assemblée, terrifiée, confia tous les pouvoirs exécutifs au général Cavaignac. Pendant la bataille livrée aux émeutiers durant quatre jours, trois généraux et l'archevêque de Paris périrent. 3.000 prisonniers furent déportés, par décret de l'Assemblée, en Algérie. Le socialisme révolutionnaire se trouva, du même coup, anéanti pour cinquante ans.

Ces événements firent tomber la rente de 116 à 50 francs. Les affaires étaient suspendues. Les paysans, qui se croyaient menacés par les socialistes, et les bourgeois, dont l'Assemblée avait augmenté de moitié les impôts, se tournèrent contre la République, et quand Louis-Napoléon promit de rétablir l'ordre, il se vit accueillir avec enthousiasme. Candidat

CHAPITRE III. CONSÉQUENCES POLITIQUES DU CONFLIT ENTR...

au titre de président de la République qui, d'après la nouvelle Constitution, devait être élu par l'universalité des citoyens, il fut nommé par cinq millions et demi de suffrages.

Bientôt en conflit avec la Chambre, le prince se décida à un coup d'État. L'Assemblée fut dissoute, 30.000 personnes arrêtées, 10.000 déportées, une centaine de députés exilés.

Ce coup d'État, bien que sommaire, fut cependant très favorablement accepté puisque, soumis à un plébiscite, il obtint sept millions et demi de suffrages sur huit millions de votants.

Le 2 décembre 1852, Napoléon se faisait nommer empereur par une majorité plus élevée encore. L'horreur qu'inspirait à la généralité des Français les démagogues et les socialistes avait restauré l'Empire.

Dans la première partie de son existence, il constitua un régime absolu et, pendant la dernière, un régime libéral. Après dix-huit ans de règne, l'empereur se vit renversé par la révolution du 4 septembre 1870, à la suite de sa capitulation à Sedan.

Depuis cette époque, les mouvements révolutionnaires ont été rares ; le seul important fut la révolution de mars 1871, qui provoqua l'incendie d'une partie des monuments de Paris et l'exécution d'environ 20.000 insurgés.

À la suite de la guerre de 1870, les électeurs qui, au milieu de tant de désastres, ne voyaient plus vers qui se retourner, envoyèrent à l'Assemblée Constituante des députés en grande partie légitimistes et orléanistes. Ne pouvant s'entendre pour rétablir une monarchie, ils nommèrent M. Thiers président de la République, puis le remplacèrent par le maréchal de Mac-Mahon. En 1876, de nouvelles élections envoyèrent à la Chambre, ainsi qu'à toutes les suivantes, une majorité républicaine.

Les diverses assemblées qui se succédèrent depuis cette époque se fractionnèrent toujours en partis nombreux provoquant d'innombrables changements ministériels.

Ce fut cependant grâce à l'équilibre résultant de cette division des partis que depuis quarante ans, nous avons joui d'une tranquillité relative. Quatre présidents de la République ont pu être renversés sans révolution et des émeutes, telles que celles du Midi et de la Champagne, n'entraînèrent pas de graves conséquences.

Un grand mouvement populaire, en 1888, faillit cependant renverser la République, au profit du général Boulanger, mais elle s'est maintenue, et a triomphé des attaques de tous les partis.

Diverses raisons contribuent au maintien de la République actuelle.

D'abord les factions qui se combattent ne sont pas assez fortes pour qu'une seule puisse écraser les autres. En second lieu, le chef de l'État étant purement décoratif et ne possédant aucune puissance, il est impossible de lui attribuer les maux dont on souffre et d'assurer que les choses changeraient en le renversant. Enfin, le pouvoir se trouvant éparpillé entre des milliers de mains, les responsabilités se trouvent si disséminées qu'il serait bien difficile de savoir à qui s'en prendre. On renverse un tyran, mais que faire contre une foule de petites tyrannies anonymes ?

S'il fallait résumer d'un mot la grande transformation opérée en France par un siècle d'émeutes et de révolutions, on pourrait dire qu'elle fut de remplacer des tyrannies individuelles facilement renversables et, conséquemment assez faibles, par des tyrannies collectives très fortes, difficiles à détruire. Chez les peuples avides d'égalité et habitués à rendre leurs gouvernements responsables de tous les événements, la tyrannie individuelle paraît insupportable alors qu'une tyrannie collective se supporte aisément, bien que généralement beaucoup plus dure.

L'extension de la tyrannie Étatiste a donc été le résultat final de nos diverses révolutions, la caractéristique commune à tous les régimes qui se sont succédé en France. Cette forme de tyrannie peut être considérée comme un idéal de race, puisque nos bouleversements successifs n'ont fait que la fortifier. L'Étatisme est le véritable régime politique des peuples latins, le seul ralliant tous les suffrages. Les autres formes de gouvernement : République, Monarchie, Empire, représentent de vaines étiquettes, d'impuissantes ombres.

---

1. On jugera de l'évolution récente des idées sur ce point par le passage suivant d'un discours de M. Jaurès prononcé à la Chambre des Députés : " Les grandeurs d'aujourd'hui sont faites des efforts des siècles passés. La France n'est pas résumée dans un jour ni dans une époque, mais dans la succession de tous ses jours, de toutes ses époques, de tous ses crépuscules, de ses aurores. "
2. À la suite d'un article que j'avais publié sur les illusions législatives, j'ai reçu d'un de nos éminents hommes politiques actuels, M. le sénateur Boudenoot, une lettre dont j'extrais le passage suivant : " Vingt ans passés à la Chambre et au Sénat m'ont montré combien vous êtes dans le vrai ; que de fois j'ai entendu des collègues me dire : " Le gouvernement devrait empêcher ceci, ordonner cela. C'est la faute du gouvernement, etc. " Que voulez-vous, nous avons quatorze siècles d'atavisme monarchique dans le sang. "

PARTIE TROIS
L'ÉVOLUTION MODERNE DES PRINCIPES RÉVOLUTIONNAIRES

CHAPITRE I. LES PROGRÈS DES CROYANCES DÉMOCRATIQUES DEPUIS LA RÉVOLUTION

§ 1. — LENTE PROPAGATION DES IDÉES DÉMOCRATIQUES APRÈS LA RÉVOLUTION.

Les idées violemment incrustées dans les esprits agissent pendant plusieurs générations. Celles issues de la Révolution française ne dérogèrent pas à cette loi.

Si la durée de la Révolution française comme gouvernement fut très courte, l'influence de ses principes fut au contraire très longue. Devenus une croyance à forme religieuse, ils modifièrent profondément l'orientation des sentiments et des idées de plusieurs générations.

Malgré quelques intermittences, la Révolution française s'est continuée et se prolonge encore. Le rôle de Napoléon ne se borna pas à bouleverser le monde, changer la carte de l'Europe et renouveler les exploits d'Alexandre. Le droit nouveau des peuples créé par la Révolution, fixé par lui dans les institutions et les codes, exerça partout une action profonde. L'œuvre militaire du conquérant s'effondra très vite, mais les principes révolutionnaires qu'il contribua à propager lui survécurent.

Les restaurations diverses qui succédèrent à l'Empire firent un peu oublier d'abord les principes de la Révolution. Nous les avons vus pendant cinquante ans, se répandre assez lentement. On pourrait même dire que le peuple en avait perdu le souvenir. Seule l'action d'un petit nombre de théoriciens maintint leur influence. Héritiers de l'esprit simpliste des jacobins, admettant comme eux que les sociétés se refont de toutes pièces avec des lois, et persuadés que l'Empire n'avait fait qu'interrompre l'œuvre révolutionnaire, ils voulaient la reprendre.

En attendant de pouvoir la recommencer, ils essayaient d'en propager les principes par leurs écrits. Fidèles imitateurs des hommes de la Révolution, ils ne se préoccupèrent jamais de savoir si leurs projets de réformes cadraient avec la nature humaine. Eux aussi bâtissaient une société chimérique pour un homme idéal et restaient persuadés que l'application de leurs rêves régénérerait le genre humain.

Dénués de pouvoir pour construire, les théoriciens de tous les âges furent toujours très aptes à détruire. Napoléon assurait à Sainte-Hélène que " s'il existait une monarchie de granit, les idéalités des théoriciens suffiraient pour la réduire en poudre. "

Parmi cette pléiade de rêveurs, tels que Saint-Simon, Fourier, Pierre Leroux, Louis Blanc, Quinet, etc., on voit seulement Auguste Comte comprendre que la transformation des idées et des mœurs doit précéder les réorganisations politiques. Loin de favoriser la diffusion des idées démocratiques, les projets de réforme des théoriciens de cette époque ne firent qu'en ralentir la marche. Le socialisme communiste, forme sous laquelle plusieurs d'entre eux prétendaient faire renaître la Révolution, eut pour résultat final d'effrayer la bourgeoisie et même les classes laborieuses. Nous avons déjà fait remarquer que la crainte de leurs idées fut une des principales causes du rétablissement de l'Empire.

Si aucune des élucubrations chimériques des écrivains politiques de la première moitié du XIXe siècle ne mérite d'être discutée, il est cependant intéressant de les parcourir pour constater le rôle joué alors par des préoccupations religieuses et morales fort dédaignées aujourd'hui. Persuadés qu'une société nouvelle ne pourrait, pas plus que les anciennes, s'édifier sans croyances religieuses et morales, les réformateurs étaient toujours préoccupés d'en fonder.

Sur quoi s'appuyer pour les créer ? Sur la raison évidemment. Avec elle, on fabrique des machines compliquées, pourquoi ne confectionnerait-on pas aussi bien une religion et une morale, choses plus simples en apparence ? Pas un ne soupçonna que jamais les croyances religieuses ou morales n'eurent la logique rationnelle pour base. Auguste Comte lui-même ne l'entrevit pas davantage. On sait qu'il fonda une religion dite positive comptant encore une demi-douzaine d'adeptes. Les savants

CHAPITRE I. LES PROGRÈS DES CROYANCES DÉMOCRATIQUES ...

devaient y former un clergé dirigé par un pape nouveau remplaçant le pape catholique.

Toutes ces conceptions, politiques, religieuses ou morales des théoriciens, n'eurent, je le répète, d'autres résultats que de détourner pendant longtemps les multitudes des principes démocratiques.

Si ces derniers finirent cependant par prendre une grande extension, ce ne fut pas à cause des théoriciens mais parce que des conditions nouvelles d'existence avaient pris naissance. Grâce aux découvertes de la science, l'industrie s'était développée et avait amené la création d'immenses usines. Les nécessités économiques dominant de plus en plus les volontés des gouvernements et des peuples, finirent par créer un terrain favorable à l'extension du socialisme et surtout du syndicalisme, formes actuelles des idées démocratiques.

§ 2. — DESTINÉE INÉGALE DES TROIS PRINCIPES FONDAMENTAUX DE LA RÉVOLUTION.

L'héritage de la Révolution est contenu tout entier dans sa devise liberté, égalité, fraternité.

Le principe d'égalité exerça, nous l'avons dit déjà, une grande influence, mais les deux autres ne partagèrent pas le même sort.

Bien que le sens de ces termes semble assez clair, ils furent compris de façons très diverses, suivant le temps et les hommes. On sait que l'interprétation différente des mêmes mots par des êtres de mentalité dissemblable a été l'une des plus fréquentes causes des luttes historiques.

Pour le Conventionnel, la liberté signifiait uniquement l'exercice sans entrave de son despotisme. Pour un jeune intellectuel moderne, le même mot synthétise l'affranchissement de tout respect à l'égard de ce qui le gêne : traditions, lois, supériorités, etc. Pour les Jacobins politiques actuels, la liberté consiste surtout dans le droit de persécuter leurs adversaires.

Si les orateurs politiques parlent encore quelquefois de liberté dans leurs discours, ils ont généralement renoncé à évoquer la fraternité. C'est la lutte des classes, et non leur rapprochement, qu'ils enseignent aujourd'hui. Jamais haine plus profonde ne divisa les diverses couches sociales et les partis politiques qui les mènent.

Mais pendant que la liberté devenait fort incertaine et que la fraternité s'évanouissait complètement, le principe d'égalité ne faisait que grandir. Il survécut à tous les bouleversements politiques dont la France fut le siège pendant un siècle et prit un tel développement que notre vie politique et sociale, nos lois, nos mœurs, nos coutumes ont, au moins en théorie, ce principe pour base. Il constitue le véritable legs de la Révolution. Le besoin d'égalité, non pas seulement devant la loi, mais dans les situations et les fortunes, est le pivot même de la dernière évolution démocratique le socialisme. Ce besoin est si puissant qu'il se répand partout bien qu'en contradiction avec toutes les lois biologiques et économiques. C'est une phase nouvelle de cette lutte ininterrompue des sentiments contre la raison, où la raison triomphe si rarement.

§ 3. — LA DÉMOCRATIE DES INTELLECTUELS ET LA DÉMOCRATIE POPULAIRE.

Toutes les idées ayant jusqu'ici bouleversé le monde furent soumises à ces deux lois : évoluer lentement, changer complètement de sens suivant les mentalités qui les reçoivent.

Une doctrine est comparable à un être vivant. Elle ne subsiste qu'en se transformant. Les livres restant nécessairement muets sur ces variations, la phase des choses qu'ils stabilisent n'est que du passé. Ils ne reflètent pas l'image de la vie, mais celle de la mort. L'exposé écrit d'une doctrine représente souvent le côté le plus négligeable de cette doctrine.

J'ai montré dans un autre ouvrage comment se modifient les institutions, les langues et les arts en passant d'un peuple à un autre, et combien les lois de ces transformations diffèrent de ce que disent les livres. Je n'y fais allusion maintenant qu'afin d'expliquer pourquoi dans l'étude des idées démocratiques nous nous occupons si peu du texte des doctrines et recherchons seulement les éléments psychologiques dont elles constituent le vêtement, puis les réactions provoquées chez les diverses catégories d'hommes les ayant acceptées.

Modifiée rapidement par des êtres de mentalités différentes, la théorie primitive n'est bientôt plus qu'une étiquette désignant des choses très dissemblables.

Applicables aux croyances religieuses, ces principes le sont également aux croyances politiques. Quand on parle de démocratie, par exemple, il convient de rechercher ce que signifie ce mot chez divers peuples, et de s'enquérir également si, chez un même peuple, il n'y aurait pas une grande différence entre la démocratie des intellectuels et la démocratie populaire.

En nous bornant à considérer maintenant ce dernier point, nous consta-

CHAPITRE I. LES PROGRÈS DES CROYANCES DÉMOCRATIQUES ...

terons facilement que les idées démocratiques des livres et des journaux sont de pures théories de lettrés ignorées par le peuple et à l'application desquelles d'ailleurs il n'aurait rien à gagner. Si l'ouvrier possède le droit théorique de franchir les barrières, le séparant des classes dirigeantes par toute une série de concours et d'examens, ses chances d'y parvenir sont bien faibles.

La démocratie des lettrés n'a d'autre but que de créer une sélection où se recrute exclusivement la classe dirigeante. Je ne verrais rien à y redire si cette sélection était réelle. Elle constituerait alors l'application de la maxime de Napoléon : " La vraie marche d'un gouvernement est d'employer l'aristocratie, mais avec les formes de la démocratie. "

Malheureusement, la démocratie des intellectuels conduit simplement à remplacer le droit divin des rois par le droit divin d'une petite oligarchie trop souvent tyrannique et bornée. Ce n'est pas en déplaçant une tyrannie qu'on crée une liberté.

La démocratie populaire n'a nullement pour but, comme la précédente, de fabriquer des dirigeants. Dominée tout entière par l'esprit d'égalité et le désir d'améliorer le sort des travailleurs, elle repousse la notion de fraternité et ne manifeste aucun souci de la liberté. Un gouvernement n'est concevable par elle que sous la forme autocratique. On le voit, non seulement par l'histoire nous montrant depuis la Révolution tous les gouvernements despotiques vigoureusement acclamés, mais surtout, par la façon autocratique dont les syndicats ouvriers sont conduits.

Cette distinction profonde, entre la démocratie des lettrés et la démocratie populaire, apparaît beaucoup plus claire aux ouvriers qu'aux intellectuels. Rien n'étant commun entre leurs mentalités, les premiers et les seconds ne parlent pas la même langue. Les syndicalistes proclament aujourd'hui avec force qu'aucune alliance ne serait possible entre eux et les politiciens de la bourgeoisie. L'affirmation est rigoureusement exacte.

Il en fut toujours ainsi et c'est sans doute pourquoi la démocratie populaire, de Platon à nos jours, n'a jamais été défendue par de grands penseurs.

Ce fait a beaucoup frappé Émile Faguet : " Presque tous les penseurs du XIXe siècle, dit-il, n'ont pas été démocrates. Quand j'écrivais mes *Politiques et moralistes du XIXe siècle*, c'était mon désespoir. Je n'en trouverai donc pas un qui soit démocrate ; j'en voudrais bien trouver un pour que je puisse poser d'après lui la doctrine démocratique ".

L'éminent écrivain en eut certainement trouvé beaucoup chez les politiciens professionnels, mais ces derniers appartiennent rarement à la catégorie des penseurs.

§ 4. — LES INÉGALITÉS NATURELLES ET L'ÉGALISATION DÉMOCRATIQUE.

La difficulté de concilier l'égalisation démocratique et les inégalités naturelles constitue un des plus difficiles problèmes de l'heure présente. Nous connaissons les souhaits de la démocratie. Voyons ce que la nature répond à ses vœux.

Les idées démocratiques qui ébranlèrent si souvent le monde, depuis les âges héroïques de la Grèce jusqu'aux temps modernes, se heurtèrent toujours aux inégalités naturelles. Bien rares les observateurs ayant soutenu avec Helvétius que l'inégalité entre les hommes est créée par l'éducation.

En fait, la nature ne connaît pas l'égalité. Elle répartit différemment génie, beauté, santé, vigueur, intelligence et toutes les qualités conférant à leurs possesseurs une supériorité sur leurs semblables.

Aucune théorie ne pouvant changer ces différences, les doctrines démocratiques resteront confinées dans les mots, jusqu'au jour où les lois de l'hérédité consentiront à unifier les capacités des hommes.

Pouvons-nous supposer que les sociétés arriveront à établir artificiellement l'égalisation refusée par la nature ?

Quelques théoriciens admirent pendant longtemps que l'éducation pourrait créer un nivellement général. De nombreuses années d'expériences ont montré la profondeur de cette illusion.

Il ne serait cependant pas impossible, que le socialisme triomphant pût établir pendant quelque temps l'égalité, en éliminant rigoureusement tous les individus supérieurs. On peut facilement prévoir ce que deviendrait un peuple ayant supprimé ses élites, alors qu'il serait entouré d'autres nations progressant par leurs élites.

Non seulement la nature ne connaît pas l'égalité, mais depuis l'origine des âges, elle a toujours réalisé ses progrès par des différenciations successives, c'est-à-dire des inégalités croissantes. Elles seules pouvaient élever l'obscure cellule des temps géologiques, aux êtres supérieurs dont les inventions devaient changer la face du globe.

Le même phénomène s'observe dans les sociétés. Les formes de démocratie qui sélectionnent les éléments élevés des classes populaires, ont pour résultat final la création d'une aristocratie intellectuelle, consé-

CHAPITRE I. LES PROGRÈS DES CROYANCES DÉMOCRATIQUES ...

quence contraire au rêve des purs théoriciens : rabaisser tous les éléments supérieurs d'une société, au niveau de ses éléments inférieurs.

À côté des lois naturelles, hostiles aux théories égalitaires, figurent aussi les conditions du progrès moderne. La science et l'industrie exigeant des efforts intellectuels de plus en plus considérables, les inégalités mentales et les différences de condition sociale qu'elles font naître ne peuvent que s'accentuer.

On assiste ainsi à ce phénomène frappant : à mesure que les lois et les institutions veulent niveler les individus, les progrès de la civilisation tendent à les différencier davantage. Du paysan au baron féodal, la distance intellectuelle était faible, de l'ouvrier à l'ingénieur, elle est immense et grandit sans cesse. La capacité étant devenue le principal facteur du progrès, les capables de chaque classe s'élèvent alors que les médiocres restent stationnaires ou descendent. Que pourraient des lois sur d'aussi inévitables nécessités ?

En vain les incapables prétendraient-ils qu'étant le nombre, ils sont la force. Privés des cerveaux supérieurs dont les recherches profitent à tous les travailleurs, ces derniers tomberaient vite dans la misère et l'anarchie.

Le rôle capital des élites dans les civilisations modernes apparaît trop évident pour avoir besoin d'être démontré. Nations civilisées et peuples barbares, renfermant une même moyenne d'unités médiocres, la vraie supériorité des premières provient uniquement de l'élite qu'elles contiennent. Les États-Unis l'ont si bien compris, qu'ils interdisent l'accès de leur territoire aux ouvriers chinois, dont la capacité est identique à celle des ouvriers américains, et qui travaillant à des prix inférieurs, faisaient une concurrence redoutable à ces derniers.

Malgré ces évidences, on voit s'accentuer chaque jour l'antagonisme entre la multitude et les élites. À aucune époque, les élites ne furent plus nécessaires, jamais cependant elles ne furent aussi difficilement supportées.

Un des plus solides fondements du socialisme est la haine intense des élites. Ses adeptes oublient toujours que les progrès scientifiques, artistiques, industriels créant la force d'un pays et la prospérité de millions de travailleurs, sont uniquement dus à un petit nombre de cerveaux supérieurs.

Si l'ouvrier gagne trois fois plus aujourd'hui qu'il y a cent ans et jouit de commodités alors inconnues à de grands seigneurs, il le doit uniquement à des élites.

Supposons le socialisme universellement accepté par miracle il y a un siècle. Le risque, la spéculation, l'initiative, en un mot, tous les stimulants de l'activité humaine ayant été supprimés, aucun progrès n'aurait pu naître et l'ouvrier serait resté aussi pauvre. On eût simplement établi cette égalité dans la misère rêvée par la jalousie et l'envie d'une foule d'esprits médiocres. Ce n'est pas pour donner satisfaction à un idéal aussi bas que l'humanité renoncera jamais aux progrès de la civilisation.

CHAPITRE II. LES CONSÉQUENCES DE L'ÉVOLUTION DÉMOCRATIQUE

§ 1. — INFLUENCE EXERCÉE SUR L'ÉVOLUTION SOCIALE PAR DES THÉORIES DÉPOURVUES DE VALEUR RATIONNELLE.

Nous venons de voir que les lois naturelles ne s'accordent pas avec les aspirations démocratiques. Nous savons aussi qu'une telle constatation n'eut jamais d'influence sur des doctrines fixées dans les âmes. L'homme conduit par une croyance ne se préoccupe pas de sa valeur réelle.

Le philosophe qui étudie cette croyance doit évidemment en discuter le contenu rationnel, mais se préoccuper surtout de son influence sur les esprits.

Appliquée à l'interprétation de toutes les grandes croyances de l'histoire, l'importance de cette distinction apparaît immédiatement. Jupiter, Moloch, Vichnou, Allah et tant d'autres divinités, furent sans doute au point de vue rationnel de simples illusions, et cependant leur rôle dans la vie des peuples fut considérable.

La même distinction est applicable aux croyances qui dominèrent le Moyen Âge et courbèrent des milliers d'hommes au pied des autels. Très illusoires, également, elles exercèrent néanmoins une action tout aussi profonde que si elles avaient correspondu à des réalités.

Pour qui en douterait, il n'y aurait qu'à comparer la domination de l'Empire romain et celle de l'Église. La première très tangible, très réelle, n'impliquait aucune illusion. La seconde, tout en n'ayant que des bases chimériques, fut cependant aussi puissante. Grâce à elle, pendant la longue nuit du Moyen Âge, des peuples demi-barbares acquirent ces freins sociaux et cette âme nationale sans lesquels il n'est pas de civilisation.

Le pouvoir possédé par l'Église prouve encore que la puissance de certaines illusions est assez grande pour créer, au moins momentanément, des sentiments aussi contraires à l'intérêt de l'individu qu'à celui des sociétés, tels la vie monastique, le désir du martyr, les croisades, les guerres de religion, etc.

L'application aux idées démocratiques et socialistes des considérations précédentes, montre qu'il importe assez peu que ces idées n'aient aucune base défendable. Elles impressionnent les âmes, cela suffit. Leurs conséquences peuvent devenir très funestes, mais nous n'y pouvons rien.

Les apôtres des nouvelles doctrines ont bien tort en vérité de se donner tant de mal pour trouver un fondement rationnel à leurs aspirations. Ils convaincront toujours beaucoup plus en se bornant à des affirmations et en faisant germer des espérances. Leur vraie force réside dans la mentalité religieuse inhérente au cœur de l'homme et qui, dans la suite des âges, n'a fait que changer d'objet. Nous examinerons donc au point de vue philosophique seulement diverses conséquences de l'évolution démocratique dont nous voyons s'accélérer le cours. Nous disions à propos de l'Église au Moyen Âge qu'elle eut le pouvoir d'agir profondément sur la mentalité des hommes. En constatant certains résultats des doctrines démocratiques, nous allons voir que la puissance actuelle de ces dernières n'est pas moindre.

§ 2. — L'ESPRIT JACOBIN ET LA MENTALITÉ CRÉÉE PAR LES CROYANCES DÉMOCRATIQUES.

Les générations modernes n'ont pas hérité seulement des principes révolutionnaires, mais aussi de la mentalité spéciale qui les fit triompher.

Décrivant cette mentalité, lorsque nous avons étudié l'esprit jacobin, nous avons vu qu'elle prétend toujours imposer par la force des illusions considérées comme des vérités. L'esprit jacobin a fini par devenir si général en France et dans les pays latins, qu'il a gagné tous les partis politiques, y compris les plus conservateurs. La bourgeoisie en est très imprégnée et le peuple davantage encore.

Cette extension de l'esprit jacobin a eu pour résultat que les conceptions politiques, les institutions et les lois tendent toujours à s'imposer par la violence. C'est ainsi que le syndicalisme, pacifique et méthodique dans

CHAPITRE II. LES CONSÉQUENCES DE L'ÉVOLUTION DÉMOCRA...

d'autres pays, a aussitôt pris dans le nôtre des allures intransigeantes et anarchiques, se traduisant sous forme d'émeutes, de sabotages et d'incendies.

Non réprimé par des gouvernements craintifs, l'esprit jacobin produit de funestes ravages dans les cerveaux de capacité médiocre. Au récent congrès des cheminots, le tiers des délégués vota pour l'approbation du sabotage et un des secrétaires du congrès commença son discours en disant : " Je me permets d'envoyer à tous les saboteurs mon salut fraternel et toute mon admiration ".

Cette mentalité générale engendre une anarchie croissante. Si la France ne se trouve pas en état de révolution permanente, c'est, je l'ai déjà fait remarquer plus haut, que tous les partis la divisant se font à peu près équilibre. Ils sont animés d'une haine mortelle les uns à l'égard des autres, mais aucun d'eux n'est assez fort pour asservir ses rivaux.

L'intolérance jacobine se répand tellement que les gouvernants eux-mêmes emploient sans scrupules les procédés les plus révolutionnaires à l'égard de leurs ennemis, persécutant avec violence, jusqu'à les dépouiller de leurs biens, les partis leur faisant la moindre opposition. Nos gouvernants se conduisent aujourd'hui comme les anciens conquérants. Le vaincu n'a rien à espérer du vainqueur.

Loin d'être spéciale aux classes populaires, l'intolérance s'observe donc également dans les classes dirigeantes. Michelet avait remarqué depuis longtemps que les violences des lettrés sont parfois plus intenses que celles du peuple. Sans doute, ils ne brisent pas les réverbères, mais sont facilement disposés à faire casser les têtes. Les pires violences de la Révolution furent commises par des bourgeois lettrés, professeurs, avocats, etc., possesseurs de cette instruction classique que l'on suppose adoucir les mœurs.

Elle ne les a pas plus adoucies aujourd'hui qu'à cette époque. On s'en rend compte en parcourant ces journaux avancés dont les rédacteurs se recrutent surtout parmi des professeurs de l'Université.

Leurs livres sont aussi violents que leurs articles et l'on se demande vraiment comment peuvent se former, chez ces favorisés du sort, de telles provisions de haine.

On les croirait difficilement s'ils assuraient qu'un intense besoin d'altruisme les dévore. On admettra plus aisément, qu'à côté d'une mentalité religieuse étroite, l'espoir d'être remarqués par les puissants du jour, ou de se créer une popularité productive, sont les seules explications possibles des violences affichées dans leurs écrits de propagande.

J'ai déjà cité, dans un de mes précédents ouvrages, les passages du livre d'un professeur au Collège de France, où l'auteur excite le peuple à s'emparer des richesses de la bourgeoisie qu'il invective furieusement et suis arrivé à la conclusion, qu'une révolution nouvelle recruterait facilement chez les auteurs de ces élucubrations, les Marat, les Robespierre et les Carrier dont elle aurait besoin.

La religion jacobine — surtout sous sa forme socialiste — a sur les esprits de faible envergure toute la puissance des anciens dieux. Aveuglés par leur foi, ils croient avoir la raison pour guide et sont dirigés uniquement par leurs passions et leurs rêves.

L'évolution des idées démocratiques a donc entraîné, en dehors des actions politiques déjà marquées, des conséquences considérables sur la mentalité des hommes modernes.

Si les anciens dogmes religieux ont épuisé depuis longtemps leur contenu, les théories démocratiques sont loin d'avoir épuisé le leur et nous en voyons chaque jour s'étendre la floraison. Une des principales a été la haine générale des supériorités.

Cette haine de ce qui dépasse le niveau moyen, par la situation sociale, la fortune ou l'intelligence est générale aujourd'hui dans toutes les classes, de l'ouvrier aux couches les plus élevées de la bourgeoisie.

Elle a pour résultats : l'envie, le dénigrement, le besoin d'attaquer, de railler, de persécuter, de prêter à toute action des bas motifs, de se refuser à croire à la probité, au désintéressement, à l'intelligence. Les conversations, aussi bien dans le peuple que chez les hommes instruits, sont empreintes de ce besoin d'avilir et d'abaisser. Les plus grands morts eux-mêmes n'échappent pas à ce sentiment. Jamais on n'écrivit autant de livres pour déprécier le mérite d'hommes célèbres, considérés jadis comme le plus précieux patrimoine d'un pays.

L'envie et la haine semblent avoir été de tout temps inséparables des théories démocratiques, mais l'extension de ces sentiments n'avait jamais été aussi grande qu'aujourd'hui. Elle frappe tous les observateurs.

> " Il y a un bas instinct démagogique, écrit M. Bourdeau, sans aucune aspiration morale, qui rêve de rabaisser l'humanité au plus bas niveau et pour lequel toute supériorité, même de culture, est une offense à la société... c'est ce sentiment d'ignoble égalité qui animait les bourreaux jacobins lorsqu'ils faisaient tomber les têtes d'un Lavoisier et d'un Chénier. "

Cette haine des supériorités, élément le plus sûr des progrès actuels du socialisme, n'est pas la seule caractéristique de l'esprit nouveau créé par les idées démocratiques.

D'autres conséquences, quoique indirectes, ne sont pas moins profondes. Tels par exemple les progrès de l'étatisme, la diminution de l'influence et du pouvoir de la bourgeoisie, l'action grandissante des financiers, la lutte des classes, l'évanouissement des vieilles contraintes sociales et l'abaissement de la moralité.

Tous ces effets se manifestent par une insubordination et une anarchie générales. Le fils se révolte contre son père, l'employé contre son patron, le soldat contre ses officiers. Le mécontentement, la haine et l'envie règnent aujourd'hui partout.

Un mouvement social qui continue, est forcément comme en mécanique un mouvement qui s'accélère. Nous verrons donc grandir encore les résultats de cette mentalité. Ils se traduisent de temps en temps par des incidents dont la gravité augmente tous les jours : grève des cheminots, grève des postiers, explosions de cuirassés et bien d'autres encore. À propos de la destruction de la *Liberté* qui coûta plus de cinquante millions et fit périr en une minute deux cents personnes, un ancien ministre de la Marine, M. de Lanessan, s'exprimait de la façon suivante :

" Le mal qui ronge notre flotte est le même qui dévore notre armée, nos administrations publiques, nos services, publics, notre parlementarisme et notre régime gouvernemental, notre société tout entière. Ce mal, c'est l'anarchie, c'est-à-dire un tel désordre des esprits et des choses que rien ne se fait comme la raison voudrait que ce fût fait et que nul homme ne se comporte comme son devoir professionnel ou moral exigerait qu'il se comportât. "

Et au sujet de la même catastrophe de la *Liberté*, survenue après celle de *l'Iéna*, M. Félix Roussel, dans un discours prononcé comme président du Conseil municipal de Paris, disait :

" Les causes du mal ne sont pas spéciales à notre marine. Ce mal est plus général et porte un triple nom : l'irresponsabilité, l'indiscipline et l'anarchie. "

Ces citations, constatant des faits que personne n'ignore, montrent les plus solides défenseurs du régime républicain reconnaissant eux-mêmes les progrès de notre désorganisation sociale [1]. Chacun la voit, tout en ayant conscience de son impuissance à rien y changer. Ils résultent en effet d'influences mentales dont le pouvoir est supérieur à celui de nos volontés.

§ 3. — LE SUFFRAGE UNIVERSEL ET SES ÉLUS.

Parmi les dogmes de la démocratie, le plus fondamental peut-être, celui qui séduit particulièrement, est le suffrage universel. Il donne aux masses la notion d'égalité, puisqu'au moins pendant un instant, riches et pauvres, savants et ignorants sont égaux devant l'urne électorale. Le ministre y coudoie le dernier de ses serviteurs, et durant cette brève minute, la puissance de l'un est identique à celle de l'autre.

Tous les gouvernements, y compris ceux de la Révolution, ont redouté le suffrage universel. De prime abord, en effet, il soulève bien des objections. L'idée que la multitude puisse choisir utilement les hommes capables de gouverner, que des individus de moralité médiocre, de connaissances faibles, d'esprit borné, possèdent, par le fait seul de leur nombre, une aptitude sûre à juger les candidats proposés à leur choix, semble assez choquante.

Au point de vue rationnel, le suffrage du nombre sera un peu justifié en disant avec Pascal : " La pluralité est la meilleure voie, parce qu'elle est visible et qu'elle a la force pour se faire obéir ; cependant c'est l'avis des moins habiles... "

Le suffrage universel ne pouvant être remplacé, dans les temps modernes, par aucune autre institution, il faut bien l'accepter et tâcher de s'y adapter.

Inutile par conséquent de protester contre lui et répéter, après la reine Marie-Caroline à l'époque de sa lutte contre Napoléon : " Rien de plus affreux que de gouverner les hommes dans ce siècle éclairé où chaque cordonnier raisonne et déraisonne sur le gouvernement ! "

À vrai dire, les objections ne sont pas toujours aussi fortes qu'elles le paraissent. Les lois de la psychologie des foules étant admises, il reste fort douteux que le suffrage restreint donnerait un choix d'hommes bien supérieur à celui obtenu par le suffrage universel.

Ces mêmes lois psychologiques montrent aussi que le suffrage dit universel est en réalité une pure fiction. La foule, sauf dans des cas bien rares, n'a d'autre opinion que celle de ses meneurs. Le suffrage universel représente donc en réalité le plus restreint des suffrages.

Là justement réside son vrai danger. Le suffrage universel se montre dangereux surtout par les meneurs qui en sont maîtres, créatures de petits

CHAPITRE II. LES CONSÉQUENCES DE L'ÉVOLUTION DÉMOCRA...

comités locaux, analogues aux clubs de la Révolution. Le meneur briguant un mandat est choisi par eux.

Une fois nommé, il exerce un pouvoir local absolu, à la condition de satisfaire les intérêts de ses comités. Devant cette nécessité, l'intérêt général du pays disparaît à peu près totalement aux yeux de l'élu.

Naturellement, les comités ayant besoin de serviteurs dociles, ne choisissent pas pour cette besogne des individus doués d'une intelligence élevée, ni surtout d'une moralité très haute. Il leur faut des hommes sans caractère, sans situation sociale, et toujours dociles.

Par suite de ces nécessités, la servilité de l'élu à l'égard des petits groupes qui le patronnent et sans lesquels il ne serait rien, est complète. Il dira et votera tout ce qu'exigeront ses comités. Son idéal politique peut se condenser dans cette brève formule : obéir pour durer.

Exceptionnellement et seulement lorsqu'elles possèdent par leur nom, leur situation ou leur fortune un grand prestige, des personnalités supérieures arrivent à s'imposer aux votes populaires en surmontant la tyrannie des minorités audacieuses constituant les petits comités locaux.

Les pays démocratiques comme le nôtre ne sont donc gouvernés qu'en apparence par le suffrage universel. Pour cette raison se votent tant de lois n'intéressant le peuple en aucune façon, et que jamais il n'a réclamées. Tels le rachat des lignes de l'Ouest, les lois sur les congrégations, etc. Ces absurdes manifestations traduisirent simplement les exigences, de petits comités locaux fanatiques, imposées aux députés choisis par eux.

On se rend compte de l'influence de ces comités en voyant des députés modérés obligés de patronner des anarchistes saboteurs d'arsenaux, de s'allier avec des antimilitaristes, en un mot d'obéir aux pires exigences pour assurer leur réélection. Les volontés des plus bas éléments de la démocratie ont ainsi créé chez les élus, une moralité et des mœurs qu'il serait difficile de ne pas juger très basses. Le politicien est l'homme des places publiques, et comme le dit Nietzsche :

> " Où commence la place publique, commence aussi le bruit des grands comédiens, et le bourdonnement des mouches venimeuses... Le comédien croit toujours à ce qui lui fait obtenir ses meilleurs effets, ce qui pousse les gens à croire à lui-même. Demain il aura une foi nouvelle, et après demain une foi plus nouvelle encore... Tout ce qui est grand, se passe loin de la place publique et de la gloire. "

§ 4. — LE BESOIN DE RÉFORMES.

Le besoin de réformes imposées brusquement à coups de décrets, est une des conceptions les plus funestes de l'esprit jacobin, un des redoutables legs de la Révolution. Il figure parmi les facteurs principaux de tous nos bouleversements depuis un siècle.

Une des raisons psychologiques de cette soif incessante de réformes tient à la difficulté de déterminer les motifs réels des maux dont on se plaint. Le besoin d'explication crée des causes fictives fort simples. Simples aussi alors apparaissent les remèdes.

Depuis quarante ans, nous n'avons pas cessé de faire des réformes, dont chacune est une petite révolution. Malgré elles, ou plutôt à cause d'elles, nous sommes un des peuples de l'Europe ayant le moins évolué.

On juge de la lenteur réelle de notre évolution, en comparant l'un à l'autre chez diverses nations, les principaux éléments de la vie sociale : commerce, industrie, etc. Les progrès de divers peuples, les Allemands notamment, apparaissent alors immenses, tandis que les nôtres sont restés fort lents.

Notre organisation administrative, industrielle et commerciale, a considérablement vieilli et ne se montre plus à la hauteur des besoins nouveaux. Notre industrie est peu prospère, notre marine marchande périclite. Même dans nos propres colonies nous ne pouvons soutenir la concurrence avec l'étranger, malgré des subventions pécuniaires énormes accordées par l'État. M. Cruppi, ancien ministre du Commerce, a insisté sur ce triste effondrement dans un livre récent. Suivant l'erreur générale, il croit facile de remédier à ces infériorités avec de nouveaux règlements.

Tous les politiciens partagent la même opinion et c'est pourquoi nous progressons si peu. Chaque parti est persuadé qu'avec des réformes, on peut remédier à tous les maux. Cette conviction les conduit à des luttes qui font de la France un des pays les plus divisés de l'univers et les plus en proie à l'anarchie.

Personne n'y comprend encore que les individus et leurs méthodes, et non les règlements, déterminent la valeur d'un peuple. Les réformes efficaces ne sont pas les réformes révolutionnaires mais les petites améliorations de chaque jour accumulées par le temps. Les grands changements sociaux se font, comme les transformations géologiques, grâce à l'addition journalière de minimes causes. L'histoire économique de l'Allemagne depuis quarante ans, prouve d'une façon frappante la justesse de cette loi.

Bien des événements importants paraissant dépendre un peu du hasard, les batailles par exemple, sont eux-mêmes soumis à cette loi de l'accumulation des petites causes. Sans doute la lutte décisive est quelquefois terminée en moins d'un jour, mais il fallut de minutieux efforts lentement accumulés pour préparer le succès. Nous en avons fait la dure expérience en 1870 et les Russes la firent de leur côté plus tard. Une demi-heure à peine fut nécessaire à l'amiral Togo pour anéantir la flotte russe à la bataille de Tsoushima, qui décida définitivement du sort du Japon, mais des milliers de petites influences lointaines déterminèrent ce succès. Des causes non moins nombreuses engendrèrent la défaite des Russes : une bureaucratie aussi compliquée que la nôtre et aussi irresponsable, un matériel lamentable, bien que payé au poids de l'or, un régime de pots-de-vin à tous les degrés de la hiérarchie et l'indifférence générale pour l'intérêt du pays. Malheureusement les progrès de détail, qui font par leur total la grandeur d'une nation, étant peu visibles, ne produisent aucune impression sur le public, et ne peuvent servir les intérêts électoraux des politiciens. Ces derniers s'en désintéressent donc complètement et laissent s'accumuler, dans les pays soumis à leurs influences, les petites désorganisations successives dont se composent les grandes décadences.

§ 5. — LES DISTINCTIONS SOCIALES DANS LES DÉMOCRATIES ET LES IDÉES DÉMOCRATIQUES DANS DIVERS PAYS.

À l'époque où les hommes étaient divisés en castes, et différenciés surtout par la naissance, les distinctions sociales se trouvaient généralement acceptées comme conséquences d'une loi naturelle inéluctable.

Dès que les anciennes divisions sociales furent détruites, les distinctions de classes apparurent artificielles et cessèrent pour cette raison d'être tolérées.

Le besoin d'égalité étant théorique, on a vu se développer très vite chez les peuples démocratiques, la création d'inégalités artificielles permettant à leurs possesseurs de se constituer une suprématie bien visible. À aucune époque, la soif de titres et de décorations ne fut aussi répandue qu'aujourd'hui.

Dans les pays réellement démocratiques, comme les États-Unis, titres et décorations n'exercent pas grand prestige et la fortune seule y crée les distinctions. C'est assez exceptionnellement qu'on y voit des jeunes filles millionnaires s'allier aux anciens noms de l'aristocratie européenne. Elles emploient instinctivement alors, le seul moyen permettant à une race trop jeune d'acquérir le passé nécessaire pour stabiliser son armature morale.

Mais d'une façon générale, l'aristocratie que nous voyons naître en Amérique ne s'est pas du tout fondée sur les titres et les décorations. Purement financière, elle ne provoque pas beaucoup de jalousie parce que chacun espère réussir à en faire partie un jour.

Lorsque dans son livre sur la démocratie en Amérique, Tocqueville signalait l'aspiration générale vers l'égalité, il ignorait que l'égalité prévue aboutirait à une classification des hommes, fondée exclusivement sur le nombre de dollars possédé par eux.

Nulle autre n'existe aux États-Unis, et il en sera sans doute un jour de même en Europe.

Actuellement, rien ne permet de considérer la France comme un pays démocratique, autrement que dans les mots et ici apparaît la nécessité de rechercher, ainsi que nous le disions plus haut, les idées diverses qu'abrite, suivant les pays, le mot démocratie.

De nations vraiment démocratiques, on ne peut guère citer que l'Angleterre et l'Amérique. La démocratie s'y présente sous des formes différentes mais on y observe les mêmes principes, notamment une parfaite tolérance pour toutes les opinions. Les persécutions religieuses y sont inconnues. Les supériorités réelles se manifestent facilement dans les diverses professions, chacun pouvant y accéder à tout âge, dès qu'il possède les capacités nécessaires. Aucune barrière ne vient limiter l'essor individuel.

Dans de tels pays, les hommes se croient égaux parce que tous ont la notion qu'ils sont libres d'atteindre les mêmes sommets. L'ouvrier sait pouvoir devenir contremaître, puis ingénieur. Obligé de commencer par les échelons inférieurs, au lieu de débuter comme en France par les échelons supérieurs, l'ingénieur ne se suppose pas d'une autre essence que le reste des hommes. Il en est de même dans toutes les professions. C'est pourquoi les haines de classes, si intenses chez nous, sont peu développées en Angleterre et en Amérique.

En France, la démocratie ne se pratique guère que dans les discours. Un système de concours et d'examens qu'il faut subir pendant la jeunesse, ferme rigoureusement l'entrée des carrières et crée des classes ennemies séparées.

Les démocraties latines sont donc restées purement théoriques. L'absolutisme étatiste y a remplacé l'absolutisme monarchique mais ne se montre

CHAPITRE II. LES CONSÉQUENCES DE L'ÉVOLUTION DÉMOCRA...

pas moins dur. L'aristocratie de la fortune s'est substituée à celle de la naissance et ses privilèges ne sont pas moindres.

Monarchie et démocratie diffèrent beaucoup plus d'ailleurs dans la forme que dans le fond. C'est seulement la variable mentalité des hommes qui différencie leurs effets. Toutes les discussions sur les divers régimes sont sans intérêt car ils ne détiennent en eux-mêmes aucune vertu spéciale. Leur valeur dépendra toujours de celle des hommes gouvernés.

Un peuple réalise un grand progrès quand il découvre que la somme des efforts personnels de chacun, et non les gouvernements, détermine le rang d'une nation dans le monde.

---

1. Ce désordre est le même dans toutes les administrations. On en trouvera des exemples intéressants dans un rapport de M. Dausset au Conseil municipal :

" Le service de la voie publique, dit-il, qui devrait être avant tout un service d'exécution rapide, est au contraire le prototype de l'administration routinière, paperassière et bureaucratique, possédant les hommes et l'argent et gaspillant les hommes et l'argent dans des besognes souvent inutiles, faute d'ordre, d'initiative et de méthode, et, pour tout dire d'un mot, d'organisation. "

Parlant ensuite des directeurs de service qui opèrent chacun à sa guise et suivent leur fantaisie, il ajoute :

" Ces grands chefs s'ignorent complètement ; ils préparent leurs projets et les exécutent sans connaître ceux du voisin ; il n'y a personne au-dessus d'eux pour grouper les travaux et les coordonner. " Et c'est pourquoi une même rue est éventrée, réparée, puis éventrée de nouveau à quelques jours d'intervalle parce que les services des eaux, du gaz, des égouts, de l'électricité, qui se jalousent, ne cherchent jamais à se mettre d'accord. Cette anarchie et cette indiscipline coûtent naturellement des sommes énormes, et une industrie privée qui opérerait de la même façon arriverait vite à la faillite. "

CHAPITRE III. LES FORMES NOUVELLES DES CROYANCES DÉMOCRATIQUES

§ 1. — LES LUTTES ENTRE LE CAPITAL ET LE TRAVAIL.

Pendant que nos législateurs réforment et légifèrent au hasard, l'évolution naturelle du monde poursuit lentement son cours. Des intérêts nouveaux surgissent, les concurrences économiques entre peuples grandissent, les classes ouvrières s'agitent et l'on voit naître de toutes parts des problèmes redoutables que les harangues des politiciens ne sauraient résoudre.

Parmi ces nouveaux problèmes, un des plus compliqués sera celui des conflits ouvriers, résultant de la lutte entre le capital et le travail. Même dans les pays traditionnels comme l'Angleterre, elle devient violente. Les ouvriers cessent de respecter les contrats collectifs, qui constituaient autrefois leurs chartes, les grèves sont déclarées pour des motifs insignifiants, le chômage et le paupérisme atteignent des chiffres inquiétants.

En Amérique, ces grèves avaient même fini par entraver toutes les industries, mais l'excès du mal a créé le remède. Depuis dix ans environ, les chefs d'industrie ont organisé de grandes fédérations patronales devenues assez puissantes pour imposer aux ouvriers des procédures d'arbitrage.

Le problème ouvrier se complique en France de l'intervention de nombreux travailleurs étrangers rendue nécessaire par la stagnation de notre population [1]. Une pareille stagnation aura également pour conséquences de rendre difficile la lutte avec des rivaux dont le sol ne pourra

CHAPITRE III. LES FORMES NOUVELLES DES CROYANCES DÉMO...

bientôt plus nourrir les habitants et qui, suivant une des plus vieilles lois de l'histoire, envahiront nécessairement les pays moins peuplés.

Ces conflits entre ouvriers et patrons d'un même pays seront rendus plus âpres encore par la lutte économique, grandissante entre les Asiatiques à besoins très faibles, pouvant par conséquent produire des objets manufacturés à prix fort bas, et les Européens à besoins très forts. J'en signalai l'importance il y a plus de vingt-cinq ans. Le général Hamilton, ancien attaché militaire à l'armée japonaise, et qui avait fort bien prévu avant le début des hostilités la victoire des Japonais, écrit dans un travail reproduit par le général Langlois, ce qui suit :

" Le Chinois, tel que je l'ai vu en Mandchourie, est capable de détruire le type actuel du travailleur de race blanche. Il le chassera de la surface de la terre. Les socialistes, prêchant l'égalité devant le travail, sont loin de penser à quel résultat pratique les mèneraient leurs théories. La destinée de la race blanche est-elle donc de disparaître à la longue ? À mon humble avis, cette destinée dépend d'une seule chose : Aurons-nous, oui ou non, le bon sens de fermer l'oreille aux discours qui présentent la guerre et la préparation à la guerre comme un mal inutile ?

J'estime que les ouvriers doivent choisir. Étant donnée la constitution actuelle du monde, il faut qu'ils cultivent chez leurs enfants l'idéal militaire et qu'ils acceptent de bon cœur les épreuves et les charges qu'entraîne le militarisme ou qu'ils entament une lutte cruelle pour la vie contre une main-d'œuvre rivale dont le succès ne fait aucun doute. Pour refuser aux Asiatiques le droit d'émigrer, d'abaisser les salaires par la concurrence et de vivre parmi nous, nous ne disposons que d'un moyen, qui est l'épée. Si les Américains et les Européens oublient que leur situation privilégiée ne tient qu'à la force de leurs armes, l'Asie aura bientôt pris sa revanche. "

On sait qu'en Amérique, les invasions chinoise et japonaise sont devenues, par suite de la concurrence faite aux ouvriers de race blanche, une calamité nationale. En Europe, l'invasion commence, mais n'a pas encore pris une grande extension. Cependant les émigrés chinois forment déjà d'importantes colonies dans certaines villes : Londres, Cardiff, Liverpool, etc. Ils y ont provoqué plusieurs émeutes, parce que travaillant à vil prix, leur apparition fait aussitôt baisser les salaires,

Mais ces problèmes appartiennent à l'avenir, et ceux du présent sont assez inquiétants pour qu'il soit inutile maintenant de se préoccuper des autres.

§ 2. — L'ÉVOLUTION DE LA CLASSE OUVRIÈRE ET LE MOUVEMENT SYNDICALISTE.

Le plus important des problèmes démocratiques actuels résultera peut-être de l'évolution récente de la classe ouvrière, engendrée par le mouvement syndicaliste.

L'agrégat d'intérêts similaires constituant le syndicalisme, a pris rapidement un développement tellement immense dans tous les pays, qu'on peut le dire mondial. Certaines corporations possèdent des budgets comparables à ceux de petits États. On a cité des ligues allemandes ayant encaissé 81 millions de cotisations.

L'extension de ce mouvement ouvrier dans tous les pays montre qu'il n'est pas comme le socialisme, un rêve d'utopistes, mais la conséquence de nécessités économiques. Par son but, ses moyens d'action, ses tendances, le syndicalisme ne présente d'ailleurs aucune espèce de parenté avec le socialisme. L'ayant suffisamment expliqué dans ma Psychologie politique, il suffira de rappeler en quelques mots la différence des deux doctrines.

Le socialisme veut s'emparer de toutes les industries et les faire gérer par l'État qui en répartirait également les produits entre les citoyens. Le syndicalisme prétend, au contraire, éliminer entièrement l'intervention de l'État et diviser la société en petits groupes professionnels se gouvernant eux-mêmes.

Bien que méprisés des syndicalistes et violemment combattus par eux, les socialistes s'appliquent à dissimuler ce conflit, mais il est vite devenu trop visible pour rester inaperçu. L'influence politique, encore possédée par ces derniers, leur échappera bientôt.

Si le syndicalisme grandit partout aux dépens du socialisme, c'est, je le répète, que ce mouvement corporatif, quoique renouvelé du passé, synthétise certains besoins nés de la spécialisation de l'industrie moderne.

Nous le voyons en effet se manifester dans les milieux les plus divers. En France, son succès n'a pas encore été aussi grand qu'ailleurs. Ayant pris la forme révolutionnaire rappelée plus haut, il est tombé, au moins provisoirement, dans la main d'anarchistes se souciant aussi peu du syndicalisme que d'une organisation quelconque et utilisant simplement la nouvelle doctrine pour tâcher de détruire la société actuelle. Socialistes, syndicalistes et anarchistes, quoique dirigés par des conceptions entièrement différentes, collaborent ainsi au même but final : la suppression violente des classes dirigeantes et le pillage de leurs richesses.

CHAPITRE III. LES FORMES NOUVELLES DES CROYANCES DÉMO...

Les doctrines syndicalistes ne dérivent en aucune façon des principes de la Révolution. Sur plusieurs points, ils leur sont même entièrement contraires. Le syndicalisme représente, en effet, un retour à certaines formes d'organisation collective voisines des corporations proscrites par la Révolution. Il constitue aussi une de ces fédérations condamnées par elle. Il repousse enfin entièrement la centralisation étatiste qu'elle avait établie.

Des principes démocratiques : liberté, égalité, fraternité, le syndicalisme n'a nul souci. Les syndicats exigent de leurs membres une discipline absolue, éliminant toute liberté.

N'étant pas encore assez forts pour se tyranniser réciproquement, les syndicats professent les uns à l'égard des autres des sentiments qu'on peut à la rigueur qualifier de fraternité. Mais le jour où ils seront suffisamment puissants, leurs intérêts contraires entreront nécessairement en lutte, comme pendant la période syndicaliste des anciennes républiques italiennes : Florence et Sienne par exemple. La fraternité de l'heure présente sera vite oubliée, et l'égalité remplacée par le despotisme des syndicats devenus prépondérants.

Un tel avenir semble prochain. Le nouveau pouvoir grandit très vite et trouve devant lui des gouvernements désarmés ne se défendant que par la soumission à toutes ses exigences. Moyen détestable, bon tout au plus pour la minute présente, et qui charge lourdement l'avenir.

Ce fut pourtant à cette pauvre ressource qu'eut recours récemment le gouvernement anglais dans sa lutte contre le syndicat des mineurs qui menaçait de suspendre la vie industrielle de l'Angleterre. Le syndicat exigeait pour ses adhérents un salaire minimum sans qu'ils dussent s'engager à fournir un minimum de travail.

Bien qu'une telle exigence fût inadmissible, le gouvernement accepta de proposer au Parlement une loi pour la sanctionner. On méditera utilement les graves paroles prononcées à ce sujet par M. Balfour devant la Chambre des Communes :

> " Le pays n'a jamais eu, dans son histoire si longue et si mouvementée, à faire face à un danger de cette nature et de cette importance.
>
> Le spectacle nous est donné, étrange et sinistre, d'une simple organisation menaçant de paralyser, paralysant dans une large mesure, le commerce et les manufactures d'une communauté du commerce et des manufactures. Le pouvoir que possèdent les mineurs est dans l'état actuel de la loi presque sans bornes. Ayons-nous jamais rien connu de pareil ? Vit-on jamais baron féodal exerçant semblable tyrannie ? Y a-t-il jamais

eu trust américain se servant des droits qu'il tient de la loi avec un pareil mépris de l'intérêt général ? Le point de perfection même auquel nous avons porté nos lois, notre organisation sociale, les rapports mutuels des différentes industries et professions, nous exposent, plus que nos prédécesseurs des âges plus rudes, au grave péril qui menace en ce moment la société.... Nous assistons à l'heure actuelle à la première manifestation de puissance d'éléments qui, si on n'y prend garde, submergeront la société tout entière.... L'attitude du gouvernement en cédant aux injonctions des mineurs donne quelque apparence de réalité à la victoire de ceux qui se dressent contre la société. "

§ 3. — POURQUOI CERTAINS GOUVERNEMENTS DÉMOCRATIQUES MODERNES SE TRANSFORMENT PROGRESSIVEMENT EN GOUVERNEMENTS DE CASTES ADMINISTRATIVES.

L'anarchie et les luttes sociales issues des idées démocratiques conduisent aujourd'hui certains gouvernements à une évolution imprévue qui finira par ne plus leur laisser qu'un pouvoir nominal. Cette évolution, dont nous allons indiquer sommairement les effets, s'est faite spontanément, sous l'influence de ces nécessités impérieuses qui demeurent les grandes régulatrices des choses.

Les élus du suffrage universel forment aujourd'hui le gouvernement des pays démocratiques. Ils votent les lois, nomment et renversent les ministres choisis dans leur sein et provisoirement chargés du pouvoir exécutif. Ces ministres changent naturellement fort souvent, puisqu'un vote suffit pour les remplacer. Ceux qui leur succèdent, appartenant à un parti différent, gouvernent d'après d'autres principes que leurs prédécesseurs.

Il semblerait au premier abord qu'un pays tiraillé entre des influences si diverses ne puisse avoir ni stabilité, ni continuité. Cependant, malgré toutes ces conditions d'instabilité, un gouvernement démocratique comme le nôtre fonctionne avec assez de régularité. Comment expliquer un tel phénomène ? Son interprétation, très simple, résulte de ce fait que les ministres qui ont l'air de gouverner gouvernent, en réalité, fort peu. Très limité et très circonscrit, leur pouvoir ne s'exerce guère que dans des discours peu écoutés et dans quelques mesures désorganisatrices.

Mais derrière cette autorité superficielle de ministres, sans force et sans durée, jouets de toutes les exigences des politiciens, fonctionne dans

CHAPITRE III. LES FORMES NOUVELLES DES CROYANCES DÉMO...

l'ombre un pouvoir anonyme dont la puissance ne fait que grandir celui des administrations. Possédant des traditions, une hiérarchie et de la continuité, elles ont une force contre laquelle les ministres se reconnaissent vite incapables de lutter [2]. La responsabilité est tellement divisée dans la machine administrative, qu'un ministre ne peut jamais trouver devant lui de personnalités importantes. Contre ses volontés momentanées se dresse un réseau de règlements, de coutumes et d'arrêts qu'on lui objecte aussitôt et qu'il connaît trop mal pour oser les enfreindre.

Cette diminution de l'autorité des gouvernements démocratiques ne peut que progresser. Une des lois les plus constantes de l'histoire et sur laquelle je suis revenu déjà, est qu'aussitôt qu'une classe quelconque noblesse, clergé, armée ou peuple, devient prépondérante, elle tend rapidement à asservir les autres. Telles les armées romaines qui finirent par nommer et renverser les empereurs, tel le clergé contre lequel les rois eurent jadis tant de peine à lutter, tels les États Généraux qui au moment de la Révolution absorbèrent bientôt tous les pouvoirs et remplacèrent la monarchie. La caste des fonctionnaires est destinée à fournir une nouvelle preuve de l'exactitude de cette loi. Devenue prépondérante, elle commence déjà à parler très haut, menace et en arriva aux grèves, comme celle des postiers, suivie bientôt de celle des employés des chemins de fer du gouvernement. Le pouvoir administratif forme ainsi un petit État dans le grand État, et si son évolution actuelle continue il constituera bientôt le seul pouvoir réel. En régime socialiste, il n'y en aurait pas d'autres. Toutes nos révolutions auront eu ainsi pour résultat final de faire descendre les pouvoirs, du trône des rois, dans la caste irresponsable, anonyme et despotique des commis.

Pressentir l'issue de tous les conflits qui menacent d'assombrir nos destinées est impossible. Il faut rester aussi loin du pessimisme que de l'optimisme, et se dire que la nécessité finit toujours par équilibrer les choses. Le monde poursuit sa marche sans s'occuper de nos discours et tôt ou tard, nous parvenons à nous adapter aux variations du milieu qui nous entoure. La difficulté est d'y arriver sans trop de frottements, et surtout de résister aux conceptions chimériques des rêveurs. Toujours impuissants à réorganiser le monde, ils le bouleversèrent plusieurs fois.

Athènes. Rome, Florence, et bien d'autres cités, qui rayonnèrent jadis dans l'histoire, furent victimes de ces théoriciens redoutables. Les résultats de leur influence ont toujours été les mêmes : anarchie, dictature et décadence.

Ce n'est pas aux nombreux Catilina modernes que de telles leçons pourraient servir. Ils ne voient pas encore que les mouvements déchaînés par leurs ambitions menacent de les submerger. Tous ces utopistes ont fait surgir d'irréalisables espérances dans l'âme des foules, excité leurs appétits et sapé les digues, lentement édifiées par les siècles, pour les contenir.

La lutte des aveugles multitudes contre les élites est une des continuités de l'histoire, et le triomphe des souverainetés populaires sans contrepoids, a déjà marqué la fin de plus d'une civilisation. L'élite crée, la plèbe détruit. Dès que faiblit la première, la seconde commence sa pernicieuse action.

Les grandes civilisations n'ont pu prospérer qu'en sachant dominer leurs éléments inférieurs. Ce n'est pas en Grèce seulement, que l'anarchie, la dictature, les invasions et finalement la perte de l'indépendance, devinrent les conséquences du despotisme démocratique. La tyrannie individuelle naquit toujours de la tyrannie collective. Elle termina le premier cycle de la grandeur de Rome. Les Barbares achevèrent le dernier.

---

1. Population des grandes puissances : 1789 / 1908
    Russie 28 millions / 129 millions
    Allemagne 28 millions / 57 millions
    Autriche 18 millions / 44 millions
    Angleterre 12 millions / 40 millions
    France 26 millions/ 39 millions
2. L'impuissance des ministres dans leurs ministères a été très bien marquée par l'un d'eux, M. Cruppi, dans un livre récent. Les plus énergiques volontés du ministre étant immédiatement paralysées par ses bureaux, il renonce promptement à lutter contre eux.

CONCLUSIONS

Les principales révolutions qui ont remué l'histoire ont été étudiées dans ce volume. Mais nous nous sommes attachés surtout à la plus importante de toutes, à celle qui bouleversa l'Europe pendant vingt ans et dont les échos retentissent encore.

La Révolution française est une mine inépuisable de documents psychologiques. Aucune période de la vie de l'humanité ne présente pareille série d'expériences accumulées en un temps si court.

À chaque page de ce grand drame, nous avons trouvé de nombreuses applications des principes exposés dans nos divers ouvrages, sur l'âme transitoire des foules et sur l'âme permanente des peuples, sur l'action des croyances, sur le rôle des influences mystiques, affectives et collectives, sur le conflit des diverses formes de logique.

Les assemblées révolutionnaires justifient toutes les lois connues de la psychologie des foules. Impulsives et craintives, elles sont dominées par un petit nombre de meneurs et agissent le plus souvent en sens contraire des volontés individuelles de leurs membres.

Royaliste la Constituante détruit l'ancienne monarchie, humanitaire la Législative laisse s'accomplir les massacres de Septembre, pacifiste elle jette la France dans des guerres redoutables.

Contradictions semblables pendant la Convention. L'immense majorité de ses membres repoussait les violences. Philosophes sentimentaux, ils exaltaient l'égalité, la fraternité, la liberté et aboutirent cependant au plus effroyable despotisme.

Mêmes contradictions enfin pendant le Directoire. Très modérées d'abord dans leurs intentions, les assemblées ne vécurent pourtant que de coups d'État sanguinaires sous ce régime. Elles désiraient rétablir la paix religieuse et finirent par envoyer dans les bagnes des milliers de prêtres. Elles voulaient réparer les ruines dont la France était couverte et ne réussirent qu'à en accumuler d'autres.

Il y eut donc toujours opposition complète entre les volontés individuelles des hommes de la période révolutionnaire et les actes des Assemblées dont ils faisaient partie.

C'est qu'en réalité, ils obéissaient à des forces invisibles dont ils n'étaient pas maîtres. Croyant agir au nom de la raison pure, ils subissaient des influences mystiques, affectives et collectives incompréhensibles pour eux et que nous commençons seulement à discerner aujourd'hui.

―――

L'intelligence a progressé dans le cours des âges et ouvert à l'homme des horizons merveilleux, alors que le caractère, véritable fondement de son âme et sûr moteur de ses activités, n'a guère changé. Bouleversé un instant, il reparaît toujours. La nature humaine doit donc être acceptée telle qu'elle est.

Les fondateurs de la Révolution ne s'y résignèrent pas. Pour la première fois depuis les débuts de l'humanité, ils tentèrent de transformer les hommes et les sociétés au nom de la raison.

Jamais entreprise ne fut abordée avec de pareils éléments de succès. Les théoriciens prétendant la réaliser eurent entre les mains une autorité supérieure à celle de tous les despotes.

Et pourtant, malgré ce pouvoir, malgré les succès des armées, malgré des lois draconiennes, malgré des coups d'État répétés, la Révolution ne fit qu'accumuler des ruines et aboutir à une dictature.

Un tel essai n'était pas inutile, puisque les expériences sont nécessaires pour instruire les peuples. Sans la Révolution, il eût été difficile de prouver que la raison pure ne permet pas de changer les hommes et par conséquent qu'une société ne se rebâtit jamais à la volonté des législateurs, si absolue soit leur puissance.

―――

CONCLUSIONS

Commencée par la bourgeoisie à son profit, la Révolution devint vite un mouvement populaire et du même coup une lutte de l'instinctif contre le rationnel, une révolte contre toutes les contraintes qui font un civilisé du barbare. C'est en s'appuyant sur le principe de la souveraineté populaire que les réformateurs tentèrent d'imposer leurs doctrines. Guidé par des meneurs, le peuple intervint sans cesse dans les délibérations des Assemblées et commet les plus sanguinaires violences.

L'histoire des multitudes pendant cette période est éminemment instructive. Elle montre l'erreur des politiciens qui attribuent toutes les vertus à l'âme populaire.

Les faits de la Révolution enseignent au contraire qu'un peuple dégagé des contraintes sociales, fondements des civilisations, et abandonné à ses impulsions instinctives, retombe vite dans la sauvagerie ancestrale. Toute révolution populaire qui triomphe est un retour momentané à la barbarie. Si la Commune de 1871 avait duré, elle aurait répété la Terreur. N'ayant pas eu le pouvoir de faire périr beaucoup d'hommes elle dut se borner à incendier les principaux monuments de la capitale.

La Révolution représente le conflit des forces psychologiques, libérées des freins chargés de les contenir. Instincts populaires, croyances jacobines, actions ancestrales, appétits et passions déchaînés, toutes ces influences diverses se livrèrent pendant dix ans de furieuses batailles, qui ensanglantèrent la France et la couvrirent de ruines.

Vu de loin, cet ensemble constitue le bloc de la Révolution. Il n'a rien d'homogène. Sa dissociation est nécessaire pour comprendre ce grand drame et mettre en évidence les impulsions qui ne cessèrent d'agiter l'âme de ses héros. En temps normal, les diverses formes de logiques qui nous mènent : rationnelle, affective, mystique et collective s'équilibrent à peu près. Aux époques de bouleversement, elles entrent en conflit et l'homme cesse d'être lui-même.

Nous n'avons nullement méconnu dans cet ouvrage l'importance de certaines acquisitions de la Révolution à l'égard du droit des peuples. Mais, avec beaucoup d'historiens, nous avons dû admettre que le gain récolté au prix de tant de ruines eût été obtenu plus tard, sans effort, par la simple marche de la civilisation. Pour un peu de temps gagné, que de désastres matériels accumulés, quelle désagrégation morale dont nous souffrons toujours ! Ces brutales sections dans la chaîne de l'histoire ne se réparent que très lentement. Elles ne le sont pas encore.

La jeunesse actuelle semble préférer l'action à la pensée. Dédaignant les stériles dissertations des philosophes, elle trouve dépourvues d'intérêt les spéculations vaines sur des choses dont l'essence reste inconnue.

L'action est certainement recommandable et tous les grands progrès en dérivent, mais elle ne devient utile qu'après avoir été convenablement orientée. Les personnages de la Révolution étaient assurément des hommes d'action, et cependant les illusions qu'ils acceptèrent pour guides les conduisirent aux désastres.

L'action est toujours nuisible quand, dédaignant les réalités, elle prétend changer violemment le cours des choses. On n'expérimente pas sur une société comme sur les machines d'un laboratoire. Nos bouleversements montrent ce que les erreurs sociales peuvent coûter.

Quoique l'expérience de la Révolution ait été catégorique, beaucoup d'esprits, hallucinés par leurs rêves, souhaitent de la recommencer. Le socialisme, synthèse actuelle de cette aspiration, serait une régression vers des formes d'évolution inférieures, parce qu'il paralyserait les plus grands ressorts de notre activité. En substituant à l'initiative et à la responsabilité individuelles l'initiative et la responsabilité collectives, on fait descendre l'homme très bas sur l'échelle des valeurs humaines.

L'heure présente est peu favorable à de telles expériences. Pendant que les rêveurs poursuivent leurs chimères, excitent les appétits et les passions des multitudes, les peuples s'arment tous les jours davantage. Chacun pressent que, dans la concurrence universelle, il n'y aura plus de place pour les nations faibles.

Au centre de l'Europe grandit une puissance militaire formidable, aspirant à dominer le monde afin d'y trouver des débouchés pour ses marchandises et pour une population croissante qu'elle sera bientôt incapable de nourrir.

Si nous continuons à briser notre cohésion par des luttes intestines, des rivalités de partis, de basses persécutions religieuses, des lois entravant le développement industriel, notre rôle dans le monde sera vite terminé. Il faudra céder la place à des peuples solidement agrégés, ayant su s'adapter aux nécessités naturelles au lieu de prétendre remonter leur cours. Sans doute, le présent ne répète pas le passé et les détails de l'histoire sont pleins d'imprévisibles enchaînements, mais dans leurs grandes lignes, les événements semblent conduits par des lois éternelles.

Copyright © 2024 by Alicia Editions.
Credits : www.canva.com
Credits: www.canva.com; Alicia EDITIONS,
https://commons.wikimedia.org/wiki/File:Gustave_Le_Bon.jpg?uselang=fr
PAPERBACK : 9782384552863
EBOOK : 9782384552870
HARDCOVER : 9782384552887

La ponctuation a été standardisée selon les conventions modernes, et certaines erreurs typographiques et orthographiques ont été corrigées.

Aucune partie de ce livre ne peut être reproduite sous quelque forme que ce soit ou par des moyens électroniques ou mécaniques, y compris les systèmes de stockage et de récupération d'informations, sans l'autorisation écrite de l'auteur et de l'éditeur à l'exception de l'utilisation de brèves citations dans une critique de livre.

www.ingramcontent.com/pod-product-compliance
Lightning Source LLC
LaVergne TN
LVHW032008070526
838202LV00059B/6356